序
“学生学的课堂”的坚定探索者

任景业[1]

由于“分享式教学”与以往的教学理论反差实在太大,有的观点甚至是颠覆性的,很多人不理解、发生质疑,甚至强烈反对,让我承受了非常大的精神压力。同样耽迷于课堂观察的李继恒校长,也在积极寻求改革突破,他派出的一支考察团队在浙江义乌参加了分享式教学的研训活动。于是开启了我们相知相遇、至诚莫逆的深情厚谊,孤独的求索者终于有了知音与同道。

李继恒校长基于对经典学习理论的系统研究,对本校和本地区“教师教的课堂”进行了深刻反省,致力于构建“学生学的课堂”,并积极付诸实践。2018 年我带领专家团队到他所在的西安育英小学进行课堂教学交流,激烈的震荡效应完全超出了所有人的预料。教师让位,学生进位,让学习真正发生;围绕“问题”的学生的学,代替了围绕“教案”的教师的教;“问题—思考—分享”的“问题链”,开启课堂上的深层学习;新的课堂秩序与课堂规则……这些期待中的现象都可喜地发生了。同时,老师们的既有经验与新的课堂理念产生颠覆

1 任景业,男,汉,1962.8 -,山东聊城人,山东省聊城市茌平区周楼小学正高级教师。新世纪小学数学教材(北师大版)编委,山东版初中数学教材编委,分享式教育教学理论的倡导者。

性冲突;分享式教学理论完全不被当地专家接受！作为理论探索者,我坚信真理,对可能出现的任何矛盾冲突,早有思想准备,但育英小学遇到的情况还是超出了我的预料。同时,我看到了一个优秀校长的胸怀和胆识,看到了分享式教学改革的真正希望。

针对种种质疑和不解,李继恒校长坚信“学生为主体的课堂”是我们的改革方向,“只要凸显出学生的主体地位,发挥学生学习的积极性、主动性、创造性,过程真实,效果明显,就差不了”,“试点过程中出现的任何质量问题,责任由校长一人承担。”权力下放,责任上移。一位改革者一定要有勇气;一位好校长,一定要敢于担当。在李校长身上,我们看到这种品质。

2019 年全国分享式教育教学联盟第三届年会由西安育英小学承办,在大会上,李继恒校长向全国分享式教育教学的同仁们展示了他们的实践探索成果,分享了他们的探索经历和思考。“要挺直腰板、充满自信。在学术问题上,不妄自菲薄、不自我设限、不放弃机会,一切只看实际课堂实践效果,一切只看是否有利于学生发展和教师个体提升。只要你能虚心求教悦纳一切良言善策,就一定能自信取舍构建开放有效的学习课堂。”李校长的这番话让我对他有了更深的认识:并不是每一位优秀的校长都有改革的胸怀和胆量,也并不是每一位优秀的校长都有看穿黑夜的胆识和眼光。

近几年,我多次前往西安育英小学,逐步对育英小学课堂教学改革有了较为全面的认识。

第一,学校形成了课堂教学改革的浓厚氛围。围绕课堂教学改革,建立了较为完备的既有外部管理特征又符合教师个人内在主动发展意愿的课堂教学改革的管理机制,形成了既彰显学校管理特征又兼顾教师个人专业发展的改革推动模式,在全校范围内形成了“重视课堂教学改革、参与课堂教学改革、推动课堂教学改革”的氛围。避免了课堂改革的短期性和功利性,保障了课堂教学改革的持续深入推进。

第二,围绕课堂教学改革深入推进“实践+研究”的校本研究。众所周知,研究特别是实践研究是提升实践能力的重要力量,在中小学开展课堂教学改革离不开以教师为主体的校本研究。西安育英小学在课堂教学改革中确立“从实践中发现问题,从问题中选择研究内容,以研究引领实践,以实践检验研

追寻课堂教学的真谛

——小学课堂教学的理论建构与实践反思

李继恒　著

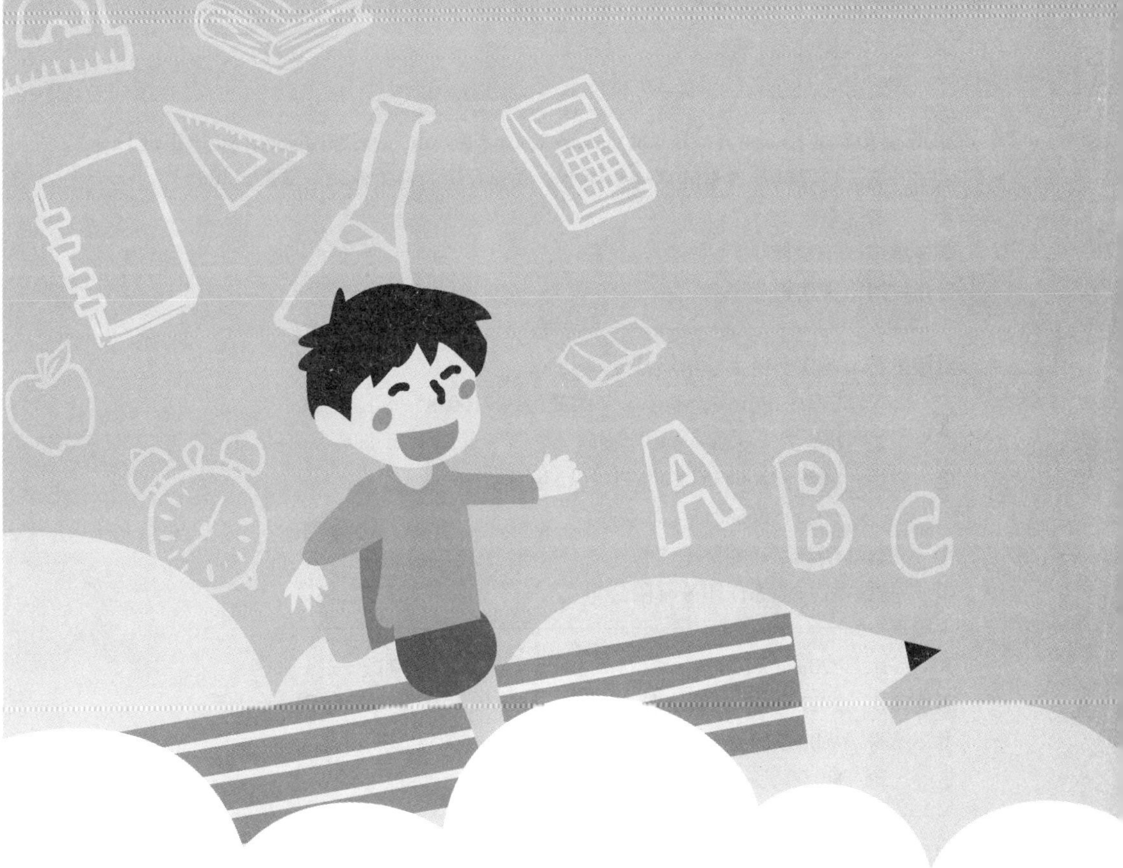

图书在版编目(CIP)数据

追寻课堂教学的真谛 : 小学课堂教学的理论建构与实践反思 / 李继恒著. — 西安 : 西安交通大学出版社, 2021.10

ISBN 978-7-5693-1871-5

Ⅰ. ①追… Ⅱ. ①李… Ⅲ. ①课堂教学—教学改革—小学 Ⅳ. ①G622.421

中国版本图书馆 CIP 数据核字(2020)第 231499 号

Zhuixun Ketang Jiaoxue de Zhendi Xiaoxue Ketang Jiaoxue de Lilun Jiangou yu Shijian Fansi

书　　名 追寻课堂教学的真谛——小学课堂教学的理论建构与实践反思
著　　者 李继恒
责任编辑 于睿哲
责任校对 张瑞娟

出版发行 西安交通大学出版社
(西安市兴庆南路 1 号　邮政编码 710048)
网　　址 http://www.xjtupress.com
电　　话 (029)82668357 82667874(市场营销中心)
(029)82668315(总编办)
传　　真 (029)82668280
印　　刷 陕西金德佳印务有限公司

开　　本 720mm×1000mm　1/16　**印张** 18　**字数** 275 千字
版次印次 2021 年 10 月第 1 版　2021 年 10 月第 1 次印刷
书　　号 ISBN 978-7-5693-1871-5
定　　价 86.00 元

如发现印装质量问题,请与本社市场营销中心联系调换。
订购热线:(029)82665248　(029)82665249
投稿热线:(029)82668284

究”的理念，以行动研究为基本路径，采取“驻校专家团队引领，一线教师设计，多重主体论证，课堂实践检验”的方式，扎实推进“草根式”课堂教学改革。

第三，完善课堂教学改革的实施保障体系。为了激发教研活力，李继恒校长实施学科委员会自主管理改革，给予了学科充分的专业发展和教研活动自主权，为“分享式教学改革卓越带头人”设立了专项活动经费，建立了课堂改革的实施保障体系。

第四，形成了既有校本特色又有教师个体化特征的多元化课堂教学样态。围绕“学生问题”实现“师生共同发展”，成为西安育英小学课堂教学改革的“灵魂”。从教师个体层面来看，基于不同年龄段的任教对象、不同的课程门类、不同教师个人的教学风格等个性化的因素，形成了“百花齐放，争相斗艳”的多元化、个性化的课堂教学样态。

在这个个子并不高大的西北汉子身上，我看到了他引领学校所获得的发展成果，看到了他投身课堂教学改革、坚持课堂教学改革、引领课堂教学发展的坚毅品质；从他推动课堂教学改革的完善体系建构中，我看到了他勇气与智慧并存、理论学习与实践反思同在的一面。

李继恒校长不仅重视对课堂教学改革的实践、反思、研究，更为主要的是拥有一个勤于动笔、及时总结的习惯，放在读者面前的这本《追寻课堂教学的真谛——小学课堂教学的理论建构与实践反思》就是李校长将自己长期以来对教学改革的观察、参与、反思、研究的所思所想加以整理的结果。

第一，这本书有理论。李继恒的实践是建立在他深厚的理论基础之上的，他有一种清醒的判断：只有针对问题，能解决问题的理论才会有生命力。这本书的思维线索很清晰：一切都要由学生的问题出发。学生的问题是出发点，也是我们检验理论合适与否的标准。

我们的教育教学方法、课堂教学规则、学校管理制度方面的自信，一定源自理论上的自信。我们把教育教学中的问题想清楚了，弄明白了，理清了这些问题产生的原因和条件，理清了具体做法背后的“为什么”，我们才会产生强大的自信，这种文化才能发扬光大。而这种理论的自信又是来自哪儿呢？

理论来自生活，自信来源于实践！

第二，这本书中有生活。有人说过：“伟大的思想来自丰富的情感和对现实的痛苦思考。”李校长是情感丰富的人！他“孩子般”可爱的性情，让他对孩子、对老师生发出无限的关爱，他知道孩子们的痛苦与快乐，他理解老师们的辛劳与幸福，并常常为他们动情。看到老师们的进步，他高兴——“我边跳，边兴奋着，为李艳，为我们学校，为了我们家也有了‘别人家的孩子’而高兴！”

一件小事，折射着太阳的光辉。面对“蚕宝宝死了”“小马过河”这样的传统故事，李继恒能深刻看清其背后的教育学问题：师生“同理心”是教育的前提；“给答案”的教育是失败的教育。书中这样的例子占了相当大的篇幅，这些事例可以让我们看到，李继恒的思考不是无本之木，他的根深深地扎在生活的泥土中！正是他对孩子、对老师的爱造就了他的思考和勤奋，才有了这本书奉给世人。

第三，这本书有实践。本书的很多章节，直接是课堂实录，如《在课堂上开展教学研讨又有何妨》《两小儿辩日》《一次学习小组的组建》等，把“双师研讨课”“如何把落实‘课程标准’和学生问题相统一”“小组建设中如何凸显学生的主体意识”等实践经验呈现给一线教师。尤其是分年级建立的规则，如：课堂教学的一般规则：①不展现知道什么，只展示不知道什么；②回答问题之前，一定先独立想一想；③大胆表达，发言无错；④不需举手，想说就站起来；⑤别人说过的不重复，只讲与别人不一样的；⑥倾听别人发言，是一种尊重，也是一种学习参考；⑦若有争议，我们自己商量解决，并会给出一个合理的理由；⑧发言时不要太急，尽量清楚明白，说得有条有理。无疑是一线老师实践的重要参考。

第四，这本书有评价。人是理性的。这种理性体现在人会对自身的行为进行评价、反思，并对以后的行为进行调整。但作为教育教学的评价却一直受到人们的诟病，其中一个重要原因便是重结果而忽视了过程。国外探索出了“成长记录袋”的评价方式，课改初期也曾受到热捧，但近二十年走下来，能坚持下来的寥寥无几了。难能可贵的是西安育英小学坚持了下来，李校长向我们介绍了他们的做法。“评价资料的搜集过程，全由被评自己完成。‘我的作业’‘我读过的书’‘我的作品’‘我的收获’‘愉快的校园生活’‘多彩的校外生活’都是被评对自己本学期成长过程的一种记录”。“我的”这个定语，强化了被评在评价过程中的主体地位和主体意识。这些资料的叙写、拍摄、原件搜集、登记留存，全由学生个人选择，自己做主。即使家长帮忙，仍然要按照学生本人的意愿来整理。从上面的介绍中，我们会发现，“学生成长记录册”之所以能在西安育英小学坚持下来并且发扬光大，学生从项目设计到操作过程，全程自主建构是其生命力的源泉。

总之，这是一本秉承“以问题作为出发点”“一线教育工作者写给一线老师看的书”思想，以白描式写法将作者观点渗透在课堂故事之中的“口袋书”。无论从呈现方式还是从可读性上来看，都将成为一线教师的有益参考和借鉴。李继恒校长在书中提到，近几年关于教育教学的思考体现在两本书中，手头这本是其中之一，期待着他另一本关于课堂教学改革的思考成果能早日问世。

在本书将付梓印刷之际，李继恒校长托我写点文字。啰啰嗦嗦写下了上述内容，是以为序。

前言
在改变课堂教学活动中不断前行

一个小男孩走过来，眼里满是迫切，待我俯下身来，他指着芭蕉树下的雨坑急匆匆地说："老师，泡泡像帐篷。"然后就盯着我，看我没听明白，摊开双手补充道："……为什么？"我继续疑惑地看着他。他加重语气，完整而流利地说："泡泡像帐篷，为什么不像方方正正的房子？"我紧紧地搂住他，为有这样有心的学生而高兴。雨打水坑圆圆滚，倏尔梦碎无处寻。看似司空见惯、无人关注的一个水泡，今天被一个有心人见到了，这是多么幸运的一件事。而更加幸运的是，当这个有心人讲出他的发现的时候，有知音倾耳来听。

自 1994 年参加工作以来，我先后在西安市新城区东方小学、西安育英小学等多所学校工作，尽管不同学校、不同时期的角色分工一直在变化，但我对课堂的执着一直没变。初为人师时，把自己当成书本与孩子之间的中介，承担着教书育人的基本职责；进入成熟期，增添了反思课堂教学、创新课堂教学实践的新想法，把教材当成了我和孩子们心灵沟通的媒介。倾听学生的心声，成为我倾心教育的"通关密码"；对学生的尊重和信任与日俱增，敢于放手让学生在课堂上敞开"学"，因此也享受到了学生带给我的惊喜与信心。以致后来走上学校管理岗位，对"教师教的课堂"的深刻反思和对"学生学的课堂"的执着探索，让我对推动本校校本课堂改革的愿望更加迫切，积极组织老师研究课堂教学、改革课堂教学、构建新型课堂教学。纵观职业生涯的发展过程,“参与课堂教学、反思课堂教学、研究课堂教学、革新课堂教学”,已经成为我工作的全部。

在多元化的课堂教学任务实施过程中,为了更好地促进课堂教学质量的提升,同时也为了更大程度上为课堂教学改革做出贡献,我始终坚持提升自我的课堂教学理论和实践素养。多年来,围绕课堂教学实践、反思、研究、革新的基本任务,围绕“小学课程与教学论”“现代教学理念”“教学模式”“课程改革”等事关小学课堂教学的多个重大理论与实践领域进行学习,先后前往北京灯市口小学、上海闵行实验小学、南京琅琊路小学、浙江义乌稠城第三小学和成都芳草小学等学校观摩。先后参加了北京师范大学教育部小学校长培训中心、东北师范大学等开展的在职培训。有幸师从褚宏启教授,并先后向贾志敏、任景业、吴正宪、衡菊芳等理论功底深厚和实践经验丰富的学者进行请教。

经过多年的学习与实践,我对基于实践富有特色的小学课堂教学有了的进一步认识。第一,课堂教学的特殊属性决定了现代课堂应专注于学生学的主体地位的确立。课堂是学习的地方,学生是学习的主体,这是课堂本来的样子。当我们的课堂表现为“教师教的课堂”,“以教代学”成为主流,课堂变形为教师希望它成为的样子,这对学生不公平,是对教育本质规律的公开违背。对学生的评价依附于对老师的评价,好老师就是教得好的人,老师教得好学生才学得好。现代课堂,应该恢复学生的课堂主体地位,重构“学生学的课堂”。第二,课堂教学的特殊属性决定了课堂应专注于学生学的过程的体现。课堂教学既然应以学生为课堂的主体,学生的学习就应成为课堂的主要行为。课堂不仅是学习的时间,更是学生学习的地方。学生在课堂上不只是为了获取知识和能力成果,增强学习过程中的探究精神、合作意识、思辨能力等品质显得更为重要。小苗就要在这儿——“学习的殿堂里”拔节生长,而不是老师在“教学的舞台上”完成他的任务,把学习挤压到课前和课后去。第三,课堂教学的特殊属性决定了课堂应围绕学生学习中的问题展开,并建立“问题—思考—分享”①的学习单元。既然是学生学的课堂,“学什么”“怎么学”都要以人们日

① 任景业. 分享孩子智慧:改进教学的建议[M]. 长春:东北师范大学出版社,2015.

常的学习为参照，围绕学生针对学习材料和学习情境产生的兴奋点、困惑点、联想点而展开。学习的过程，一般应存在“问题—思考—分享”三个阶段，对问题的产生和明确、对问题的思考和探究、对学习心得的研讨思辨，都是学习。除去“问题”，没有学习。第四，课堂教学的特殊属性决定了教师这个课堂教学的承担者要有更加丰富的素养支撑。教师教的课堂，着重于教师教的素养和学科专业素养，即学科知识和教育学知识两大知识结构；而学生学的课堂，则要求老师在这两项基础上更注重组织和引导力素养，着重于对儿童心理学知识的深刻掌握和熟练应用。个人认为，小学课堂教学是一个既有公共教育学理论特征又具有特殊背景特征，兼具教育一般特征和突出阶段复杂性特征的教育实践场域，这一教育实践场域的固有特征需要实施者既要有一般的教育理论和实践素养作为承担工作的基础，同时还需要有建立在长期一线课堂教学实践基础上丰富的个体化的经验性知识和实践素养作为承担工作的个性化基础。

课堂教学的复杂性对教学活动的承担者提出了多样化的任务。课堂教学构成要素具有多元性，其多元性一方面体现为构成课堂教学的要素多样化，因为课堂教学要素本身具有多样性，如学习内容。语文教学每一篇课文作为教学载体都包含着识字写字、阅读、写作、口语交际及综合性学习等内容，每一项内容都有知识与能力、过程与方法和情感态度价值观目标；另一方面体现为构成课堂教学的单一要素多样化，因为构成课堂教学某个具体要素的呈现方式具有多样性。如同样一项教学内容，因为经验不同，不同学习主体内心呈现出不一样的状态，这就具备了相互质疑和争辩的基础。由多元化的要素和具有多样化呈现方式的单一要素所构成的课堂教学，必然呈现出多样化的课堂教学矛盾，体现出课堂教学天然的丰富复杂性特征。从事课堂教学的教师，就是着力于解决这些在多样化要素构成的多样化矛盾过程中所产生的问题。这就需要教师不仅具有直面课堂教学的热情，更要有反思课堂教学的智慧和研究课堂教学的独特视角。

为了将个人多年来参与课堂教学实践、反思课堂教学实践、研究课堂教学实践的所思所想与大家进行交流，将自己所形成的关于课堂教学的浅显认知呈现给大家，我耗时三年，详细整理出两本小书，一本是大家面前的这本《追寻课堂教学的真谛——小学课堂教学的理论建构与实践反思》,另一本是后续将出版的《小学课堂教学模式构建的实践探索——以西安市育英小学为例》。两本书互为表里,其中《追寻课堂教学的真谛——小学课堂教学的理论建构与实践反思》更多反映的是我在课堂教学研究过程中的思考,而后者则是理论性、体系性相对丰富的,侧重理论探索的成果;前者是关于我的课堂教学研究外在显性的成果呈现,后者则是内敛、理性的呈现。

目　录

引　子

江苏省特级教师张学青[1],黑瘦精巧,很普通的南方女子。她在全国课堂改革探索研究方面名气很大,却是个极平和朴实的人,没有什么架子。2017 年她作为陕西省“国培项目”省外培训专家来西安育英小学讲学。负责接机的刘慧,还未谋面就亮着大嗓门埋怨起来:“太牛了! 张学青老师的架子太大了!”

原来,接到接机任务后,刘慧给张学青发了条短信:“张老师,您好,我是西安育英小学工会主席刘慧,今晚负责去机场接您,欢迎您的到来!”张学青回复“好”。刘慧继续发短信:“张老师,麻烦您把飞机落地时间告知一下,我会准时到机场接您!”。回复是:“自己下载一个‘飞常准’,就知道了。”

“飞常准”是什么东西,刘慧从没听说过。到处咨询青年教师,大家也都没听说过。眼看飞机起飞时间快到了,“山东女汉子”刘慧就焦躁起来。“张老师呀张老师,落地时间对我们接机很重要,你告诉我一声不就完了嘛! ……”当然急归急,事情还得加紧办! 功夫不负有心人,在年轻电教老师的帮助下终于下载成功。输入航班信息,起落时间一下子就跳出来了。看到航班落地时间,刘慧一颗心才放下,长舒了一口气。还别说,这个“飞常准”真的很好用,航班情况有什么新变更,信息马上就反馈出来! 当天刘慧不仅没迟到,因为飞机晚点,她们还提前到了。晚上十二点接到张学青,细心的刘慧发现捧着鲜花的

---

① 张学青,江苏吴江实验小学副校长,特级教师,苏州语文学科带头人,致力于小学语文阅读教学研究。

张老师打不起精神,原来是病了。第二天当身着职业装的张学青再次出现在刘慧面前的时候,精神焕发,完全像换了个人。“谢谢刘老师给我买的药,按照您的指导都吃了,好多了!”非常亲和,完全是一个知识女性的形象。

“飞常准”是个非常便捷的出行信息软件。因为能即时掌握航班动态,在后来多次迎来送往的活动中,刘慧总能从容应对,准时高效、贴心周到地完成接待任务。她把“飞常准”推荐给身边许多朋友。因为能与时俱进、不断学习,她在本单位显得极其抢眼,被大家称为“时尚达人”。

这件事对刘慧触动很大,多次跟人谈起自己的体会。她认为,张学青老师当初根本不是要故意为难自己,而是非常善意地在与人分享信息时代的便利,在传递一种现代生活方式。在刘慧问落地时间的时候,张学青就意识到了她还没有用上“飞常准”。没有告诉刘慧具体时间,一方面是现代生活节奏快,谁都不愿受反复转发信息的麻烦;另一方面,“飞常准”对经常肩负接机任务的刘慧个人非常适用。问题是,“井底之蛙”般的刘慧,当时怎么能听懂“井沿上小鸟”张学青的话呢?

“现在,‘飞常准’这个软件一直保留在我手机里最显眼的位置,看到它我就会想起张学青老师。它时刻提醒我,世界很大、发展很快,我们不知不懂的东西太多了,遇事不要轻易主观妄断,要谦逊包容。只有虚怀若谷、不断拓宽视野,才能跟上飞速发展的时代步伐,不至于那么快就被社会淘汰掉……”。浮躁过后,刘慧非常感念当初张学青的“傲慢”,是张学青一个常识性的提醒,无意间把“井底之蛙”拉上了“井沿”,让她也看到了天空的无限辽阔和绚烂多彩。

“飞常准”是时代快速发展的一个信号,很快可能还有更先进的软件代替它。刘慧这一番折腾,反倒让她成了我校最早掌握这一软件的人,成为第一个突破“围城”的人。“飞常准”让我们走出了封闭状态,走进了信息时代,也让我们真实看到了与先进地区的差距,看到了前进的方向,从而焕发了奋进的动力。

第一章 ▼▼

基础理论篇

教学理论是课堂教学实践的基础，秉持什么样的教学理论，就会产生什么样的课堂教学实践。与传统相比，当代课堂教学理论已经发生了巨大的变化，呈现出多元化发展的现状。本部分内容对当代课堂教学理论的基本要点进行梳理，为后续各部分内容奠定基础。

第一节　小学课堂教学概述

“课堂教学”由两个词组成,一个是“课堂”,一个是“教学”,前者表示教学活动发生的时空背景,后者意味着教学活动开展的过程。所谓“课堂”,广义上泛指进行各种教学活动的场所;狭义上是指学校教育中进行教学活动的教室,教学组织方式的实施以班级为单位进行。

在教育学界,“教学”概念的界定有很多讨论。传统的看法主张:教学是由教师的教(教师活动)和学生的学(学生活动)共同组成的一种教育活动,教和学彼此不可分割的联系成为教学的基础。在此基础上,不少学者依据教和学关系的不同理解,引出了不同的教学观,如“教师主导,学生主体”等观点。杨惠元指出教学是教师和学生以课堂为主渠道,以教材为中介,学生在教师的指导下,在教师的教和学生的学的统一活动中,通过沟通、交流与合作,促进学生掌握知识与自我发展的活动。

叶澜认为,一旦把“教”和“学”二者分离,讨论谁主导,或谁决定谁的问题,我们对教学的认识就仍然陷入了“人”和“物”主客体关系的逻辑圈套,并且面临着将其中一方视为“物”的危险。因此,恰当的教学观应当牢记,教学活动需以“人”和“人”之间的实践交往为基础,即主体间性的模式。以主体间性的模式认识教学,意味着“教学过程中师生的内在关系是教学过程创造主体之间的交往(对话、合作、沟通)关系,这种关系在教学过程的动态生成中得以展开和实现”。

总的来说,小学课堂教学的定义是在小学学校教育中,发生在教室空间和对应时间内的教师教、学生学的活动,是在教师有计划、有步骤的引导下,学生积极主动掌握系统的科学文化知识和技能,发展德、智、体、美、劳的过程。教师为主导、学生为主体是小学课堂教学中基本的师生关系。

一、小学课堂教学的构成要素

任何活动都是作为一个过程展开的,小学课堂教学也是这样一个过程。一个高效的课堂教学开展需要具备多种要素,涉及课堂教学基本要素、课堂情境要素和教学分析要素。其课堂教学过程极其复杂,它具有丰富的内容,也具有极强的动态性。但是无论以何种形式开展的课堂教学,都是教师和学生二者协同活动的过程,是学生在教师有目的、有计划、有步骤的引导下,依据课程目标和课程标准的要求,积极主动地促进自身全面发展的过程。在这个协同过程中,必须要借助教学内容和教学手段这两个媒介。英国学者詹姆斯·阿瑟顿提出了自己的教学三角模型理论,以教师、学生和教材为要素,概括出6种不同的教学三角模型,清晰地展示了三大要素之间复杂的矛盾关系,“教师·学生·教材”教学三角模型理论,为我们了解小学课堂教学基本要素提供了借鉴意义。

因此,教师、学生、教学内容与手段成为课堂教学过程中相对独立但又相互作用、相互制约、不可缺少的基本要素。

(一)教师

教师是课堂教学活动的设计者与主导者,是开展课堂教学的组织者、引导者和参与者,离开教师这一主导因素,课堂教学活动就无法展开。课堂教学就是教师有目的、有意识地向学生传授或引导他们学习人类生产活动经验和社会生活经验的过程,教师始终直接或间接地控制着课堂教学过程的方向和进程,引导着学生向教育目标所要求的方向发展。

(二)学生

学生既是课堂教学的对象,又是学习的主体,是具有主观能动性的个体。学生不是空着脑袋走进教室,被动地去接受外界的知识,相反,他们会不断主动地与外部世界接触，相互作用，建立自己的认知结构地图，通过同化、顺应将社会环境中吸收到的知识转化到内部心理结构，产生探究、求知的需要。学生会根据自己的日常生活经验和兴趣对教师组织的教学活动内容做出过滤、选择和加工，把一定外在的教育内容和活动方式内化为自己的智慧、才能和思想。对于感兴趣的活动，他们会积极参与，所以课堂教学活动只能引导和促进学生的发展，但是不能代替学生的发展。

（三）课堂教学内容与手段

教学内容是根据教育目的，经过精心挑选和加工的、最有教育价值的、适合受教育者身心发展水平的结晶；是教育主体与学习主体共同认识、掌握和运用的对象；是教师与学生进行交往、沟通的信息媒介与桥梁，是实现教学目标的根本保证，如果没有教学内容，教学也无法正常开展起来，就像巧妇难为无米之炊。

教学内容主要体现在教科书、教学参考书和其他形式的信息载体中，凡纳入课堂教学活动过程中的知识、技能、思想观念、行为规范、风俗习惯等文化形态，都属于课堂教学内容。在学校课堂教学中，一般以课程计划、课程标准和教科书来呈现。不同的历史条件下，教育的内容也会有所不同，对不同的教育对象，教育内容上也应有所不同，而且课堂教学内容的选择直接影响到课堂教育目标的实现程度，因此课堂教学内容应是全面的，可以促进学生德、智、体、美、劳全面和谐发展；同时课堂教学内容应是适宜的，能够引起学生的求知欲，能够激发学生内在的学习动机。

教学手段是指为完成教学任务，运用教学辅助工具进行课堂教学的一种方法，是师生教学相互传递信息的工具、媒体或设备，包括教师布置学习环境、运用教具、为学生提供操作材料等。它是教师有效传递信息，激发学生学习兴趣，保证教学顺利进行不可缺少的重要因素。

综上所述，教师、学生、教学内容与手段等要素构成了课堂教学，教师应处理好这些要素之间的关系，更好地促进学生身心全面和谐发展。

二、小学课堂教学的主要特征

（一）学生成长的启蒙性

由于小学生年龄较小，对周围事物都充满了好奇心，引导他们学习语文、数学、英语、科学、道德与法治、艺术、信息技术等方面的知识，有助于他们适应社会生活。小学课堂教学目的就是为后期学习高深知识打好基础。教师应做的是对他们的学习进行启蒙，而不是让他们接受呆板高深的知识。

（二）课堂教学的规则性与自由性

课堂教学必须要有一套稳定的规则秩序，这样才能保证教学的顺利进行，没有规则，教学无法正常地开展。但是小学生成长发育得很快，他们精力旺盛、活泼好动，自制力还不强，意志力较差，所以教学的规则并不是一成不变，完全把学生限制死，而是应留有一定的自由空间，在规则和自由中寻找平衡。

（三）实施方式的灵活多样性

小学课堂教学活动的灵活多样性体现在教学形式的多样性和教学方法的灵活性上。小学课堂教学活动具有多种形式，有集体教学活动、小组教学活动、个别教学活动等，每一种方式都有一定的优势和一定的适用范围。目前小学常用的教学方法有讲授法、讨论法、谈话法、读书指导法、演示法、实验法等。因此，在实际的课堂教学中，教师应该根据不同的教育目的、教学内容、教学对象、教学情境选择不同的教学形式与教学方法，“教学有法，教无定法”，教师要避免一成不变地运用某种教学方法，而是根据课堂教学实际将多种方法合理恰当使用，促进每位学生的全面发展。

（四）促进发展的全面性

小学生处于6—12岁阶段，对周围事物的认知处于一个基础阶段。这决定了课堂教学目标和内容的广泛性。随着时代迅速发展，单方面发展已不能满足一个人立足于当今社会的需要，身心的全面发展，德、智、体、美、劳的和谐发展，才能符合社会对未来人才的要求。因此，小学课堂教学具备全面性的特点。

（五）人际关系的互动性

在新课程教学改革的理念下，学生的主体地位得到了前所未有的重视。教师和学生是一个不可分割的整体，只有二者互相配合，才能真正做好教学工作，提升课堂教学效率。课堂教学离不开教师与学生之间的互动、沟通和交流。如果教师在教学中只是一味地关注学生的主体地位，而忽视了自己在教学中的作用，是很难做好教学工作的；而教师如果在课堂上只是一味地注重自己在教学中的主导地位，忽视了学生的学习需要，也难以做好教学工作。二者之间建立良好的互动关系是好的课堂教学的基本保证。

三、小学课堂教学的作用

（一）引导学生掌握科学文化基础知识和基本技能

通过课堂教学，教师将人类积累起的文化知识经验传递给学生，学生在教师有目的、有计划的教学中，积极主动地掌握文化基础知识和基本技能。教师具备扎实的专业知识和较高的思想修养，在习近平新时代中国特色社会主义思想的指导下教授学生科学知识，并结合知识教学进行品德的陶冶与熏陶。

（二）发展学生的智力、体力并创造才能

智力是指人认识、理解客观事物并运用知识、经验等解决问题的能力，包括记忆、注意、想象、思维等，是各种认识能力的结合，课堂教学通过传授知识促进学生智力发展。

健康的身体是一个人从事任何活动的物质基础和生理基础，人各项能力

的发挥必须以健康的身体为物质基础，小学生正处于身体快速发展的关键期，有针对性的体育活动能够促进学生身体各器官健康发展，增强体质。

启发式的课堂教学而是让学生主动学习，不是将现成的答案告诉学生，独立思考，提高学生分析问题和解决问题的能力，更能够促进学生创造力的发展。

（三）培养学生的社会主义品德和审美情趣

教师的指导任务是立德树人，在促进学生知识掌握的同时还要去培育他们的心灵。学会做人是独立社会人的基本特征。通过课堂教学，无论是专门的德育活动，还是渗透德育内容的其他教学活动，都能够满足学生的道德需要，启发学生的道德觉醒，规范学生的道德实践，引导学生的道德成长，培养学生的健全人格。课堂教学中德育在青少年学生发展中的导向作用极其重要。皮亚杰的道德认知发展理论以及科尔伯格的“三水平六阶段”理论告诉我们小学阶段是道德发展的快速阶段。在这阶段，开展有针对性的德育活动，不仅有育德功能，能促进学生个性的全面发展；而且有重要的社会功能，可以促进家庭社会的科学发展。

第二节 小学课堂教学的理论基础

一、行为主义教学理论

行为主义代表人物斯金纳,通过白鼠迷笼实验提出了程序教学理论,其含义是以课本或教学机器的形式向学生呈现程序化的教材,学生按规定的程序自学教材内容。主要遵循四大原则:小步子原则、积极反应原则、及时强化原则、自定步调原则。

操作方法:把一门课程的教学总目标分为许多小步骤,学习者每完成一步课业后都会及时得到强化,然后进入下一步骤的学习。在学习过程中,学生可以自定步调,自主进行反馈,逐步达到总目标。

斯金纳还提出了相倚组织的教学过程,具体分为五个阶段:a. 说明最终的行为表现,确定并明确目标;b. 评估行为,观察并记录行为的频率;c. 安排相倚关系,选择强化物和安排强化方式;d. 实施方案,安排环境并告知学生具体要求;e. 评价方案,测量想要得到的行为反应。

班杜拉的观察学习理论对于现代教学理论的发展有着十分重大的意义。班杜拉在他的充气娃娃实验中,发现儿童会通过观察成人榜样的行为而习得新行为。但是榜样行为所导致的后果,只影响到儿童攻击性行为的表现,而对攻击性行为的学习几乎没有影响。只不过儿童看到榜样受罚后会把习得的行为隐藏起来,不敢表现出来。

所以,观察学习在教学中的应用就表现在教师要发挥以身示范的榜样作用,为学生提供良好的榜样;教师要按照观察学习的基本过程(注意过程、保持过程、动作再现过程、动机过程）指导学生；教师要充分发挥替代强化和自我强化的作用，激发学生学习的能动性；教师要消除社会环境中不良榜样行为的影响。

二、布鲁纳的认知结构教学理论

美国著名的心理学家布鲁纳从认知心理学的观点出发，对学生的学习动机以及教学等方面进行了全面阐述。

首先，他主张认知学习观。认为学习的实质在于主动地形成认知结构，学习的实质不是被动地形成刺激—反应的联结，而是使学生主动地形成认知结构。学习各部分存在联系的知识，使人能够超越给定的信息，举一反三，触类旁通。同时，布鲁纳还强调学习包括获得、转化和评价三个过程。他认为，构建良好的认知结构常常需要经过获得、转化和评价三个过程。分别是：a. 新知识的获得；b. 知识的转化；c. 知识的评价。布鲁纳认为，教师在帮助学生进行评价时常常具有决定性作用。

其次，他提倡结构教学观。认为教学的目的在于理解学科的基本结构。布鲁纳强调学生学习的积极性和主动性，强调认知结构的重要性。在教学观点方面，他主张教学的最终目标是促进学生对学科结构的一般理解。他认为“不论我们选教什么学科，务必使学生理解该学科的基本结构”，即学生理解了学科的基本结构，就容易掌握整个学科的基本内容，容易记忆学科知识，就能促进学习迁移，提高学习兴趣，并可促进儿童智力和创造力的发展。布鲁纳很重视学科结构的教学，他把学科的基本结构放在设计课程和编写教材的中心地位，成为教学的中心。既然学科的基本结构是教学的中心，那么如何通过教学让学生学习和掌握学科的基本结构呢？为此布鲁纳提出了四条教学原则：动机原则、结构原则、程序原则、强化原则。

根据结构主义教学观及其教学原则，为了促进学生良好认知结构的发展，首先，教学难度应处于学生最近发展区内，难度不能过高或过低。难度过高，会使学生无从下手，茫然无措；难度过低，学生会丧失探索求知的兴趣，因此我们的教学内容要控制难度，以激发学生的好奇心和成就感为标准；其次，应根据学生的经验水平,年龄特点和材料性质,选取灵活的教学程序和结构方式来组织实际的教学活动过程;同时应注意提供有助于学生矫正和提高的反馈信息,并教育学生进行自我反馈,以提高学生的自觉性和能动性。

最后,布鲁纳认为"发现是教育儿童的主要手段",是学生掌握学科基本结构的最好方法。发现法就是"用自己的头脑获得知识的一切形式",学生在学习情境中通过自己主动的探索来寻找问题的答案。教学不应当使学生静坐,处于一种被动接受知识的状态,而应是创造一种能够让学生独立研究的情境,让学生自己去探索,去思考。不过,教师在使用发现学习的过程中,并不是完全的旁观者,也要遵循一些原则,比如:教师要将学习情景和教材性质向学生解释清楚,要结合学生的经验、年龄特点适当组织教材等。

研究表明,发现学习有利于激发学生的好奇心及探索未知事物的兴趣,有利于调动学生的内部动机和学习的积极性,能最大限度地为学生提供自由的空间去探索事物的真谛,并有利于学生创造性、批判性思维的发展。但实际应用中发现学习会忽视了学生学习的特点,同时,对发现学习的界定还缺乏一定的科学性和严密性,而且发现学习比较浪费时间,不能保证学习的水平。因此,发现学习应该根据教材性质和学生的特点来灵活安排。

三、罗杰斯的非指导性教学理论

人本主义学习理论会更加强调自由学习观,学生中心教学观。

首先,在自由学习观中,该理论相应提到了两个概念,分别是:有意义学习和自由学习。所谓有意义学习不同于奥苏泊尔的观点,奥苏泊尔认为有意义学习是获得的新知识与头脑中认知结构中已有的适当观念建立非人为和实质性的联系。而罗杰斯认为学习不仅是一种增长知识的学习,而且是一种与每个人各部分经验都融合在一起的学习,是一种使个体的行为、态度、个性以及在未来选择行动方针时发生重大变化的学习,其具有四个特点:a. 全神贯注(学生全身心地投入)b. 自发自动(自己主动参与学习)c. 全面发展(认知、情感、技能全面发展)d. 自我评价(自我反思)。该理论所提倡的有意义学习的核心就是要让学生自由学习,他认为只要教师信任学生,信任学生的学习潜能,并愿意让学生自由学习,就会给学生充分的自主权,学生可以自主自动且真正自由地学习。

其次,该理论代表人物罗杰斯从个人主义的学习观出发,批判传统的教学方式,认为凡是可以教给别人的知识,相对来说都是无用的,而真正能够影响个体行为的知识,只能是学生自己发现并加以同化的知识。教师的任务,不是教学生学习知识而是为学生提供各种学习的资源,提供一种促进学习的氛围,让学生自己决定如何学习,即非指导性教学。所以传统教育将教师看作知识的绝对拥有者,将学生看成知识的被动接受者,都不能称之为真正的教学。此外,在罗杰斯的教学观点中,强调了要建立良好的师生关系,教师是促进者,应具备真诚、接受和理解的品质。

所以,人本主义理论给我们教学中的启示就在于,要强调学生在学习中的自主地位;要重视教师的促进作用,教师要对学生持积极乐观的态度;要重视师生友好关系以及课堂良好心理氛围的建立。

四、建构主义教学理论

建构主义学习论是学习理论从行为主义到认知主义之后的进一步发展。在皮亚杰和布鲁纳的理论思想中已经有了建构的思想。比如,皮亚杰在讨论认识发生、发展时就曾提到建构问题,他认为学习的过程就是认知结构不断变化和重新组织的过程,而人的认知结构并不是一成不变的,而是始终处于变化与建构之中。生理成熟、练习与习得经验、社会性经验、平衡化都会影响认知发展。而建构的基本心理机制就是同化和顺应(或称双重建构)。该理论认为知识只是人对客观事实的一种解释、假设,是不断发展的,并不是问题的最终答案,我们在运用时,不能拿来就用,而是要具体问题具体分析;强调学生已有知识经验、认知结构、兴趣和需要等对意义建构的影响,因而主张学生是学习的主体;认为学生学习不是被动地去接受教师所传递的知识,而是学生自己构建知识的过程,并且提出了知识建构过程具备主动构建性、社会互动性、情境性的特点;强调教师应帮助学生从现有的知识经验出发,在真实情境中,通过操作、对话、协作等进行意义建构。

建构主义对教学的启示主要表现在:反对僵化统一的课程目标,坚持课程目标的开放性和弹性;反对教师一味地灌输知识,强调学生积极主动地建构理解知识;反对抽象地授受知识,强调情境学习;反对一味重视结果,主张教师把注意力更多地放在学生获得知识的过程中。相应的也提出很多实践性操作的方法,如探究性学习、随机通达教学、支架式教学、交互式教学等,其中支架式教学最著名。

第三节　当代小学课堂教学的发展

一、课堂教学模式的发展

（一）发现式教学模式

布鲁纳提出结构主义认知心理学，通过让学生学习学科的基本结构，促进学生认知结构的不断重组和改造，使学生智力获得发展。目标是以解决问题为中心，着眼于学生创造性思维的培养。其基本结构是创设问题情境—提出假设—验证假设—应用假设解决问题。

这种教学模式能够激发学生的好奇心、求知欲以及学习兴趣，更好地促进他们创造性思维、批判性思维的发展。但是在实际应用中也存在一定的缺陷，例如，比较浪费时间，学生也不易系统地去掌握知识。如何在接受学习和发现学习中寻求平衡，还需要教师进一步努力。

（二）问题—探究式教学模式

此模式主要借鉴皮亚杰的认知发展理论、布鲁纳的发现学习理论以及建构主义和人本主义的学习理论。它是指在教师的引导下，学生通过对问题积极地参与、分析、探索与讨论，主动发现并构建新知，提高自身的科研能力。其目标重在训练学生通过收集知识信息来建立科学思维能力。模式基本流程：a. 提出问题，形成假设；b. 收集资料，分析整理；c. 验证假设，形成解释；d. 组织结论，展示交流；e. 评价结果，反思探究过程。

（三）暗示教学模式

暗示教学模式的代表人物是洛扎诺夫，其指导思想是暗示学理论，现代心理学关于人脑功能的研究，其目标是充分调动学生的无意识心理活动，不断促进学生潜能的发挥。基本结构是创设情境、参与各类活动、总结转化。在此模式中，要坚持几项基本原则：愉快而不紧张原则、有意识和无意识相统一原则、暗示手段相互作用原则。这种教学模式更多的是在小学德育课堂中应用。

（四）非指导性教学模式

非指导性教学模式的代表人物是罗杰斯，其指导思想是以学生个人为中心，在激发学生内在动机和需要的基础上，通过建立良好的人际关系和宽松融洽的课堂气氛，促进学生学习。而非像传统的教学一样教师单方面去教学生学习。其强调教师作用与任务就是创造教学情境，让学生主动去学习，所以叫非指导性教学。其目标是发展学生的人格和情感。教学基本过程是确定帮助的情境、探索问题、形成见识、计划和抉择、整合。

（五）传递—接受式教学模式

此模式主要借鉴的是赫尔巴特的四段教学法（明了、联想、系统、方法），目标是使学生掌握系统知识，促进其发展，为未来生活做准备。教学基本流程：激发学习动机、复习旧课、讲授新课、巩固运用、检查。

这也是现在大部分小学所采用的模式，虽然能使学生在较短的时间内获得大量系统的知识，发挥教师的主导作用，但是也容易出现知识灌输的情况，不利于调动学生的积极性。

（六）自学—辅导式教学模式

此模式体现了教师主导、学生主体的教学观，把学习的主动权从教师一人独享交到孩子手中，让学生主动独立地思考，去搜集信息并解决问题。其目标是使学生主动参与学习，独立掌握系统知识，获得自学的方法，提高自学的能力。模式基本流程是：a. 教师提出要求，呈现学生自学内容；b. 提供一定的时间和空间，让学生进行自学；c. 学生交流讨论自己的学习疑惑，教师针对问题进行启发答疑；d. 在实际情境中练习运用；e. 教师及时给予评价和反馈；f. 教师和学生共同进行系统小结。

自学—辅导优点是能够促进学生主动学习，提高学生学习能力，但是小学生由于年龄限制，在学习基础、注意力等方面较为薄弱，如果采用自学模式，很有可能达不到想要的教学效果，也比较费时费力。

（七）示范—模仿式教学模式

示范—模仿式教学模式指通过教师言语讲解，行为示范，学生参与性地练习而获得知识技能。其目标是训练行为技能。基本流程是：a. 操作的定向阶段；b. 操作的模仿阶段；c. 操作的整合阶段；d. 操作的熟练阶段。

（八）五环五学课堂模式

这一模式的基本流程：独立自学、交流互学、点拨助学、反思悟学、达标验学。独立自学的意图是指导学生学会学习；交流互学的意图是了解不同人的思想观点；点拨助学是指教师要敢于退到幕后，必要时果断地走向台前；反思悟学是要学会自我小结、自我评价、自我反思；达标验学意图是诊断学习效果，为改进教学做准备。

二、小学课堂教学评价发展

（一）课堂教学评价内容丰富化

课堂教学评价是与课堂教学有关的测量与评价的总称，是根据一定的客观标准，对教学活动及其结果进行测量、分析、评定的过程，对课堂教学过程中学生的学习过程与结果、教师的教学（教学目标、内容、方法、设备、场地、时间）等相关因素所进行的测量和评价。课堂教学评价的根本目的是为了激发学生学习的积极性、优化教师的教学方式，进而改善和提高教学活动本身与教学质量。

20 世纪 90 年代前，苏联著名教育家凯洛夫教育学观点较为流行，凯洛夫认为教学是教育的基本途径，学生在有经验教师的指导下获得知识，促进智力、道德、体力各方面的发展，特别强调好的课堂教学的开展，因此在进行课堂教学评价时，学者们更多的关注点在于“怎么才能上好一节课”，也就是说，课堂教学评价的重点在于是否具有高质量的教学。有学者在论文中指出，若想要提高课堂的教学质量，让学生们学到更多有益的知识，除了学生自身的努力学习、教师的优秀教学之外，还要有优秀的教学内容和先进的教学设备，只有具备这些基本要素，才能更好地提高教学质量。学者陶祖伟在《什么是一节好课》论文中提到，高质量的课堂需要上课教师以先进的教学方法提升课堂教学效果，佐以优秀的教学手段和良好的美学标准完成一堂好课。有学者提到，真正高质量的课堂需要同时满足下列几个要求：a. 教学目标清楚、全面；b. 教学内容准备充分；c. 教学方法科学合理；d. 课堂组织管理能力优秀；e. 学生学习热情高。从中可以看出，在这个阶段课堂教学评价主要探讨的是教师和其教学行为，因此课堂教学评价主要围绕着教师，其中包括教学的意义、教学方法、教学手段、教学策略、教师的专业能力以及教学质量等方面，通过对教师的一系列方面来评价教师的课堂教学水平。这个阶段的课堂教学评价，只考虑了教师的教，对教师的教学目标、手段、言语、仪态等给予了过多的关注，而忽视了学生这一主体。

从 1990 年起，学者们拓展了教学评价的内容，教学评价不再只针对教师，开始考虑到学生。学生的学习也和课堂教学活动一起，成为教学评价的重要内容。

（二）课堂教学评价主体多元化

最初课堂教学评价主体为教师，教师掌握绝对的评价权，根据学生的学业成绩给予自己主观上的评价，这个过程没有受教育者的参与。课堂教学离不开教师与学生这两个主体，离开了学生这一要素，课堂教学无法展开，因此课堂教学评价不能抛开学生这一教学活动的主体。学生作为课堂主体，有着自己的主观能动性，所以在课堂教学评价时，应当让学生参与进来，共同制定评价标准，共同参与评价。

对于课堂教学评价主体的参与问题,有学者认为,课堂教学评价的主体不应该是单一的角色,除了专家学者,其他教师、班级学生、学生家长都可以担任评价主体的角色。为了吸引学生参与评价,可以建立一个新的评价制度,课堂教学评价的分数由以上几个角色共同决定,这样可以让学生在评价的过程中挖掘自己的学习潜能,从而促进自身的全面发展。

课堂教学评价的主体是多元的,课堂教学评价需要多方主体参与评价,才能从不同的视野和角度发现课堂教学中的优缺点,促进教师和学生的共同发展。

(三)课堂教学评价类型与方法多样化

关于课堂教学评价的类型,理论界学者从不同维度划分了多种类型,具体有以下几种划分标准:

第一,根据评价的主体进行划分,可分为学生自我评价和教师评价。在进行自我评价时,主要是回想过去某一段时间内自我的行为有无不妥,是否需要改正或者保持,在教师引导下对自己的作业、试卷及其他学习成果进行评价。而教师评价是指任课教师与班主任对学生的学习状况与成果进行的评价。

第二,按照教学评价所运用的方法和标准不同,我们又可以将教学评价分为相对性评价和绝对性评价。相对性评价是根据学生个人的成绩在该班学生成绩序列中所处的位置来评价,而不考虑是否达到了教学目标。绝对性评价是根据教学目标和教材来编制试题测量学生的学业成绩,判断其是否达到教学目标,而不评定学生之间的差别。

第三,根据评价时间的不同将评价分为诊断性评价、过程性评价以及终结性评价。诊断性评价一般发生在教学活动正式开始之前,了解学生的学习准备状况以及现有知识水平;过程性评价一般都发生在教学活动中途,参与了一部分的教学活动,对于学生的能力和教师的教学水平都有了大致的概念,因此能够为学生学习能力的发展及教师的教学提出建设性意见,目的是为了更好地改进和完善教学活动;终结性评价一般发生在教学活动结束之后,对学生学习结果进行评价,终结性评价能对整个教学活动做出概括总结和反思,促进教学质量的提升。通过上述的几种不同维度的课堂教学评价划分标准,我们可以得知在不同时间、地点、环境下,评价的标准也会随之变化。

三、课堂教学组织方式发展

(一)课堂教学组织形式的历史演进

19 世纪 60 年代至 90 年代,洋务派开设了多个洋务学堂,主要类型包括语言文字学堂、军事技术学堂、技术实业学堂。1862 年建立京师同文馆,开始采用以班级授课为主的教学组织方式,并在 1904 年第一个由清政府颁布并实施的“癸卯学制”后正式在全国大范围地推行。20 世纪初,更多学者发现了班级授课制的缺陷,例如脱离学生的实际,忽略学生兴趣,不利于学生个体发展,缺少个性化教育,于是我国教育家和学者开始去模仿和借鉴西方教学组织方式。如 20 世纪 20 年代,道尔顿制的创始人海伦·帕克赫斯特访华,其教学制度是针对班级授课制的弊端而提出的一种个别教学制度,该制度主张废除课堂教学、课程表,把教室改为实验室,强调自由与合作两个原则,在舒新成等学者的推动下,该制度在我国中小学校大力实行并且取得了一定的效果。与此同时,我国还引进了华虚朋的文纳特卡制,强调学校课堂应该适应儿童的个体差异,把个别学习和小组学习结合起来,把课堂分为共同知识技能和创造性课堂。但每一种制度都有其所适用的范围,不能单纯地模仿和套用。此前我国曾盲目效仿外国的先进教学组织方式,因此,学生的基础知识掌握方面大幅度下滑,教学质量降低。学者也对这种模仿行为进行了反省,认识到我们必须要从中国教育的实际情况出发,去改革我国教学组织方式。因此,道尔顿制、文纳特卡制并没有在我国大范围实行起来。

到 20 世纪中期,我国开始实行“现场教学”的教学组织方式。其强调我们的教育不能只停留在表面上,必须把理论和实际联系起来,教育要与劳动生产相结合,把课堂搬到工厂、农村。这种教学组织方式适应了当时社会发展的潮流,符合社会主义培养劳动者的要求,但是带有强烈的无产阶级政治色彩,并且不符合中国当时的实际情况,使得教学组织方式改革走向了下坡路,课堂教学质量呈现下降趋势。

改革开放至今,教育界学者吸取前期照搬西方和苏联教学组织方式的经验教训,对我国的教学组织方式进行新的探索,寻求符合中国实际的教学组织方式,并开始出现细化和多元化。如20世纪80年代末的杜殿坤等人的“师生合作教学”研究,指出课堂中要加强师生和生生之间的合作,改变传统教学中师生之间授受和生生之间互相独立不交流的关系;20世纪90年代初胡兴宏等人进行的“分层递进教学”实验,构建了分层递进的课堂教学机制。

如今,我国在“班级授课制”的教学组织方式的基础上进行了多方面的探索。更注重课堂内部的组织方式改革,更加注重师生与生生之间关系的改变,更注重引入互联网信息技术手段。在发挥教师自主能动性的基础上,促进学生主体性和主动性的发展。

(二)课堂教学组织形式的现代发展

现代较为有名的教学组织方式有包班制、翻转课堂、小组合作三种。

1. 包班制课堂教学组织形式

“包班制”是指某个班级中以一位或者两三位教师为单位,对这个班级实行包班,承担这个班级里所有学生的教学与生活管理和班级常规管理等工作任务的一种方式。这种教学组织是个别化教学的体现,改变了原来班级由单一班主任管理的模式。这种方式使教师更能了解本班学生的特点,开展更有针对性的教育内容,更好地促进本班学生的发展。在我国,实行“包班制”这种教学组织方式的趋势在扩大,在20世纪90年代,江苏省首先开始试点,学习和引进“包班制”,成为最早实行“包班制”的省份。

2. 翻转课堂教学组织形式

“翻转课堂”作为一种新型教学组织方式,也是一种教学模式,近年来在国内外盛行。所谓“翻转课堂”就是由教师创建讲课视频,学生在课下观看视频中教师的讲解,回到课堂上与教师面对面交流互动,解决学习中遇到的疑难和困惑。学生在上课之前就要自主学习教师准备好的小视频,整理好自己的思路和学习中遇到的问题,等待上课时与同学交流并倾听老师对问题的解答,课后自主完成作业。这种教学方式将传统的课堂翻转过来,提高学习的效率,调动学生的积极性。让学生在课下通过网络自主学习,可能会影响教学质量,但是整体上来看,还是很适合当今教育的发展,对于这种教学组织方式,我国还处在摸索发展的阶段。

3. 小组合作课堂教学组织形式

小组合作课堂教学组织形式也是建构主义理论所强调的一种方式，分组改变了传统教室内部的秧田式空间形式，将 5 ~6 个学生围成一小组，每组由能力各异的成员组成，教师安排教学任务，小组共同讨论以合作和互助的方式从事学习活动。这种教学组织活动方式改变了过去由教师主导传授，学生被动接受的方式，转向以学生为主体，重视学生之间的合作以及学生的人际交往能力，以学生的学习方式、爱好、问题、表达等组织教学的方式。

如今，虽然我们仍以班级授课制为主要的教学组织形式，但也不能忽视其所带来的忽视个性化和主动性的弊端，更好地把班级授课制与其他组织方式融合是我们未来探究的重点。

第四节　对当代小学课堂教学的审视与反思

一、课堂教学目标的问题与不足

课堂教学目标是教育者在课堂教学的过程中,在完成某一阶段(一节课、一个教学单元、一个学期)的教学任务时,希望受教育者达到的要求或产生的变化结果。当前小学课堂教学目标存在以下问题:

(一)忽视全面发展教育目标的制定

当前部分课堂存在着这样一种现象:学生被动地接受知识,而不是主动地去学习,而且仅单单接受智育方面的知识。这样的教学只是一味强调灌输知识,虽然学生可能掌握了基础知识和基本技能,成绩很优秀,但其在身体素质、感受美、欣赏美等能力方面以及心理健康水平和道德素质方面差得较多,这样畸形的发展不利于儿童形成正确的价值观,也不利于儿童完整人格的发展。

(二)不能体现因材施教

由于环境、教育、个体主观能动性等综合因素的影响,每一个个体的发展水平、发展速度不尽相同,那我们的课堂教学目标也应当有所调整,尽可能适应学生之间的差异性。但是当今课堂,班级人数较多,教师教学任务重,很难针对学生的特点制定有针对性的目标,往往只是有一个统一的目标,超额完成目标就算优等生,未完成标准的就被划为差等生。这样的目标制定是不合理的，是不能够促进每位学生从原有水平向更高水平发展的。

二、课堂教学内容的不足

课堂教学内容是根据课堂教学目标从人类的经验体系中选择出来，并根据学生的年龄特点、日常生活经验、学习情况等方面按照一定的逻辑序列编排而成的知识体系和经验体系。

（一）课堂教学内容应有深度挖掘不足

部分教师对课堂教学内容的处理避实就虚，该重点讲的内容给略过去了，不该讲的内容却用大部分时间和精力做修饰。对基本知识、基本能力、基本情感的培养等蜻蜓点水，无法深入讲解，追求的只是课堂形式的完美。只要把所有的流程走完，所有的教学任务完成即可，不重视深挖知识背后的特点、意义和价值。因此，对于课堂教学内容，教师自己要做好大量的资料查阅，去分析书本作者撰写时的目的意图，更全面地去把握，深挖知识的价值，而不是流于表面形式。

（二）课堂教学内容的处理刻板化

典型的特征就是教师在课堂教学过程中对教科书绝对崇拜，对知识真理价值观的强势维护。当学生的回答出现异于传统观点和教科书或存在异议的情况时，教师常用的解决方案就是以教科书为准，书上怎么写就怎么答，严格遵循教科书即真理这一条准则。然而这种完全以教科书为主的课堂教学内容不仅禁锢学生思维，更是在思想上“去个人化”，长此以往，学生将会失去独立思考的能力和创造的激情，取而代之的是唯权威是从的价值理念。

（三）课堂教学内容生成性不足

目前大部分小学采用的都是统一的教科书，而适用于全国各地的教科书在编订、修改等方面较为困难，经历的周期较长。时代发展得非常迅速，显然，教科书修订的速度跟不上社会变化的速度，几年内小学教材几乎没有任何变化。

此外，课堂教学内容大多都是选择专家编订的教科书，这些对于学生来说都是间接经验，而学生是能动的个体，有自己的想法、兴趣和价值观念。如何将受教育者的个人特点、经验融入课堂教学当中，更好地去调动学生的积极性，还是有待进一步商榷的。

三、课堂教学实施的问题

（一）追求形式大于内容

合作学习、小组共同讨论确实能启发学生学习的兴趣和学习的热情，但是使用不恰当也会产生负面效应。比如有的问题看起来非常简单，学生一目了然就能理解，但是教师为了追求形式也要求小组讨论，这样就非常浪费课堂时间；有的问题较难，学生自主讨论思考可能解决不了实际问题，但是教师也是留有相同的时间去进行小组讨论，在较短的时间内根本解决不了问题；课堂看上去大家都在热烈地讨论学习问题，而其实有些学生是在讨论课外话题；有些教师把学生合作学习当成了自己休息的时间，教师的主导作用变成了袖手旁观。

（二）实施手段与教学内容相脱节

随着时代的发展，互联网和教育更好地结合在一起。多媒体在课堂教学中的应用具有其他教学手段不具备的优点和长处，其所展示的事物直观形象，动静结合，符合小学生思维特点，易于激发小学生学习兴趣以及求知欲，而且其改变了传统枯燥的书本教学，有效地调节课堂节奏，提高教学效率，体现了现代化教学手段的优越性。然而，在引入多媒体过程中也出现了一些弊端，在实际课堂教学中，部分教师计算机技术不扎实，课件制作粗糙；也有部分教师为图省事直接下载别人的课件，甚至不加分析和选择，直接采纳；还有部分教师，课堂教学纯粹变成读课件的课，读完课件就下课，学生只顾抄课件，而忽视了教师的讲解，这样不利于学生思维的发展，也不利于学生对所学内容的深入理解和感悟。

（三）课堂教学创新不足

受传统知识观念影响的教师，课堂创新意识较为薄弱，认为课堂教学就是一成不变的、静态的知识体系。教学方案如何设计，那我的课堂教学就如何开展。即使教学过程中出现一些突发情况，依旧是按照原有的课程计划进行。课堂教学就是对这些既定的学习材料进行灌输与传授的过程，凡是有悖于传统以及教科书的知识及其价值观念的都会给予否定。对于是否会阻碍儿童的创新能力，是否真正理解知识内容没有人关心；只要教师顺利完成课堂教学，学生掌握了文本性知识即可。

（四）课堂教学主体不清

学生真正的学习发生必须同时具备两个条件：第一是学习动机，只有有了学习动机，学生才有兴趣和意愿去学习；如果学生不想学，即便老师讲得再好，那也是老师的自娱自乐，真正的学习也不会发生；第二是经验建构，学生不是被动地去接受老师传授的知识，而是能够主动地将新知识与自身已有经验相结合，通过同化顺应去建构自己的认知结构框架。如果教师只是单纯刻板地去传授知识，学生只是被动地去接受，没有主动建构、独立思考，这样的知识获得的再多，也是零散的，形不成知识系统，更谈不上灵活地去运用。学生是学习的主体，所以课堂教学中，教师要避免成为绝对的控制者，而是应当扮演引导者的角色。

四、教师课堂教学管理的反思

（一）课堂教学管理理念偏差

课堂是一个由教师、学生等组成的有机整体，是一个活的系统。然而在以教师为主导地位的班级授课制下，小学课堂仍被认为是个封闭、安静、不变的系统。小学的课堂教学管理仍追求安静、整齐不变。但是小学生年龄较低，持久专注力较差，再被要求呆在安静整齐的课堂里，学生的身体活动与话语权受到限制，身体健康情况难免会受到损害，而且也会降低学生的学习兴趣。

小学教师认为课堂教学管理必须严厉，否则教师没有威严，震慑不住学生，但是持续严厉的课堂管理只能让学生保持表面的安静，例如有些学生出现一些开小差、说话、扔东西等轻微的课堂违纪行为，教师对这些违纪行为处以严厉的批评或者惩罚。这样严厉压制管理下的学生不敢大胆表达自己的见解与想法，即使被教师冤枉也不敢解释，长此以往，学生健康人格必然受损，心理健康容易出现问题。

(二)教师课堂管理忽视特质环境管理和内倾行为

忽视物质环境管理，课堂物质环境主要包括课堂物理环境、教学设施、空间大小和布局。良好的课堂物质环境有利于个性化的教学组织形式。但在实际小学课堂教学管理中，课堂物质环境处于被遗忘的尴尬状态。各科目教师认为课堂物质环境管理不属于自己的管辖范畴，只属于班主任的职责。在短期来看，对课堂物质环境的忽视只会妨碍当节的课堂教学；长远来看，对课堂物质环境的忽视不利于促进学生的全面发展以及激发学生学习兴趣。

忽视内倾性问题，内倾问题行为主要表现为心不在焉、发呆、害怕提问、烦躁不安等行为。而这种行为具有隐蔽性，没有给课堂带来明显干扰，所以并没有引起老师足够的重视。然而，问题行为的背后可能牵涉到教师的教学方式、教学能力、教学内容难易度等。

五、小学课堂教学的革新措施

(一)注重课堂教学目标的科学性和发展性

1. 教学目标注重德、智、体、美、劳全面发展。

目标的设置应当是涵盖德、智、体、美、劳五大方面的，不能够只重视升学率而忽视了学生的全面发展，以智育为主的单方面发展已经不能够满足社会发展的需要。此外，目标的设置还要坚持布鲁纳目标的三维结构，包含认知目标、情感目标、动作技能目标，三者缺一不可，避免单一、片面。

加德纳的多元智能理论强调学生具有多种智能，这要求课程目标满足学生的多角度发展。为了学生的身心和谐发展，应在课程目标中加强全面发展。

2. 教学目标尊重学生的个体差异，设置多层次目标

教师应树立正确、科学的学生观，在目标设置上考虑到学生的实际情况，正确客观地评估学生可能达到的目标，设置多层次目标，不用一个标准去衡量所有学生，用目标区间代替刻板的目标，以鼓励小学生在自己现有的水平上有更进一步的发展，这就是教育目标的价值引领作用。

（二）注重小学课堂教学内容的丰富性

1. 课堂教学内容重点突出，任务明确

小学生的学习多以基础学习为主，教师的教学内容需要详略得当，学生可以理解到老师在课堂上需要自己完成哪些具体任务，同时，教师在重点部分以及常规练习上要花功夫，突出内容中最核心的知识点，抓住学生的注意力，重视知识价值，这样可以让小学生在基础阶段就学习到学习方法和学习思路，而不是上完课就立即遗忘。

2. 课堂教学内容多元化

课堂教学内容不能仅局限于教科书，应当把教育场所扩大到课堂之外，而且要善于发现学生日常生活中潜在的教育事物，把学生的兴趣，经验都纳入教学内容中。教师要接受小学生的奇思妙想，切忌刻板化命令学生接受死知识。允许学生在课堂上有不同的声音，这样可以培养小学生的思维和想象空间，进一步提高其认知水平。对于争议性的问题，开展小组讨论。思辨性质的讨论可以活跃课堂气氛，增加课堂的趣味性，让学生可以理解到知识的多元化。在这种轻松愉快的气氛中，学生的学习水平可以得到最大限度的提高。

3. 课堂教学内容与时俱进

随着互联网技术的不断更新，网络信息极大地扩大了小学生的认知范围，相应地，就必须在已有基础上去修订教科书，同时，全国教科书的编撰可以采用网络协商等方式，加快教科书的修订。我国现代化进程的速度越来越快，随着社会的巨大变化，教学内容也需要及时跟上社会的发展，不断进行改进。

（三）小学课堂教学组织形式的科学化

1. 避免课堂教学手段形式化

课件要为课堂教学服务，而不能为了热闹而添佐料，为了取悦听课者而搞形式，为了时髦而摆花架子，多媒体的运用一定要用在刀刃上。课件的使用要有利于突出教学重点，完成教学目标；要有利于通过课件对教学形式变换，降低学生对单一教学形式的疲劳感，提高课堂效率。因此，课件的设计或选择要科学、恰当，和教材结合紧密。形象生动的课件可以帮助教师丰富教学形式并帮助学生更直观理解高深的知识。

2. 注重课堂教学的生成性特征

动态调整实施取向是教师在不改变教学计划的前提下，进行适当程度的微调，这种方式既能够让教师较好地把握课堂，同时也有细微的灵活性。生成课程的取向富有弹性、开放性，没有严密的计划，没有预先设计好的目标和内容，师生围绕着学生共同感兴趣的问题合作学习。这种方式更能贴合学生的兴趣以及日常生活经验，但是对教师要求较高，这也是教师未来努力的方向。

（四）关注课堂教学评价的多元性

1. 建立有效且可长期运行的奖励制度

可以采取课堂奖励的方法，但是要注意奖励的实行方式。一般来说，课堂奖励有精神奖励以及物质奖励两种方式。在课堂奖励方式上，通过物质奖励可以更好地激发学生的积极性，使得他们更集中注意力地学习，从整体上改善课堂纪律，学习氛围也会颇有好转；当然，物质奖励不是长久之计，容易产生负强化的作用，一旦暂停这种奖励，会导致学生功利主义的产生，还会使其对学习的兴趣大幅度下降，因此需要一种有效且可长期运行的奖励制度对学生进行奖励。

2. 避免单一采取数字的方式作为评价标准

课堂教学量化评价具有客观性、公正性、可操作性和实用性的特点，是一种较好的评价方式，但把课堂教学评价完全进行量化，本身存在一定的不合理性。我们认为宜采用相对评价来评价教师的课堂教学，使课堂教学的评价不单一刻板。同时重视学生在评价过程中的作用和主体地位,注重评价对象的自我评价和反思。从实际情况来看,只有评价对象本人对自己才有最全面深入的了解,最清楚自己的发展过程和心理感受,而且只有评价对象充分认识到他人评价意见的合理性,接受和内化了他人的评价意见,才能使评价真正发挥其促进成长的作用。仅靠自我评价或者仅靠他人评价,都有其局限性。只有把多主体的意见综合起来,在沟通和协商的基础上达成评价意见,才能取得最佳的评价效果。

3.注重评价的差异性原则

面向全体、关注差异原则。面向全体,关注差异,是当前评价改革的基本要求之一,是发挥评价发展性功能的需要。由于环境、遗传等因素的影响,学生的认知能力、性格特征、学习习惯都是千差万别的。因此,我们的评价应承认学生的差异性,根据学生的"最近发展区",实施分层评价。不同年级的学生具有不同的身心发展特点,在评价组织方式上要有不同的安排;同一年级的学生也存在很大的个体差异,在评价内容难度、评价方法、评价结果呈现与反馈等方面都可以有灵活的处理方式;同一学生在一定时期内的发展也不一样,时起时伏,要关注其闪光点、亮点、前进点,要用发展的眼光、可持续发展的态度来评价学生。要关注学生的个体处境和需要,因人而异,注意保护学生的自尊心和自信心。

(五)构建科学的课堂教学管理方式

1.教师树立科学的管理理念

目前我国小学课堂主要是以教师为主导的班级授课制,针对这种情况,作为教师,应当正确解读新课程改革下的课堂管理观念,创建有效的课堂管理模式。教师应认真学习国家出台的有关政策文件,同时认真参与各种培训活动,改进课堂管理的方法,学习建立有效的课堂管理模式,从而促进课堂管理观念与时俱进,形成以人为本的课堂管理理念,并在实际行动中落实理念。

2.制定合理的课堂教学管理制度

小学课堂管理制度在整个教育活动中起着十分重要的作用。因此,制定科学合理的课堂教学管理制度是有效开展课堂教学管理的前提。制定科学合理的课堂管理制度，要考虑学生身心发展的规律和特点，考虑不同年级学生的差异性，制定适合不同年级学生课堂管理制度，使课堂管理更有针对性。

3. 规范教师的管理行为

为提高教师课堂管理行为的有效性，一方面，教师应该根据小学生的特点和教学内容选择不同的教学方法；另一方面，教师要改变传统的教学习惯用语，选用有利于学生学习的用语讲述教学内容，充分利用多媒体开展多样化教学，调动学生学习的积极性。此外，也要经常对自己的教学行为进行反思与探究，只有在反思与探究中才能使自己的课堂管理行为得到进一步的提升。

第二章 ▼▼ 教学观念篇

教学观念是教师个性化开展课堂教学实践的基本方向指引，是教师基于特定教学理论开展教学的基础，是对教育目的、培养目标、课程目标的系统内化，是结合学生身心发展特点而形成的个性化、实践化的教学工作的基本导向。教学观念具有多样性，但其核心是围绕“教师”“学生”加以表现的，遵循现代教学理念，本部分内容对当前“以学生为本”的教学观念加以介绍。

第一节　尊重学生是课堂教学的首要原则

2018 年 4 月，任景业教授团队来到西安，向我们展示了“分享式”教学法，让我们见识了新鲜的以“学生为主体”的课堂教学实例。大家都受到了强烈的震撼和冲击，同时也产生了不少新的困惑和疑虑。

一、让人印象深刻的两节课

西安有位个性非常鲜明的“疯子教授”——B 教授，大家对他印象极为深刻。他曾经做了一场 4 个多小时的大型学术报告。会场上学员的笑声与掌声，一浪高过一浪。“激情”“精彩”“过瘾”等词，用在这节课上一点都不为过。在当天下午我主持的报告会上，我有这样的一个开场白：

“今天上午 B 教授的报告精彩吧？（学员会心微笑）你们可能不知道，B 教授上午不但做了一场报告，他还变了一个魔术。你们看出来了吗？（大家很惊异）”。

我故意卖关子，说：“我先确认一下。你们每个人都确定自己在这 4 个小时里眼睛从没离开过教授吗？（确定）没发现教授有什么异样吗？（惊异：没有）那么我现场做一个测试——”

“大家不要看笔记，回答我 B 教授上午的报告题目叫什么？”一名学员答：“现代教学艺术”。（他确实没有看笔记，但他桌面上摊着学校的“国培项目”安排表。我笑了一下）。“请您继续回答我，你在本节课上学到了 B 教授哪些教学艺术？”（沉默）“那我再问，B 教授关于教学艺术的哪个事例给你印象最深刻?"(竟然还是沉默)"最后一个问题,B 教授给你印象最深刻的地方是什么?"大家纷纷答:"他的活力""他的激情""他备课十分认真扎实""他每天坚持锻炼,很有毅力"……这些回答,竟然没有一样与"现代教学艺术"相关!

我说:"这就是 B 教授的魔术,他滔滔不绝讲了 4 个小时,你们聚精会神听了 4 个小时,他一个字都没离开"现代教学艺术",你们也一刻没离开过 B 教授,结果竟连一个字也没记下!"

B 教授的课十分精彩,非常吸引人,但为什么会有这样的效果呢?我分析有以下几种原因:①B 教授的夸张式课堂表现,满足了我们一个预期——见识"疯子教授"的风采,领略他不一样的课堂教学。他的确做到了,我们也真正领略到了。大家本也没把他会讲些什么放在心上;②正是他针扎不透、水泼不进的滔滔不绝,让大家思维无法驻留,无暇思索,无暇咀嚼,只能放弃思索,像听相声那样"快餐式"地欣赏和倾听,自然留不下太深的印象;③B 教授张口谈"我",闭口谈"我","我"成了课堂的主要角色,"现代教学艺术"成为背景。"我"如此光芒四射,谁还能关注作为背景的"现代教学艺术"?

2018 年某日上午,成都圣菲小学的衡菊芳老师上了一节数学课。她提前在黑板上写了一道题:"铅笔 0.3 元/支,橡皮擦 0.2 元/个,尺子 0.4 元/把,问 4 个橡皮擦多少元?"上课前,她在教室后面找个位置坐了下来。孩子们不知发生了什么事,坐在座位上左顾右盼,不见老师。但看见教室后坐得满满的老师,就放心了,坐好等老师。3 分钟过去了,又 2 分钟过去了,学生还在等。这时一个声音在身后传来——"你们现在该干点什么?"孩子们正迟疑着,有人喊了一声"起立"。大家站起来,又坐下。老师没有再说什么,大家又开始等。后来有人看到了黑板上的题,拿出本子开始演算起来。很快,学生一个接一个都演算起来。这是开课后 8 分钟之后发生的事情。算完了,两两开始主动讨论。讨论也完了,有人手举起来了,很快更多的手举起来。这时,一位慈祥的女老师起身问道:"你们举手想干什么?""我想在黑板上写,……我想到讲台前去讲!""那就去吧!"孩子们冲上黑板,开始写起来,讲起来……整节课,衡老师讲话,总共 37 句,激情的孩子们成了课堂的主人。学生在课堂上展示了 4 类 7 种不同算法,超出了教师预设,"哇,还有啊!""啊,终于完了"。学生也在争辩中完成自己课堂展示秩序的第一次构建。

二、两节极端课，一架坐标系

如果是一个坐标，B 教授和衡老师两个人的课各占一极。B 教授是一极，代表以教师为中心的传统课堂。整个讲座 4 个多小时，课堂“剧场化”，教师“演员化”，教学“表演化”，学生“观众化”。教学内容掌握在教师手里，通过他演示讲解传递出来，“观众”被动接受，能接受多少接受多少。全在于听，“以听代学”。衡老师是另一极，代表以学生为中心的现代课堂。老师让位，学生进位，充分发挥学生课堂学习的主体作用。学生围绕“问题—思考—分享”模块主动学习，整个教室形成了以问题为核心的思辨的“场”。老师是课堂的参与者、主导者和组织者。一个像秋风扫落叶，干净利落，一个如群蚕吃桑叶，缓慢笨拙却也啃下江山一片。B 教授有如磁场中的磁铁，将铁屑紧凑地吸引到它上边的纸板中央，当磁铁倒个磁极（变成了衡老师），铁屑又瞬间散开，形成以它为圆心的一个铁屑圈。一个强力吸附，一个静等花开。

两个极端，一般老师都不易达到，大家都分布在这两个端点间连线的某个点上。不过这个坐标却不是一条线段，也不是一条向两端延伸的直线，它更像一条单向延伸的射线。目前我校教师正朝着 B 教授这个方向积极努力，然而这个方向，似乎指向射线固定的末端，奔向它，越努力越接近尽头，学生学习的自由度越低，获得越少。衡老师所代表的方向，似乎是射线无限延展的那一方。这一方，学生得到空前解放，学习活动充满活力，学习潜能无限释放。教师的思想也得到解放，境界得到空前提升，从教书匠转向航海家，顺应学情奔向远方。这是一条潜力无限的康庄大路。

三、“学生学的课堂”，带给我们的第一印象

衡老师的示范课带给我们的启发是巨大的，但毕竟是初次见识，大家从思想和行动上接受起来需要一个过程，要达到实质转变，更是一个长期和艰苦的过程。对衡老师的课，大家是充分肯定的，但也有不少无法释怀的疑问，总体看来是五个字——“等、乱、盲、险、错”。一是“等”。我们学生的课堂学时是

有限的,是按分秒计算的,而衡老师课堂上的“等”竟然是无限的。学生没出现所期待的行动,就一直等,最长等到8分钟。二是“乱”。我们说纪律和秩序是课堂有效性的前提和保证,而衡老师课堂上的“乱”竟然是有意放任的。让学生释放天性,冲上讲台展示的学生站了一大堆,效果一定好吗?三是“盲”。我们说课堂教学是依课标而设计的,三维目标具体而细致,而衡老师课堂上不讲课标,“盲”无目的,顺遂学生,到哪儿结束也很随意。课堂教学目标如何达成?四是“险”。学生自主地学与课堂教学质量之间一定成正相关吗?这是改革,看起来很好,但有改革就有风险,万一质量下降怎么办,责任谁也担不起。五是“错”。学校现有评价标准,是西安目前课堂教学专家的普遍标准。学校“金牌教师”赛教在即,按衡老师标准大家做不到,按现有标准又是否落后了?评价标准错位,我们该怎么办?

四、构建以学生为主的课堂符合课改思潮

关于这些质疑,我其实有一些自己的理解。我认为我们目前应采取的基本态度:一是我们天天呼吁的以学生为主体的课堂,今天来了——衡老师的课就是。见识了,是我们的初衷,达到了,才是我们的目的。满意不?仁者见仁,智者见智,大家自己判断。二是正确看待衡老师课堂上的“等”“乱”“盲”。也许衡老师的“等”,是对破壳而出者的宽容,是对蹒跚学步者的鼓励,是对自我意识恢复的期待,是对以前教育缺失的弥补。这8分钟的“等”,真的没有意义吗?真的是浪费时间吗?这“难熬的8分钟”“难忘的8分钟”,难道分分秒秒不在冲击着孩子们的心灵吗?衡老师的“乱”,也许就是一种正常的秩序,是真正的“大治”。学生讨论学习、大声争辩的乱与你推我搡、追逐打闹的乱是一样的吗?我们期望的学习不正应该是这种状态吗?衡老师的“盲”,也许是最贴近教育目标的“明”。课标是教师开展教学工作的基本要求。课标如同“郑人买履”中的尺码,它是根据学情制定的,学情就像郑人的脚。课堂通过“问题导入”得到的现实学情,就是眼前现实的“郑人的脚”。根据学情开启课堂不更接近课堂教学的实际需求吗?课标又像“武功秘笈”里的招数,学透才能用好,要内化于心,外化于行,不能生搬硬套。实战时要忘掉这些招数,根据对方出

招因势而动，出招似无招，招招合拳理。与衡老师这种“实战高手”相比，我们是不是太教条了呢？三是“相信老师，零险试点”。衡老师课堂教学的“好”我们已经看到。怎么用？学校不会行政强制引进，统一要求，我们相信每位老师的智慧和能力，大家可以根据自己的判断，来选择试用或是不试用，什么课用什么课不用，用什么和怎么用。总之，只要突显出学生的主体地位，发挥学生学习的积极性、主动性、创造性，过程真实、效果明显就好。四是评课坚持原有标准不变，但对能体现学生主体性和学习过程的探索给予鼓励和肯定。这是正常的时代更迭，这是真正的观念更新。旧有的评课标准，让新课的探索去自然更新。“野火烧它尽，春到新草生”。新的评课标准，随着新型课堂的发展成熟自然就发展起来了。

学生学习的课堂来了，课堂改革的春天到了，我们期盼花红柳绿，但我们也得有耐心，静看冰水交融的冰河汤汤流淌……这才是初春时节应有的样子。

第二节 师生互动是优质课堂教学的关键

“为什么孩子在低年级时,都能像小鸟争食一样举手发言,到了中段只有少部分人很踊跃,到了高年级段就没人举手了?”西安育英小学语文学科委员边秀红、徐艳等多次提到这么一个议题,众人纷纷附议,但因为无解,慢慢地大家就在沉默中淡漠了。有人说是天性,孩子年龄大些,有了羞耻心,就不愿意在人前“显能”了。有人说是因为老师只关注少数人,大部分人因为举手也不会有机会,慢慢也就没有劲头了。也有人说是教师的评价态度和评价方式出了问题,孩子的积极性受挫,从此不敢再站起来“丢人现眼”了……

一、课堂教学要面对所有学生

2017 年 11 月,我在汉中城固给“国培班”学员上完交流课《两小儿辩日》,该班班主任过来非常抱歉地说:“李老师,不好意思!您今天最后提问的两个孩子,正好是我们班最不爱发言的孩子。上课前,我就想告诉您,结果不想还是叫到了,让您难堪了……”。这位老师确实很真诚,让我感动,我也非常真诚地回复她:“您说的情况我通过课堂观察已经发现了。为什么还请她们发言呢?课堂教学效果不在于表面的光鲜,而在于学生真实的收获。这两个学生是这个集体的成员,我有义务让她们参与课堂学习,不能把问题留给您。”“她们站起来后,沉寂了那么长时间,但我一直很耐心地等待,给她们留出思考和回答的时间。及时制止其他孩子的嘲讽,循循善诱,给她们一个宽松和缓的氛围。结果虽然一个孩子最终还是笑着摇了摇头,另一个只吐出了一个词,还错了。这些看起来似乎很尴尬,但您有没有想过,她们俩,是长期被群体和自己区隔在学习过程之外的。两扇尘封已久、长期幽闭的心门,今天终于有人来叩击啦!”“如果您是门里边的人,您心里会怎样想呢?今天一扇门已经开了。她答错了,但这又有什么要紧,她已经参与学习了,难道不是一个巨大的进步?另一扇门今天终未打开,但我相信,她一定就在门里边,手就在门把上,心在‘嘭嘭嘭’地跳动,只要我们有足够的善意和耐心,这扇门一定会打开的。”“我不怕这扇门不开。真正让我担心的,是门开了但孩子看到的不是一张友善的脸。本节课上有一件比上课更重要的任务,就是唤醒‘游荡在荒野上的心灵’,让他回到课堂上与我们同行。今天,我的任务没有完成,还需要您继续坚持做下去……”

这两个孩子为什么会心门紧闭?答案就在这位老师的话语里。“李老师,不好意思!您今天最后叫的两个孩子,是我们班最不爱发言的孩子”。“我们班最不爱发言的孩子”是老师贴在这两个孩子身上的标签。“标签”一旦贴上,而且是敬爱的老师贴的,孩子的心里是多么的痛楚和无助呀!当然,孩子是善良的,他一定会尊重和认可老师对自己的评价。但他一定会想:“今后一定不在课堂上轻易发言,一定不给老师丢脸!即使事后证实他的想法是正确的,也不会轻易说出来。万一错了呢!总有人会说的,而且他们一定会给老师增光的。机会还是留给他们吧。闭上嘴吧!全班这么多人紧紧张张、结结巴巴,只会给老师和家长惹麻烦,只会让同学笑话。闭上嘴吧!反正我思想跑毛,即使在荒野里游荡,老师和同学也不会关注我。当然,没人关注我,并不意味着我是自由的。我是最胆小、最羞怯、最敏感的那一个,同学们谁都可以随意嘲笑我,而我必须逆来顺受。‘学习不行,还敢吵架!’我一旦反抗,那就不仅是笨孩子,更成了坏孩子了!最怕有新来的老师,不明白我是我们班“最不爱发言的孩子”,结果我出丑,他难堪!”同志们,孩子这个心门是肉做的,娇嫩得很,没有我们想象的门闩,除了担惊受怕,她什么防护都没有!这扇紧闭的心门,其实总有人在撕裂它,往往是刚愈合就被撕裂、刚愈合又被撕裂!

二、课堂教学要尊重不同学生的经验

曾在课堂上看到这样一个场景:一个孩子回答老师的问题,未答到老师心上，老师的评价是："你是一个不经常回答问题的孩子，（所以今天没有能回答上这个问题。问题没有回答上来，关键是因为课堂没有认真听讲），今后课堂上一定要注意听讲。"能听出来，这个话不是讲给这个孩子听的，是讲给后排听课人听的。但问题是，这个孩子根本就不是"一个不经常回答问题的孩子"，他也并未"没有认真听讲"。这个孩子，听到这个评价之后会怎么样，他的同学们听到这个评价之后又会怎么样？老师想要的，是一定要让课堂出彩，让听课人觉得我的课讲得好。要让课堂出彩，就一定要让优秀的孩子发言，"配合"老师出彩。不优秀的学生，老师恨不得找个地洞将他藏起来，如何敢让他"丢人现眼"。

事实上，是老师错了。老师错在哪里？错在理念上！错在不知怎样的课才算"好课"，错在不知如何对待课堂上学生的问答错误，错在不知如何科学地评价孩子，错在不知该如何看待"听课人"。首先，"好课"的标准是老师讲得好，还是学生学得好？有人说，这有区别吗？当然有。学生没学好，老师"讲得好"，好在哪里了？另外，学生学得好，不仅是听懂，更要学会。课堂的核心是学生的学会。仅以老师个人表现定位课的优劣，是不合适的。"讲得好"的课，往往忽略了"不优秀"的学生，甚至以牺牲"不优秀"的学生为代价。"学得好"的课，要求每一个孩子都达标，不舍弃任何一个孩子。其次，老师该如何对待学生课堂上的问答错误呢？静心想一想，学生回答问题，又快又准一定好吗？一节课里，学生把老师所有问题全答对了，这节课的课堂效率一定是最好的吗？学生课后会的东西，课前也全会，这节课还有什么意义呢？学生在课堂上出错才是正常的现象，这些"易错题"中的"易错点"呈现出学生的认识界限，这是学生学习的"最近发展区"，是教师有的放矢精准施教的最佳着力点。再次，我们应该怎样科学地评价孩子？对待进步中的孩子，我们的职责是引导他们发现问题，探索解决问题的渠道和方法，找到错的原因，突破原有的认识局限，完成知识的重新建构。关心、爱护、理解、包容、启发、引导、激励、表扬，是老师基本的评价原则，绝不是矫饰和隐瞒，更不是保护自己、牺牲学生。至于如何对待听课人，我们的基本态度是：我的眼里只有学生，心思全在学生的学习过程上。至于听课人是谁我没看见呀！

三、与所有学生互动是课堂教学应有的内容

结合前文提到衡老师执教的课堂交流活动，可以发现衡老师并不特别关注正在激烈讨论的孩子，而总是轻声走近未参与课堂讨论的学生，“你听到他们在讨论什么问题吗？”“你同意他们俩谁的观点？”……。这是我们理想中的“学生的课堂”“学习的课堂”。她用“分享式”的教学方法，让全班大部分学生主动参与到学习探索之中，独立思考、快乐分享，让孩子们的心门全是敞开着的。对于个别游荡于课堂学习之外的心灵，老师用提示的方式，让他们回到课堂中，引导他们学会观察和表达。幽闭的心门，在这种宽松而积极的氛围中，慢慢地自己打开了，开始了主动地接受和交流，渐渐都融入进来了。这个课堂，老师眼里只有学生，只有学习中的学生和需要引入学习的学生。至于教室里还有谁，则不是老师关心的。这是“真实”的课堂、不迎合的课堂。“好课”只有一个标准，让学生听懂学会，而不是为了迎合“听课人”的喜好人为制定什么“潜规则”。

善意地对待成长中的每一个孩子，孩子的心门就会向我们敞开。我们越智慧越真诚，这扇门开得越大，开得越久……

第三节　教师的个性化特点是课堂教学的前提

了解一个人、一个团队，时间和距离是特别重要的因素。人才是含在杂质里的金子，本来就与所处的环境是一体的，因此，普通和缺陷，才是人才自有的特色。人才，其实就是你我身边最普通的他。

一、以包容的视角看待教师

胡静是西安育英小学一名非常敬业的音乐老师。她的合唱教育特色鲜明，成绩突出。我 2011 年春天初到育英小学时，胡静的西安市骨干教师还没有批下来。出于工作需要，我到任的第二周，一个层高 7 米的专业合唱教室火速置换成功。一架乌光锃亮的三角钢琴、稳当漂亮的指挥台，分块拼装的彩色合唱台、跳动音符构成根据工作需要的精巧背景设计，让胡静十分兴奋。有了钢琴伴奏教师，有了陕西省歌舞剧院专家定期指导，去西安音乐厅欣赏法国男童合唱演出，去西安音乐学院录音棚录制合唱，胡静很幸福。她每天提前 40 分钟到校，每周三下午延迟放学，训练 2 个小时，风雨无阻，天天如是。她的合唱队被西安市教育局命名为“西安市小学生合唱团”，她的合唱团获奖无数，2013 年获教育部颁发的两个全国第三届中小学生艺术展演一等奖，一个优秀创作奖，“填补了我省基础教育艺术特色全国顶级奖项上的空白”（时任陕西省教育厅副厅长吕明凯语），她受邀带团参加了在维也纳金色大厅举办的国际交流演出！胡静本人，却是个事业上的“圣者”、生活中的“愚人”。家务料理、子女照顾、工作协调、对外联络，全部一窍不通。随身三个电话，一个也联系不上她，实足一个“马大哈”！大量学校事务，实实指望不上她。而只要到了课堂上,到了排练场,她就完全变成了另外一个人。现在,胡静是高级教师,西安市学科带头人、“西安市首批最美教师”!陕西省教学能手、陕西省第二批学科带头人、陕西省师德先进个人。

有人说,失败是成功之母,我认为不对,成功才是成功之母。发现人的长处,肯定人的优点,发展人的优势,让其进入工作兴奋区域和精神亢奋状态,是多么令人高兴的一件事儿。我们为什么一定要盯着人的短处不放,逆着人心戗着风走路呢?有人说,对于我看得上眼的人,我当然可以善待他;对于我看不顺眼的人,难道要让我睁眼说瞎话吗?其实不然,别人身上的长处有时虽然微不足道,却是客观存在的,哪儿有说瞎话?我们的原则是绝不说假话,真话不全说。我只是忽略了他的缺点而已。肯定一个人可以改变一个人,改变了的人,其实可以很优秀。

吴娟利是一个很自我的人。她富有才气,却也清高傲气。2011 年 6 月闹着要调动工作。因为我当年 1 月到任,对学校情况还不熟悉,她所任的五年级 4 班成绩也并不理想,她若走了这个班交给谁?我激她道,“以失败者的身份离开,不应该是你的个性。你必须用实际行动为自己正名。我们以一年为期,明年若再想走,我不留你。”结果一年后,她不仅成绩上来了,本人还被评为西安市学科带头人。说起调动的事,她羞涩地笑了:“我不走了,就在咱学校好好干”。后来,学校为她出版了一册书——《静等花开》,我还亲自为她写了序(见附文 2)。现在,她是高级教师,第二届西安市最美教师,陕西省教学能手,陕西省第四届学科带头人。如果大家都盯着她的缺点,足以让她无友可交,无路可走。盯着她的美,你会感觉到她是一个了不起的人。那一本本的书、一篇篇的文字,显示她每天都在密切关注着孩子们的成长,时时记录着孩子们的进步,刻刻反思着自己的得失。

如今,我常鼓励青年教师,不要想着改进自己的缺点、弥补自己的不足,我们的发展方向应该是:发现自己的优势和长处。努力发展自己的优势和长处,让它变得非常鲜明和突出,成为你的标识和印记,让人一提起你就想起你的长处,一提起你就知道你所在的学校。这个长处什么时候停止呢?没人阻挡的话,就一直发展,“偏执”地一直做下去,从小到大,迟早会成就一番大作为。就如美猴王孙悟空的如意金箍棒,竖起来喊“长—长—长,再长—再长—再长……”,它就一直往上长。超出了屋顶不算高,越过了树梢、山头都不算,穿过了云彩也不算高,直到顶到了凌霄宝殿,惊动了玉皇大帝！一个名不见经传的小石猴,因为他的坚持,让天下人、天上神都见识到了他的长处,至于他的顽劣则降到了次位。有时候,这个缺点的缩小,不仅是因为优点的放大而相对变小,更因为专注于彰显优势,缺点无暇成长,自然也绝对性地在缩小。以改正缺点、弥补不足为核心任务的,是资深教师专注于“问题”,提升自我修养、完善个人品质的任务,它是另一个阶段,自我提升阶段的工作。对于年轻同志来讲,扬长处、避短处,不啻为最有效的个体发展策略。

二、教师的优势特征是教育前行的保障

任景业教授在西安育英小学大学区 2019 年暑期教师培训中发现,古城西安的老师只愿意做听众,没人主动提问,从不参与讨论。这与外省教师的个性张扬、主动进取、开朗活泼、自信大方形成鲜明的对比。我当时打圆场说:“我们周秦汉唐十三朝古都人,浑身浸染着‘皇城文化’,就是这般傲气,不愿意搭理你们!”其实我知道,这是一种退缩封闭的群体文化,我叫它“群羊文化”。这种文化,貌似温顺,却让“出头的椽子”很快烂掉,让所有的鸟儿不敢出头。它没有核心,没有“主谋”,让你想整治无从下手;然而看似没有的力量,却无时无处不在施加影响。每个人的心里,内敛保守安然求稳,不求开放露头冒险创新。从来只见你找我,哪曾见我招惹人。工作场上,问我意见,我听大家的;回到家里,一碗粘面一瓣蒜,温润好耍真和善。大道理没有,小道理特多。无欲无求,甘于平庸——我都这样了,你还要我怎么样！这种文化,严重限制着这个集体的创新性和战斗力。

面对这样的群体,怎么办?

教育是改变人的事业,教师是改变人的人,也是被改变的对象。多年的工作经验让我坚信——人是发展变化的,没有永远不变的人。在这方面,不能靠行政手段,要靠宣传和动员,要紧的是有耐心。当我们在行政会上呼唤“狼性”、鼓励创新、在业务研讨会做典型课例解析,面对课堂上的点滴创新,不断给予老师肯定,老师们眼神里是同意和认可的,虽然行动上总是迟缓的。就在

我失望得快要放弃的时候,情况却出现了新的转机。有一天,在西安育英小学教育集团省级课题开题会上,四年级青年教师杨美娟挽起袖子,把她班上孩子三年来“班级日记”“科幻接力”以至“个人作品集”,一摞一摞抱过来,一本一本翻起来,一页一页读出来时,我们看到了不一样的科研——真正的“行动研究”,看到不一样的课题——真正“做的课题”。这个女孩子身上,一股英武之气,充满“狼性”——狼来了!狼,真的来了!努力营造出宽松的氛围,没有出现你预料的结果?不要急,有耐心点儿,“狼性”可能就显现出来了。

有一种狼性,叫逆袭式成长。西安育英小学有一个曾经“调皮难管”的员工,叫郭向军。他有一个非常突出的优点,就是脑子活、点子多。学校日新月异的新气象,让他深有感触:“这条路对了,对学生好,大家都动起来了,我也要做点事情”。郭向军主动请缨承担学校“分享式教育教学”网站的搭建任务。关键时刻,学校选择了信任。他运用个人特长、调集众多资源,高效便捷的网上交流平台很快建设完成并正式投入使用,成为学校改革创新和技术服务上的一个新秀和功臣。王甜是一个温婉细腻、见解独立的青年教师。她从一张女孩子的“胡乱涂画”中发现一年级孩子的“心病”——惹恼了你的我,其实是那么的喜欢你!主动教会儿童科学处理人际关系。这个感知童心、与孩子心灵同频互动的举动,看似微小,却触及儿童教育的本质,被任景业老师赞为他“见过的最好的文章”,并要推荐给《中国教师报》正式发表。看,一匹匹“小狼”就这样冒出来了!

三、教师的课改思路应受到理解

“校长,其实你讲的,抓住‘无限个’这个发言,及时介入,我当时想到了,可我当时还想再看一下学生的表现,结果学生没有向这个方向发展。事后机会已经错失了,时间也不够了,就没有介入。现在想起来挺后悔的!”

“不后悔”。我对张琦说,“我的建议,其实就是一个建议,给你提供一个课堂上的新思路而已。当然如果你已经提前想到了,这个建议也能增强你的自信心。在课堂上,一旦有两种想法同时出现,在有限时间里,老师做出的任何一种选择都是最佳的。没有对错之分。第一,你是课堂的主导者,你为自己负责,你有绝对处置权。既然处置了,就果断导向最佳效果。没有时间去后悔,也没有必要去后悔。第二,校长的建议,是校长个人的想法看法,绝不是'唯一正确',绝没有'标准答案'。以专家意见或领导指示来左右别人意志、或匡正别人观点的想法,本身就是错误的。不摆正自己位置,以己度人、以人度人,自定标准、求全责备,都是官僚主义作风。对老师来讲,不仅是校长,包括专家学者、名人名师,任何人的意见都仅是个参考。是否认可、接受和采纳,在于你自己的独立判断。第三,课后反思很重要。对另一种未曾施行的想法,如果认为很可惜,无论从教学研究的角度,还是从明心正理的角度,都可以在下一节课上投入验证,或课后进行补救检验。在这里面,没有什么'机不可失,时不再来'。只要感觉有必要,就果断去做,不存在那些'清规戒律'。做自己课堂的主人,首先要挺直腰板、大胆自信。在学术问题上,不媚上媚权、不自我设限、不放弃机会,一切只看实际课堂实践效果,一切只看是否利于学生全面发展和教师专业提升。只要你能虚心求教悦纳一切良言善策,就一定能自信取舍,构建开放有效的学习课堂。"

四、在包容氛围中提升团队力量

"一二三四,二二三四",操场上工会"锅庄舞"的声音传过来,教练员的声音引起了我的注意。我放下手中工作,认真辨别起来。这个声音像极了音乐组的李艳,但又明显不是。这个声音里迸发出的大胆泼辣、自信专业,是怯懦胆小、羞涩内向的李艳无法比拟的,透着一幅敢抓敢管的"大师"范儿。与这个人相比,李艳更像一只勤劳的工蜂,默默做一些具体的事儿,出头露脸、得罪人的事儿,不是她的风格。这个声音,更像是从外面高薪聘来的行家。

廖琪是校外培训班的专业教练,名气很大。据说她曾用一个礼拜的时间让没经验的孩子练出一个在区上排名前列的节目来,特厉害!当年东方小学[3]为了参加区上教工才艺大赛,特意请了廖琪来排练《辅导员之歌》。那一天,廖

3 西安市新城区东方小学,1956 年建校的原央企子校,是中间兵器集团总公司下属的西安东方机械厂职工子弟小学,2007 年移交地方管理。作者 1994—2011 年期间曾在此校工作,并于 2004—2011 年期间担任该校校长。

琪默不作声站在边上，不在“C 位”却气势逼人。领导给大家介绍完，她上场的气势就把本校柔弱的音乐教师压下去了。“校长，不好好练的，你得允许我换人。不然我丢不起这个人!”得到校长允许后，她转身对队员们说:“我说时间紧干不了，校长非让我来。既然来了，我给大家明确说，要么不干，要干就干最好的！其实熟悉我的人都知道，跟我学习最轻松。一次练半天，每次就三五遍，两个礼拜就练出来了。我今天把话撂在这儿，不用心的，我单独陪着她练，连练八遍，‘臊’也得把她‘臊’会！现在不愿练的，自己出列!”当几位年长的同志离开后，她就开始了“雪豹突击队式”的训练。

在廖琪的训练下，平时娇气无力的女老师完全变了个人。一个个身板倍儿挺，动作挥洒自如，整齐有力，湿透的头发紧贴在脸上，英姿飒爽犹如专业体操队员。她们很服气廖老师，廖老师骂得再厉害，没人敢犟嘴。即使调皮地吐一下舌头，都要再招一声骂！廖老师的管理水平并不比我们的干部更高明，但她大胆泼辣、敢抓敢管的作风，真是大多数人所欠缺的。事实上，两周的训练，我们队员的专业化程度达到了空前的进步！独步全区，勇夺第一！没有悬念。

如果提到“强化训练”“专业”“打硬仗”“靠谱”等要求的时候，我眼前总是闪动着廖琪的形象、耳边总响起廖琪干练的声音。一次又一次经验告诉我——凡出色的比赛，都与我们自家人没关系！最后甚至得出一个结论，干大事、干成事，还得靠“别人家的孩子”。自家的孩子，也真的不自信，没出息，拿不出手！

我合上书，向操场走去。这一次，不知为什么，我特别想印证操场上的这名教练确实不是李艳。操场上，教师们正手拉手，围成两个同心圆，教练的声音还在响，令人激动。我也手拉着手加入外圈，在左右摆动的间隙，仔细向中心区看去。——是李艳，果然是李艳，竟然是李艳！就是李艳，手持话筒，专注地指挥着，虽然背还有点驼，但声音里的自信还在，大方还在，专业精神还在，大胆泼辣还在！这个熟悉的陌生人，这个陌生的自家人！我兴奋着，为李艳，为我们学校，为了我们家也有了“别人家的孩子”而高兴。

“李艳，挺直腰板！放开干!”我向着李艳大声喊道。

附文 1

人生路上第一枚脚印

——吴娟利作品《风景这边独好》序

李继恒

今天的童年人，都急着长大。懵懂莽撞是大多数，沉思静默的时候少。懵懂莽撞的日子多了，很快就长成了一副或修长或健硕的身材，淹没了曾经高大的老师。沉思静默的日子虽然不多，却也能萌发出一些美好的絮语呢喃，变成文字，变成图画，若干年后，变成了珍贵的记忆。长大的身体和记忆的文字，都是我们成长路上的印记。

2018 届学生叶浩桐近万字的科幻小说《远方的家》，提到 2036 年 100 亿的人口预测，外太空移民的探险奇遇，类地星球的各种预想，强烈的忧患意识和人文情怀、无限开放的大胆想象和涉猎广泛的知识积累，以及相当娴熟的文字运用和有效把控的文章结构，都让人感叹现在的孩子何等的厉害！不禁想，孩子成长中老师到底应有怎样的作为？吴娟利老师是一个非常走心的教育者。她自己喜好写作，已出版多部著作。这次，她又把每天的教学日志整理出来，和孩子们的文章汇集成册，一本《风景这边独好》的毕业纪念文集就成形了。是受她个人爱好的影响？孩子们是不可能无师自通的，吴老师日常扎实的“听说读写”训练起了巨大的作用。但孩子们真正的写，绝不是训练强求可以得到的。相反，宽松的氛围、适当的平台，即“沉思静默”，才是出灵感、写思想的最佳环境。

人类一思考，上帝就发笑。为什么？人类的思考，是这个世界最有灵气、最有价值的东西,连上帝看了都高兴。当然,也有人说,宇宙万物,自有大道,人类的些稍小心思,是非常可笑的。对吗？也对！但当人类上九天揽月,下五洋捉鳖时,神仙也“当惊世界殊”！人类的思考,可以变得无限大,力量也会变得无限强大,可以改天换地。谁还敢笑？我们孩子目前的思考,看似可笑,谁能说他们将来不会成为改天换地的大英雄？你看叶浩桐不是正思考着人类的未来,为移民外星做准备了吗？吴娟利老师的最高智慧,就是教给了孩子情怀和思考,给孩子们提供了“沉思静默”的氛围,这是所有老师要向她学习的。

为孩子们留下的第一枚思考的脚印喝彩！为吴娟利老师的付出和收获点赞！为孩子们灿烂的明天祝福！

附文 2

吴娟利印象

——吴娟利作品《静等花开》序

李继恒

提起育英小学，大家都会说，那可是个藏龙卧虎的地方。每个老师都有自己的特点，个个都不能小瞧。早就听说过吴娟利文章写得好，属于“才女”中挺厉害的那一种。不过真一见面，发现她并不善言谈、也并不张扬。见人总是脸一红，腼腆地一笑。有一次聊起她新发表的一篇文章时才发现她思路敏捷、条理清楚，挺健谈的，像骤然变了一个人。可能正因为此，才更加深了育英小学是“藏龙卧虎之地”的印象。

吴娟利文章写得好，育英人都知道。今天看到她先后发表的这厚厚一册的文章，我也很佩服。首先感慨的是她的爱学习、善反思、勤动笔。平时工作中的点点滴滴，放过了就什么都没有了，抓住了就不断会有新收获。她“随笔”中的每一篇文章，都是这样出来的。一篇两篇看不出来，积累得多了，就厉害了，成风格了。说她“文章写得好”，就是大家对她平时反思中不断产生独到见解的肯定，对她不断提高的写作水平和文字功力的肯定，也是对她以这样的方式“藏卧”于育英小学的肯定。

吴娟利写文章，涉猎面挺广。本册书里就记录了她多种文体。这与她平时阅读面宽有很大关系。一个教师，特别是语文教师，阅读就是她平时生活的一种常态，少了书就应该觉得生活缺少了乐趣、色彩和味道。没有广泛深入的阅读，教案备不好、课上不好，文章更写不好，指导学生写好作文更是不可想象的。吴娟利就是这样一个手不释卷的典型。

可敬的是吴娟利对她所带班学生投入的感情很深,她班的学生也深受她感染,热爱写作。在她的热情鼓励和精心辅导下,不断有学生作文在报刊上发表。本书也收录了几篇优秀的学生作品。发表文章,带给初学者的精神激励是巨大的。这种激励,可能改变一个人的人生,他可能成不了一个作家,至少他在短时间内会有兴趣不断把玩写作,不会再把写作文视为畏途。

近期,吴娟利有意把自己长期以来发表的作品及学生作品整理一下。我觉得她是育英小学自己精心培养起来的一个学者型老师,她的成长经历应该成为学校的一个典型,对她整理作品我们应该给予积极的鼓励和支持。她的作品集既是学校和她个人工作的一个总结,也是大家学习效仿的榜样。我也真诚地希望通过这本册子的结集成书,有更多的吴娟利涌现出来,出现一个百花齐放、百家争鸣的繁荣新局面。如果真有这样一个局面,学校就是投入多少资金,我也会肯定地说一声——值!

是为序。

附文 3

一个纯粹老师的纯粹絮语

——王晓俊作品《留得余韵伴此身》序

李继恒

王晓俊是一个普通平凡的小学语文老师，瘦瘦小小的，站在学生中间很不容易找出来，还有点腼腆，说起话来脸老红。不过，我一直隐隐觉得这个瘦小的老师身上蕴藏着一股力量，这种力量很正气，就像冬天里开放的一朵小花，让你忍不住去细心呵护。学校 2008 年开展“博览精读”活动后，她和孩子们整出了一台“百家讲坛”，意气风发、激扬文字，让我感受到孩子们身上惊人的学习潜力，感受到强大的教育力量，坚定了办好学校的信心。

去年王老师带一年级，知道她还在努力，但那帮小家伙们那么缠人，人的精力毕竟有限，要感知到她带给我的惊喜，肯定得非常耐心地等一段时间了。不经意间，在她与孩子们的絮叨中，又整出个情真意切、图文并茂、内容丰富的班级博客——“留得余韵伴此身”，内容多达 380 多篇！我心头不禁一暖——这个王老师！那股力量的暖流，又一次深深触动了我的神经。我一直想给它起个名字，想了很长时间，最后在平凡与卓越之间，找到了“纯粹”这两个字。

王老师身上有这股“纯粹”的精神。它不掺杂任何杂质，把全部的心血都投入到教育工作中，身处学生中间，心在学生身上。刚接一年级，她就立下了记录自己与学生共同成长足迹的决心，坚持让每一天都过得真诚而充实。她把班级读书“博客”作为根据地，每日工作日志、教学反思、与家长沟通的日常工作都写进去，乐此不疲，把它当成个“正事”来做。电脑上“博客”书写的时间都显示为晚上11:00以后。可以想象一下:在那些个宁静的夜里,在那些个完全属于王晓俊老师一个人的时空里,我们的王老师带着执着的信念工作,是多么陶醉、多么充实、多么幸福啊!

在“博客”中看到她在花开时节拍摄的校园风景照,我爱不释手。我们的校园真美啊!我们的校园在最美的时节,有知心人在关爱她,真好!学校开运动会,其他老师坐在操场边休息,王老师拿着她家里的小相机在操场边拍孩子们比赛的身影——她要给每个孩子留下最难忘的记忆。她的班级博客越来越丰富,成了她精心营造的精神家园。不时还有客人拜访,甚至宾客盈门。当我一脚踏进去后,我也沉醉其中流连忘返。我想所谓纯粹,就是利用所有时间和精力忘我地去为自己的学生做事情,不知疲倦。

这本发自王晓俊老师的青春絮语,记录了她很多的教育忧思和努力,有成功也有失败,让人感受她质朴的情怀,这种情怀无声地感染和教育着学生,这种情怀展示了一个教育工作者不断进取的奋斗历程。这个历程我们如何不可设定为一个伟大教育家最初的一个探索呢?其实平凡与卓越之间并没有无法跨越的鸿沟。希望随着这六年一轮与孩子们的朝夕相处,我们能见证她的卓越。这是我的真实体会和良好期盼。在这本集子里,我也感受到王老师越来越扎实的语言文字功力,她的勤奋努力首先改变了她自己。希望今后能看到更多更好的作品。

一个纯粹的教育工作者到底应该是什么样,她的努力正是指向这个方向。如果你翻开这本集子,我想我们可能会有同感。

辛卯早春

第四节　避免将不良情绪带入课堂教学中

一、情绪化的课堂教学管理

参加工作后，我有三次体罚学生的经历。特别是第三次，最让我印象深刻。

那天中午，因琐事跟妻子犯了些冲突，心情不太好。急匆匆夹了教材去课堂的路上，就感觉中午未休息，自己情绪状态没调整好，可能要出事。因为有前两次的深刻教训，反复提醒自己一定要冷静，要克制！不敢犯错误！

下午孩子们的精神状态不是很好。我没有像平时那样努力把大家调动起来的想法，只要把这节课正常上下来就可以了。当我写板书的时候，前排两个男孩子抿嘴笑着在桌下抢着什么东西。我一回头，都一本正经的。刚一转身，他们又开始了。我怕影响正常上课，狠狠地瞪了他们一眼，敲了几下讲台，沉着脸强调“个别同学一定要注意课堂纪律”。可是桌子下边的手不停劲儿地在动一动一动。我的提醒一点作用都没有。他们根本没把我这个老师放在眼里！

我走过去。仔细看了看桌子底下，发现四只手紧紧抓住一根凳子腿！这节课，我精心准备的一节课，不如一条凳子腿！我愤怒了，抢过这根凳子腿，把他们拉出过道，拉到讲台前，照着他们两人的屁股，狠狠地打起来！这个气势，好像他们是我几辈子的仇人！把全班同学都吓坏了。关键是打他们的时候，我说的一句话：“今天我这个教师就是不当，也要好好地收拾你们。”而这是我当时真实的心理状态！

事情出了后，学校给了我最严厉的处分。很长时间我情绪低落、非常迷茫。我真的把该做的都做到了，可为什么还是吸引不了学生呢？我都如此控制了，可为什么最终还是以最凶猛的状态出现了？我是不是再也管不住自己了？我今后到底还能做到不动手打人吗？我对自己产生了怀疑，因为我不能保证，我到底适不适合做一名教师？我到底能不能度过这个坎？这些问题沉重地压在我的心头，令我十分痛苦。

终于，一个偶然事件，让我迎来人生的转机。

二、用“软处理”减少课堂管理中的不当举措

那天我正在上课，突然发现教室后排有个男生在说话。我边讲课边看着他。也许是我的语气发生了变化，也许是班上其他同学突然安静下来，那孩子停止说话，紫红着脸看着我。我注视着他，他注视着我，全班安静得针掉在地上都能听得到。我突然莞尔一笑，开始继续讲课。他脸一红，直了直身体认真听课了。过了一会儿再观察，我发现他非常认真地在听课，是全班最认真的。我们目光再次对接时，有一种师生间最会心的交流——我相信你，你要好好学习，你一定是我期望中的好学生；感谢老师，你给我面子，我敬重你，请放心，我一定认真听课。

后来不知为什么，我特别期待到这个班去上课，每次都要看看他那个方向，就为见到这个期待的眼神。而在我带他们班课期间，他都一直是最认真的那个学生。他的眼神有一种力量，一种我从领导的鼓励和同事的劝解中得不到的力量，一种别人的奉承或表扬中得不到的力量，而这正是我努力寻找的力量。这个眼神告诉我，我讲的所有东西，他都那么在意，对他是那么有意义，我的每一句他都听进去了，他都明白。这个眼神督促我更认真地备好每一节课，设计每个环节，尽量把最有价值最有意义的东西以最好的方式展示给他。而且我的板书他也是那么欣赏，我流利风趣的语言让他着迷。现在的问题是：我需要这样的眼神、我离不开这样的眼神。这个眼神是我在讲台上工作的全部追求。

三、以包容心去对待学生

当初我为什么对他要莞尔一笑,这是一个问题。说真心话,可能是一种无奈的放纵。但为什么会是莞尔一笑,不是无奈的叹息和摇头呢?好像是一种宽容:你是学生,上课说话是正常的现象。你发现老师生气了,老师给你机会,下面看你的了。

后来,当我在课堂上与学生交流时,对回答问题对了的孩子采取夸张性的鼓励语言,希望他放开胆子继续往深入地去想,发现可以得到许多奇思妙想的答案。这些答案,要是汇成册,真是一本明媚的春天图册啊!我为什么会放任学生在课堂上自由思考?对回答错了的学生,我会压住其他孩子争抢的声音,鼓励他独立回答,即使他听到别人的答案,用别人的答案回答了我,又有什么要紧?我再问他个为什么,看着他们都从思想的藩篱中解放出来,我和他们一样的高兴。我宁愿让孩子们在课堂上就本课的重难点问题进行长达10分钟的讨论,也不愿把答案告诉他们,再做成百遍的练习。我觉得对问题原始的思考,比走过场地完成教学任务重要百倍。无论是谁回答对了问题,我都会莞尔一笑,有时会轻轻拍拍他的肩膀,摸摸他的头。

这是因为宽容。在老师面前,犯错误是孩子必然的现象,为什么不容许呢?对犯了错误的学生,为什么不莞尔一笑呢?

现在想起来,青年教师成长有一个过程,我就是在痛苦的思考中完成自身蜕变的。不过,莞尔一笑的宽容,真的是教师的基本素质。能宽容对待学生,才真正像个老师。

第五节　在课堂教学改革中实现教师个体的专业化成长

在学生的成长发展中,老师起着什么样的作用?老师对自己是如何认识和定位的?

一、教师不应该成为课堂教学的唯一标准

“照我说的做!”“我的话你为什么不听?”“我让你这么干了吗?”我们经常在教室里听到这样的话,这些话反映了老师心目中的师生关系,反映了老师对学生的决定作用——我是标准,我是权威,我是方向。老师是为了改变学生才走进校园里来的,学生在学校里是接受老师改造来的。当老师走进大门,高挽衣袖、下决心要立规树人,努力改变学生“混乱而错误”的人生轨迹时,他的认知方向就出现了问题。它是建立在学生目前就没路可走或全都走错了路的前提下,是建立在老师对学生的人生道路有绝对决定权的前提之下,是建立在自己走的是人生正道老师是做人标准的前提之下。

然而情况是他所料想的样子吗?孩子在学校和家里自由生长,看似散乱无序,实则个个聪明伶俐、懂事可爱,没见他无路可走,他也不像走错了路的人呀。犯点错、淘点气也是小孩子的正常表现呀。这本就是他们的人生正道、幸福童年啊!老师对孩子的人生道路有决定权吗?没有,他父母都没有。他的人生决定权属于他自己。每个学生都应该按照他老师的样子或者老师的心意发展吗?没听过孩童时代的你想复制你老师的人生呀!为什么你做了老师就

如此霸道了呢？

老师对自我的认知和对学生的看法，决定了老师教育教学的基本态度和行为方式，决定了孩子在什么样的氛围下学习生活，影响了他的价值判断和人生取向。我曾参加过一个乡村学校的早读，一个班的 14 个学生坐成两排，个个像泥偶般佝偻着腰，一动不动。有一个熟识的老师过来跟我打招呼，我问她的班是哪一个，她转身指着这个班，说："就那个班。你看，个个都像死人！铃声不响，他们就能一直这么坐着！"我惊骇于这种情景，看着这一动不动的男孩女孩。我知道，这不是他们的本性！老师的话，让我产生了极大的恐惧。她认为孩子不听她的，她是想让孩子们天真活泼起来的，可他们却如此的冥顽愚钝，这实实不关她的事！可除了她，还有谁该为此负责？在外人面前把自己的孩子比做"死人"的，她在孩子面前也不会给他们必要的尊严和信任的。问题的关键，是没人认识到孩子一天天在受罪，在不快乐地度过一天又一天。

二、尊重学生的个体性是课堂教学活动的基础

孩子就像山涧翠竹，具有自然生物特性。一旦来到人间，就有其特有的成长规律，任何人都得顺应这个规律。美国心理学家格塞尔曾经做过一个著名的实验：让一对同卵双胞胎练习爬楼梯。T 在出生后的第 46 周开始练习，每天练习 10 分钟。另外一个 C 在出生后的第 52 周开始接受同样的训练。两个孩子都练习到他们满 54 周的时候（T 练了 8 周，C 只练了 2 周），进行了一场爬楼梯比赛。实验结果出人意料——只练了两周的 C 爬楼梯的水平比练了 8 周的 T 要好，C 在 10 秒钟内爬上那特制的五级楼梯的最高层，T 则需要 20 秒钟才能完成。这个实验告诉我们，任何一项训练或教育内容针对某个特定的受训对象，都存在一个"最佳教育期"。孩子在 52 周左右，学习爬楼梯的效果最佳，能够用最短的时间达成最佳的训练效果。46 周就开始练习爬楼梯，为时尚早，孩子没有做好成熟的准备，孩子受罪，效果差。教育者个人意志是可怕的，他们不尊重孩子成长的规律，自以为是，把自己的意志强加于人，戕害了多少孩子年应有的快乐。

孩子不同于山间的竹笋、马戏团的动物，他具有人的特殊社会属性，他的

成长还要符合人类特殊的认知规律。事实上，老师并不比孩子更聪明，只是因为比孩子先生先学、先知先晓而已。迷宫里，头在篱笆外的成人看到了出口位置，自以为聪明，看不起头在篱笆下头的小孩子，说他笨。小家伙从篱笆下头看到了出口位置，钻过去，很快跑出迷宫，就比头在篱笆外的成人聪明得多。“斯金纳箱”里的小老鼠是无数次地试错，找到规律。我们的小孩子低头一看，就自己跑出去了，这是人类特有的认知特性和成长智慧。由于孩子年龄太小、经验太少，他对事物的认知必须从简到繁、从易到难，有一个循序渐进的过程，老师总是以成人的标准要求孩子，就太急了，不切合实际了。

经常听到老师、家长埋怨孩子时“恨铁不成钢”。别人家孩子有这能力有那成就，自家孩子不争气，要么不做，要么做不到，大人气得没办法。“爱之深，责之切”，似乎情有可原。然而，铁既是铁，就具备铁的特性，是它今天的真实形态；要想成为钢，不能靠“恨”，要走专业的精炼程序，而且还要看他的成长意愿。孔子说“因材施教”，就是铁归铁用、钢归钢用，教师不能按自己性子乱来。

三、教师在课改中成长

我们走进校园，其实只为着一个目的，都是为改变自己而来。

西安育英小学一年级班主任郑玮在课堂评价中，不仅有正向激励，还有反向激励。表现好的同学，她发给一枚“大鸾章”①，表现不好的，她可收回一枚“大鸾章”。有一天在课堂上出现了这样的一个小插曲。要被收回的“大鸾章”，是贴在了书上的。她问老师该怎么办。老师说：“你撕下来吧。”我赶紧阻止：“这是伟人标志、崇高荣誉，撕毁不合适，家长看了也会不舒服的。”老师让学生先不撕，课后再说。下课了，孩子又来找老师。我注意观察，发现老师在孩子“大鸾章”上用笔画了一道斜杠。我把郑玮叫到一边，问她这样合适吗？她说：“那怎么办？”我说：“这样划一道，孩子会是什么感觉？家长见了这个东西，心里会怎么想？还有更好的办法吗？”在课后讨论中，有人提出“可以让孩子在别人那里借一枚，等她再得到一枚的时候给人家还回去。这样孩子为了

① 西安育英小学“周恩来班”学生评价激励制度“三级争章制”（“恩来章”“翔宇章”“大鸾章”，“恩来章”最高，10进制），“大鸾章”是日常奖励的基础章，分“学习章”“卫生章”“礼仪章”三类。

尽快给别人还账，也会积极发言、努力争章的。”还有人说：“可以在‘大鸾章’旁边用铅笔写个‘-1’，表示这个暂时收走。等她再次争得时，用橡皮擦掉就可以了。”

收走贴在书上的“大鸾章”，用撕掉的方法，太残忍，家长一定会生气的；划一道杠，比撕掉似乎好一点，但对“崇高荣誉”“伟人标志”的敬重也是一种损伤，对孩子的心理也是一种伤害。相对来说，借章和写“-1”就要理性得多，孩子有了进取的劲头，家长对学校和老师的行为也会充分支持和认可。这些做法的选择，发生在同一时期的同一个班级，反映出的是老师不同的认知境界，衬托出普通老师和教育家的显著区别。想一想，孩子更喜爱哪一个老师，家长更信赖哪一个老师？

在学校里，老师不变，孩子不会变，老师变了，孩子自然也就变了。我们每天到学校里来，不是为了改变学生，而是为了改变我们自己来的。把动辄撕毁学生书的“我”，变成心里想着学生的感受、想着家长的评价、想着如何激励孩子进步、如何呵护孩子的人格尊严的“我”。似乎迁就了学生，失去了“自我”，实则以“无我”状态凤凰涅槃，成就“新我”——一个离学生最近的人——真正的人民教育家型教师。

第六节　对既有素材的创生是课堂改革的重要出路

《小马过河》是一篇蜚声海内外的中国经典童话故事，长期被录入小学语文教材。作者彭文席。大意是这样的：

小马驮麦子去磨坊，被小河挡住了去路。他看见一头老牛在河边吃草，问道："牛伯伯，这条河，我能蹚过去吗？"

老牛说："水刚没过小腿，能蹚过去。"

小马正准备过去。一只松鼠跳下来拦住他："小马，小马，别下水！水深得很！昨天我的一个小伙伴都淹死了！"

小马不知如何是好，跑回家问妈妈。

妈妈说："你仔细想过他们的话吗？河水是深是浅，你去试一试，不就知道了？"

小马下了河。原来河水既不像老牛说的那样浅，也不像松鼠说的那样深。

这篇家喻户晓的故事，反映了中国儿童教育的基本状态，塑造了一代又一代中国少年。可若仅仅作为一个教育案例来"较真"，这个故事呈现给我们的，却绝不是一个完美的教育范例。

我们试着分析一下：

小马过河遇到的问题是什么？

——河水是深还是浅。

小马是怎么解决的？

——咨询有经验的人。他问了老牛,并意外获取了小松鼠的意见。

结果呢?

——他“不知如何是好”,跑回家找妈妈!

你看,这就是我们存在的问题——遇到较复杂的情况,孩子缺乏解决问题的能力和胆略。而我们要培养的,恰恰是去掉依赖心理,能积极应对困难、利用一切资源独立思考并做出科学判断的人才。

妈妈给出了两条思路:一是仔细想想他们的话,二是去试一试。小马采取第二个思路:试一试。那么,妈妈是个合格的教育者吗?

“你仔细想过他们的话吗?”这是多么好的提示呀!可以非常好地培养和锻炼孩子的判断力。不过,“想一想”是需要充足的时间和空间的,需要发问者足够的宽容和等待。可这却正是我们教育者最缺少的东西。我们缺乏这份耐心,于是“河水是深是浅,你去试一试,不就知道了?”就出来了。是的,这句话出现的太不是时候,它严重干扰了小马正常的思维过程。

“河水是深是浅,你去试一试,不就知道了?”也是一个好主意,即使有危险,但对锻炼小马敢于直面危难、勇往直前的精神还是很有帮助的。可你既然想让他试一试,为什么又多此一举让他想一想呢?就让他大胆地去试一下,只要没有生命危险,吃点苦受点罪又有什么关系呢?我要是妈妈,一定是第一个问题有了答案,他自己想明白了,再问他要不要再试试。绝不两个问题一股脑全抛出去。

妈妈让小马“仔细想想他们的话”,那么小马到底想了没有?答案有两种:一是想了,不然他不会那么果断过河;二是没想,因为他绝对相信妈妈。而以我个人“中国式受教育者”的想法,肯定没有想!为什么?因为小马只渴求一个明确的答案——这河我能过去吗?他问老牛,老牛告诉他水不深,他很高兴,就要过河。可当松鼠告诉他水很深时,他一下子不知如何是好了。想象一下,如果他只问了小松鼠,松鼠告诉他水很深,他会怎么办?他一定会跑回家,告诉妈妈:“河水很深,过不去!”

再看妈妈,为什么会有完全不同的两种教育策略呢?其实她很矛盾。既想教育孩子独立思考,好好学习,自己解决生活中的问题,同时又顾虑孩子太小。于是就主动辟出了一条道路——给答案。这个答案就是,可以过!从哪里可以看出来呢?“河水是深是浅,你去试一试,不就知道了?”如果河水很深,妈妈会让她的孩子冒着生命危险去试吗？正因为小马吃准了妈妈的心思，才敢毫不犹豫地扑下河。这个"毫不犹豫"是"中国式受教育者"独有的智慧。

有人讲了，你到底要小马怎么做？

不，不是我要让小马怎样做，而是小马跑到河边，自己应该怎样做。他应该自己想办法解决问题，而不是退缩回去。这个故事如果完美，可能会是这样的：

小马驮麦子去磨坊，被小河挡住了去路。他看见一头老牛在河边吃草，问道："牛伯伯，这条河，我能蹚过去吗？"

老牛说："水刚没过小腿，能蹚过去。"

小马正准备过去。一只松鼠跳下来拦住他："小马小马，别下水！水深得很！昨天我的一个小伙伴都淹死了！"

小马一听，这可咋办？为什么同一条河，两个河滨邻居会有完全不同的说法呢？

小马默默走到老牛身边。"水刚没过小腿"，老牛的小腿弯与小马的大腿中部差不多一样高。小马又把小松鼠叫下来，边说话边观察，小松鼠的头还不到小马的小腿根儿。——噢！我明白了！

小马下了河。原来河水既不像老牛说的那样浅，也不像松鼠说的那样深。

如果我们认为小马还小，不能求全责备，那也可能是这样的：

小马不知如何是好，跑回家问妈妈。

妈妈说："你再仔细想想他们的话？想想河水到底是深还是浅？"

小马说："牛伯伯说'水刚没过小腿，能蹚过去。'"

"噢——"妈妈点了点头，若有所思。

小马又说："小松鼠说'水深得很！昨天我的一个小伙伴都淹死了！'"

"噢——"妈妈又点了点头，思考起来。

小马不知所措，想问妈妈，但看妈妈还在思考，相信她也不知道答案，就卸下麦子在门外继续想起来。过了一会儿，小马兴奋地跑回来，"妈妈，妈妈，我想明白了——"

妈妈将信将疑，说："哦——是吗？"

"妈妈你看，牛伯伯说'水刚没过小腿'，牛伯伯的小腿弯跟我大腿中部差不多一样高。而小松鼠的头还不到我的小腿根儿，小松鼠当然会被水淹死了！"

“那你的意思是……?”

“河水一定只到我的大腿中间,我应该能够蹚过去!”

“哎呀!我孩子真聪明!……可是,你想的到底对不对呢?”

“没关系,妈妈。我现在去试一下,不就知道啦!”小马说着就驮起麦子跑出了门。

妈妈在身后说:“千万小心,注意安全!”

“哎——知道了!”

小马下了河。果然,河水既不像老牛说的那样浅,也不像松鼠说的那样深。

从安全角度上,再考虑周密一点:

小马到了河边,看河水比刚才似乎高了一些。就找到牛伯伯,“牛伯伯,河水是不是涨了,我还能过去吗?”

牛伯伯看了看水,说:“我下水帮你探探。”

牛伯伯上岸后,大腿上有湿痕,小马跑过去,和自己的腿比了比,已经到大腿根了!他有点害怕。

牛伯伯说:“我带着你过吧。“

小马勇敢地说:“不用,牛伯伯。我已经长大了,我可以过去的。”

小马下了河。果然,河水淹到了他的大腿根部,他身体有点漂浮不稳,好在背上的麦子还挺重,帮他站稳了脚跟。它一步一步向前走,水越来越浅,他上岸了,成功过河了!

牛伯伯在对岸,高兴地说:“小马真是个既聪明又勇敢的好孩子!”

真正的学习,是学习者为解决自己面临的问题而主动进行信息搜集和加工的过程。在问题和方法之间,是学习者的积极思考和主动探索。在有了答案之后,学习者一定要用实践去检验自己的思想成果。成功是对学习者最大的奖赏。那就是小马过河时应有的得意——“原来河水既不像老牛说的那样浅,也不像松鼠说的那样深。”而至于教育者,更多是一个思想的陪伴者,因为在思考的过程中,我们其实不能做得更多,一旦做过了头,就到了教育的反面,会培养出平庸无用的人。

“马妈妈”作为教育者,是到了应该改变自己教育理念的时候了。

第七节　教师应该成为学生课堂学习的"支架"

听完了这节课,我心里感觉很压抑,这种感觉来自哪里呢?来自老师自以为是的、天然的优越感。在老师眼里,孩子方方面面的发展,需要我来启迪,孩子时时处处的成长,需要我来关心。教学的环节、内容、形式、方法全都由我来设定和把控,我来讲你来听。有一个声音在问:"凭什么?"我什么时候问你,你什么时候站起来回答;我问什么,你就答什么;我不问,你就好好地给我坐着。有一个声音在问:"凭什么?"这节课好不好,就看老师在课堂上的表现。讲得好就是好老师,讲得不好就不是好老师;讲得好就是好课,讲得不好就不是好课。有一个声音又在问:"凭什么?"有人要问,不都是这样吗?不这样,还要怎样,你到底要怎样?这个声音又出现了:"我呢?我在哪儿?"这个声音,来自坐在这个班里的每一个学生。是啊,学生呢?学生在哪里?

中间第三排的那个男孩子,上课中间突然想起了什么,想跟同桌去交流。他同桌的女生目不斜视,盯着老师,端端正正地坐着。意思是说:"老师,您说'上课不能随便说话',你看我坐得多好。可你看看我的同桌,他老捣乱,老是干扰我!"老师马上看懂了她的意思,把赞许的目光投给她,接着马上把一个近乎严厉的目光投给她的同桌,"上课不能随便说话"。小男孩马上就乖了,而他的同桌女生面色很得意!我的问题是:"我有话要讲,而且与本课内容有关,怎么办?""为什么要剥夺我说话的权利,或者说参与课堂学习的权利?""上课中间到底能不能随便讲话?为什么不能讲话?""我上课讲了话,到底能怎么着,会有什么危害?"

左手第二排靠走廊的那个男孩子,第一个做完课堂练习题,迅速把笔"啪"的一声放在桌上,然后端端正正地坐起来。无论是上课老师还是听课老师看到他时,他都要更板正一些,身子挺得像根棍子,脸上的肌肉紧绷绷的,下巴绷得直打颤。同桌的女生想问他一个问题,他刚要转过去,老师说话了:“做完的同学就坐好,不要说话!”他赶紧扔下同桌,又紧绷绷地坐起来,等着老师叫他回答问题。我的问题是:做完(练习)的同学坐着也是坐着,与同学交流一下,为什么不被允许?那个不会做题的女同学,就一定得等着别人全做完,不会做就不会做了?老师不让孩子说什么话?讨论题跟闲聊是一回事吗?这个男孩子练习做完了,但一定做对了吗?给他一点宽松,让他在给别人讲解的过程中,发现自己的问题,不好吗?(见附文)

右侧第四排的那位穿红衣的女生,回答问题“图中都有哪些动物”时,只回答了“猴子!”就迅速坐下了。明明还有松鼠、小兔子和小鸭子,她为什么不回答完?我(观课者)回头看老师,老师竟然很满意,“嗯——,对了。”然后眼睛转向其他地方“还有——”。另一个小男孩站起来回答:“还有小松鼠。”“对喽!还有——”“还有小兔子……先不论“图中都有哪些动物?”算不算一个问题,每个孩子的答案都是错的,却是不争的事实。“图中都有哪些动物?”的答案,只能有一个,那就是“图中有猴子、松鼠、小兔子和小鸭子四种小动物”。孩子们为什么只回答了一个就坐下了呢?问题出在老师身上,他认为这个问题应该有四个答案,应该给更多的孩子回答问题的机会,这样课堂气氛会“好”一些。正是因为他真实想法是这样的,所以每一个孩子他都给了一个赞!他在控制课堂节奏,一种十分无聊的课堂节奏,这是一个没有深度学习思考的课堂。

在西安育英小学中兴路分校六(2)班,我协助班主任组建学习小组。在鼓励学生主动上来争做小组组长时,竟然长达13分钟没人站起来。即使第一个站起来的同学获得三次掌声的激励,第二个同学还是在5分钟之后才现身!正如该班女生在动员时说的:“在课堂上你们为什么那么虚假、放不开呢?课间活动时那个真实放松的你们到哪里去了呢?”这个责任,真的要学生来负吗?

孩子的活力,被我们老师人为地憋住了。

每天上午学校开大门前,门外常常聚集了很多的孩子。值周老师担心孩子蜂拥而入发生踩踏事故,大门开了之后,总是要站在队伍最前面,两臂展开,慢慢地往进走,不允许任何一个孩子超过她的手臂。这两条张开的臂膀,是权威、是规则,是不容侵犯的权威和规则。孩子们充满活力的身子,明显很不适应这种节奏,在这两条臂膀之下扭动着。有的踩着碎步憋着劲等着开放的那一刻,有的步子紧贴着那条移动的线快速地移动着自己已经变形的脚步……总之,这一刻孩子们走的,不是他们自己的步子,而是老师的步子。

孩子们自己的步子呢?就在——解禁的那一刻……

附文 1

汪臆涵的心事

汪臆涵[①]现在很不高兴。

黑板上这道题是她写的。她想老师肯定会问她为什么要这么做,怎么讲她已经准备好了。可赵老师根本没问她,现在是老师在讲。她观察到老师看到她的这个做法后,有点兴奋,但就是没有关注到这个做法的主人,悻悻地坐在教室里的她。不光有她汪臆涵,张昊晨呆呆地看着窗边的吴梦天,吴梦天正在拨转套在铅笔上的小三角板……你要注意看,很多人注意力都不在老师那里。

题目是北师大版小学数学教材。四年级上册 57 页《练一练》的第一题:学校要给 28 个人的合唱队买服装。T 恤衫每件 46 元,裤子每件 54 元。

(1)下面是淘气、笑笑列的算式,和同伴说说他们是怎么想的。

$(46+54)\times28$　　　　$46\times28+54\times28$

(2)请你算算买服装要花多少元。

赵老师预设的结果应该是:

$(46+54)\times28$　　　　$46\times28+54\times28$

$=100\times28$　　　　$=1288+1512$

$=2800$　　　　$=2800$

汪臆涵的算法是这样的:

$46\times28+54\times28$

---

① 汪臆涵及以下学生姓名,均为化名。

$=(46+54)\times28$

$=100\times28$

$=2800$

她希望老师这样问她:“你为什么会想到把‘46×28+54×28’写成‘=(46+54)×28’?”这时候,她准备这样讲:“46×28,可以看成‘46个28相加’,54×28,可以看成‘54个28相加’,这是乘法的意义。这样,‘46个28加上54个28’可以看成(46+54)个28相加,也就是‘46×28+54×28=(46+54)×28’。(46+54)等于100,100再乘以28,就是100个28是多少,100个28当然是2800,口算就可得出答案。”多简单啊!可赵老师还在那里“……前后都有一个28,把28提出来……”。汪臆涵心底里嘟囔着:“老师,我要问您,为什么要把28提出来,凭什么呀?”她的不舒服,还有一个想法:“你哪怕不让我答,也可以让大家想一想,汪臆涵把‘46×28+54×28’写成‘=(46+54)×28’,对不对,为什么?”

附文2

邱泽栋的担心

邱泽栋今天坐在全班同学的对面了。

原因是上课时说话。老师让他坐在大家对面,看看大家是如何上课,如何回答问题的!

上课说话,是邱泽栋的一个坏毛病。老师讲课,他不论想起个什么,就想跟同学说说。做课堂作业,他做完后,就想跟同学说说。当然他不像"学霸"黄天诚那般爱提问,那般会回答问题。他的爱说话,兴之所至随口就来,细细想来,可能与老师提问无关,但也似乎未在教室之外,总而言之,不讨老师喜欢。

昨天为什么说话,说了什么话,他真的忘记了。我们把时光倒流一下,看看他到底说了什么话——

老师黑板上写了一道题:"15 ×6 ="。他看到别人拿起笔就算,觉得很奇怪。正看着呢,老师说话了:"邱泽栋,干什么呢? 快做题!"他抓起铅笔在纸上写了个"10",写了个"5",空中画了几下,写了个"60",写了个"30",最后写了个"90"。然后去看同桌,同桌正在竖式上算 5 乘 6 呢! 他想去跟同桌讲不必这样算,同桌嫌他打扰自己,就告老师。老师很严厉地说:"邱泽栋,不要干扰别人! 快做题!"邱泽栋识趣地低下头。又观察了一会这道题,在纸上又画了"2"和"3",写了个"30"乘"3",最后又写了个"90"。同桌也写完了,他又想跟同桌说话。可同桌却把本子放正,笔放在旁边,坐得端端正正,不和他说话。老师走过来,拿起他的本子说道,"邱泽栋,你这写得是什么呀!"又拿起同桌的本子,"你看看人家秦思睿写的,多好! 学成这样,还在课堂上捣乱!"于是,他就被罚坐在全班同学对面,学习如何做一个好学生……

上课了,老师写在黑板上的题,他都会做,可他却提不起精神。本子上画几下,就想跟别人说话,可现在他又和全班谁都说不成了,他们之间有一条鸿沟,一条巨大的鸿沟。即使是小组合作学习,他也只能干看着。于是他低下头,努力地按老师的要求,一笔一画地写起了运算过程……。他今天最担心的,是如何回去面对妈妈,因为黄思源的妈妈一定会告诉她的,黄思源可比他还爱说话!

唉! 我这张嘴……

如果老师要给个机会,只要不关注他,他会给周围同学办个聊天室。太多有趣的话题,太多生活中的事儿,为什么不说呢? 比如 15 ×6 可以写成 10 ×6 +5 ×6,就是 60 +30,得 90;或者 15 ×6 写以写成 15 ×2 ×3,就是 30 ×3,也得 90。多简单,多快速呀!

第八节 课堂教学改革需要教师提升综合素质

西安育英小学的老师大部分不喜欢写东西。不少人总会自嘲说,让他们写点东西,是“逼张飞绣花”“赶鸭子上架”。这让人不禁想起邓亚萍,想起古代的张飞、吕蒙。

一、从“国手”到“博士”的邓亚萍

邓亚萍退役时选择赴英国剑桥大学学英语。当时很多人都劝她不要去。出身体育世家的邓亚萍,打小就练球,标准的“武身子”,选择读书就如同张飞学绣花,而选择去英国读剑桥,更让大家为她担心。事实上邓亚萍学英语却并不难,对她来讲甚至甘之若饴,本科读完读硕士,硕士毕业读博士!邓亚萍说:“学习与打球是通着的,我已经通了,所以并不难!”这就是国手的境界——境界到了,万事皆通。怎么通的,她没细说,但她的另外一个故事,让我知道了境界在人生成长中的重要作用。

在菲律宾举办的一次亚洲乒乓球单打决赛中,对方球员一记擦边球,两个裁判员都没看见,当时也没有录像回放,最后算邓亚萍赢。比赛最终,邓亚萍赢了,拿了奖杯。张燮林(国家队著名教练)发现了这个问题。事后,他严肃地质问邓亚萍有没有发现这个问题,邓亚萍承认了自己的不诚实,并接受了非常严厉的处分。很快到了下一次,在韩国举办的另一场赛事中,对手同样一记不易察觉的擦边球,裁判已经判但邓亚萍赢球了。邓亚萍放下球拍,主动走到裁判员跟前说明了情况。这一幕被很多人看到了。对方球员投过来信赖和敬仰的目光,全场响起了雷鸣般的掌声——这场比赛她输了,可在人生的赛场上,她赢了,赢得很辉煌。

二、“不会绣花”的张飞和“会读书”的吕蒙

张飞是我国历史上一员虎将,“于百万军中取上将之头,如探囊取物耳”。太单纯的他,一门心思杀戮弄强,不知变通、无暇多想。以致很多人,都误认为张飞除了打仗干不了别的,“张飞绣花”这条路是不通的。劝邓亚萍不要学英语的那些人,也是这个想法。然而“吴下阿蒙”例子就在,张飞不学,有人学。孙权手下有一员大将叫吕蒙,也是爱打仗不爱学习的。孙权让他多学点东西,他推说军中事务多没时间学,把孙权惹恼了,说:“我又不让你当博士,你军务多,有我多吗?”吕蒙这才开始学习。“士别三日,当刮目相看”,等吴国大都督鲁肃在寻阳遇见吕蒙,大吃一惊!“卿今者才略,非复吴下阿蒙!”。就是这个吕蒙,后来让忠勇盖世的关云长走了麦城,收回了连智勇双全的周瑜都没办到的荆州。

不是所有的人都能像吕蒙、邓亚萍一样转型成功,但他们的例子告诉我们两点:第一点,这条路是通着的——“张飞可以绣花”;第二点,张飞能不能绣花,张飞没试过。吕蒙、邓亚萍之所以成功,在于不信邪,而且他们一定有其不同于别人的特殊原因——他们能学习,他们能学好,他们很享受。

能学习。认定“张飞不能绣花”,是许多人的通病。路还没走,怎能说不行呢?“能学习”首先是对自己潜力的正确认知。邓亚萍学习英语,是她认为体育交流已经融入世界,世界在向她招手,她要拥抱世界就得补外语这块短板。这个“学”是为“用”而来,学以致用这个目标成了她学习的动力。吕蒙本不爱学习,当上司命令他学,他也是摒弃了其他方面,不做“博士”,而选择了“谋战”,这个方向,也是为“用”而“学”。

“能学好”是对自己信心和能力有充分的认知。邓亚萍说,打球与学习是通着的,是说学习打球的经验可以迁移到英语学习上来。首先是不畏惧。这种历经磨难的人,意志力是惊人的。一旦把劲用上了,什么都挡不住她!当年邓亚萍打球,条件是最不好的!个子太矮,平常的体力和速度无法对抗同样坚持训练的对手,她就练“快”——快球、快跑。她腿上绑5公斤沙袋、身上穿25

公斤沙衣，快打快跑，每天比别人多练40分钟，一年下来，相当于比别人多练48天。每天取下沙袋，她说自己能飞起来。这种人有成功体验，他们知道知识能改变命运。他们日常的工作其实就是不断地雕塑自己、完善自己，每一次成功就是科学训练带给她的恩赏和肯定。获得世界冠军时的邓亚萍，是球技臻于完美的世界高手，是长期学习训练打磨出来的，其练成的身体本身就是一门经典教科书。她的成功体验和对科学的信赖，让她对学习英语树立了远大的目标，有一股泰山压顶不弯腰的气势。吕蒙也是从一场场胜仗中获得自信和动力，读书才更有劲儿的。

享受学习，是将学习当成一种生活方式，而不是当成一种任务和负担。鲁肃过寻阳大惊："卿今者才略，非复吴下阿蒙！"你看吕蒙是怎么说的："士别三日，即更刮目相待，大兄何见事之晚乎！"因为我天天都在学、天天都在变，变得积极、变得充实、变得快乐，学习成为我的日常，而你就天天"刮目"吧！今天的邓亚萍，是一个具有国际视野、充满知性、乐观自信的现代中国青年，也让我们"刮目"。

三、"不写作"的老师和"养文气"的时代

老师要不要改变，能不能改变，要变成什么样？这已经不是什么新话题了。"不动笔墨不读书"原是指那些只读书不动笔的文人，其习惯不好，就不会有出息。从前文所列案例，可以看出，综合素质对个体之重要，对于教师更是如此。吕蒙读书是武转文，邓亚萍读书也是武转文，这种转型真挺不容易的。做老师的本就是学生出身，也从未有过弃笔从戎的经历，何来艰苦转型？不喜欢读书，根本在于对事业缺乏责任心、上进心。但凡想把事业干好，想学些真知实招的，认真看上几篇实践经验文章，即可用于课堂，带来变革变化。若能通读几部理论书籍，打通一些认识上的"任督二脉"，思想境界和认识水平都会有巨大改观。若能把自己课堂上的新思路、新做法、新生成、新感想记录下来，能把一些理论学习和实践创新相结合，谈谈心得感想，谈谈改善策略，那就更好了。吕蒙和邓亚萍的经验告诉我们，按自己的兴趣和需要读书，在自己感兴趣的方面去学习，读书学习不但不枯燥，还更加充实和有趣。如果能把自己课

堂上多年的精神经验迁移到学习上，打通学习上的思想障碍，就会越学越会学、越学越爱学。事实告诉我们，不仅吕蒙是个儒将，张飞其实也是个爱看书的将军，据说他书法还特别好。孙武不仅仗打得好，还写下了旷世之作《孙子兵法》。真正有作为的人，都离不开学习。

新时代教师，要有扎实学识，要做专家型教师、专业性人才，能离开专业书籍吗？不看书不记笔记，如何能有扎实学识？所以以读书为本，以创新为发展动力，才能做新时代合格的人民教师。

第三章 教学主体篇

小孩儿在小溪里看到一条鱼,去抓,鱼一翻腾,浪花四溅,河水也顿时浑了。人和鱼,包括岸上的人,都似乎感觉水里不止一个人、一条鱼。及至人去了,水清了,你会发现,水里其实就一条鱼。

我们最需要的,其实就是喧闹之后的沉静。

沉静后的结论就是:学习从来都是学习者自己的事儿,班集体只是个体学习的一种组织形式。

第一节　每个学生的成长是课堂教学的终极目标

教师和学生是学校教学活动的主体,这是当前学术界一个基本的课堂教学主体论取向。体现在具体的课堂教学实践环节中,要求每一个教师以此为课堂教学的基本出发点,构建起个体的课堂教学主体认识观和课堂教学实践取向。教师是课堂教学中教的主体,是课堂教学平等人际关系中的首席;学生是课堂教学中学的主体,是课堂教学平等人际关系中的核心。教师教的主体作用最终体现在学生学的主体作用的发挥上。教师需以此为出发点,在课堂教学实践中建立起交互融合的师生关系。从这一逻辑关系出发,教师应当关心作为主体的每一个学生,将每一个学生个体所获得的发展作为课堂教学追求的终极目标。然而,在具体实践中,存在着追求优秀放弃落后、追求大多数而忽视少数人的思想和行为倾向,这与课堂教学追求的终极目标之间存在着不可弥合的鸿沟。

一、建立在错误逻辑上的教学自信

不少老师在评价自己工作的时候,都喜欢拿总体优秀率、平均分说话。合格率高于80%,老师心就稳了;倘若有一位得满分的学生,老师心里就更有底了。这时候若有家长因孩子成绩不好敢来“寻衅滋事”的,老师就可以理直气壮地讲:“全班80%以上的合格率,不正说明我整体合格?能带出得满分的学生,我的教学水平能差吗?果真要找原因,我想是不是该从孩子和家庭方面多找找呢?”这是最“爽”的回答,有力维护了老师基本的体面和尊严,增强了老师最起码的自信。然而这种情况再次反射到日常工作上的时候,教师群体的自我保护意识就得到了更进一步的强化:每天的教学内容,只要大部分学生掌握了,我的任务就完成了。只要有一个课堂响应达到了优秀,老师就放心了。他的心里,总是住着一群学生,而没有任何一个;或者在他的眼里,只有最优秀的那一个,而不计那落后的大多数。他的工作目标,就是追求大部分合格、极个别优秀,特别差的不必管。

对老师的这种经验认知和强烈的自我保护,我一方面表示同情和理解,同时又敏锐地感觉到,这种老到世故的行事逻辑,暗含着非常残酷的自私和狡黠。80%合格!难道另外20%的学生,就真的不重要、真的可以不管不顾了吗?难道一个超常学生的优秀,可以遮掩更多数孩子的疑惑不解吗?这种公开、事先推责的“小聪明”,侵害了部分甚至大多数学生的受教育权。

二、班级教学中的群体成绩与个体发展的辩证关系

有时,不觉想起小时候在农村的日子,那时候我做小羊倌,每天下午放了学,就要挎筐拎镰赶着羊儿上山去吃草。家长冷峻的脸色、严厉的要求,让我不敢让任何一只羊空着肚子回来,不敢有大部分羊吃饱就满足的想法。我得让每一只羊都吃饱啊!爬上山来的是一群羊,可吃草的是一张一张的嘴。在水草丰美的地方吃足了时间,肚子一定就会饱。所以我常常把羊群赶到水草丰美的地方,当大多数羊大快朵颐的时候,我们羊倌们的注意力却总是盯着那几只没吃草和吃不到草的羊身上。为它们排除困难,提醒它们不要左顾右盼,白白消磨时间。如果他们吃饱了,其他羊肯定早都饱了。这样我才能安心地带着它们回家去。总之,我的任务是保证每一只羊都吃饱。

聪明的你们,琢磨出点味道了没有?

对了,老师带着一个班的学生学习,就像小羊倌赶着一群羊上山。吃草是每只羊的个体行为,学习也是每位学生的个体行为。一个一个的学习者组成了一个班,但学习的是每一个人。就像一群羊上山,吃草的是一张一张的嘴。

你吃饱了,你不饿;我学好了,我不惑。我肚子里的东西,不会跑到你肚子里去。我成绩好,虽然可以提高全班平均分、优秀率,但不能代替成绩不好的人也优秀起来。他要优秀,得自己学。就是这么个道理。至于平均分、优秀率等数据存在的价值,也不过是帮助找到没有吃饱的“羊”,分析它没有吃饱的原因,为下一次让它吃饱想办法。唯此而已。

三、班级教学中应关注每个学生的成长

有人问,既然学习是个体行为,为什么要把大家放在一个班里,不像古代私塾那样一对一地教授呢?学习是个体行为,并不代表组织形式也必须要个体性进行。班级授课制,就像羊倌牧羊一样,赶一个也是赶,赶一群也是赶,为了提高课堂教学的效率,赶一群不是更划算吗?当然这也得有个限度,羊倌得管得过来,让每只羊吃得饱、小羊倌吃得消。现在小学 45 人/班、中学 50 人/班的标准,就是这样得出来的。

既然是这样,老师课堂教学的工作态度和自我评价的方式标准就都要转变了。不能关注大多数,舍弃少数人;不能只关注优秀,忽视弱势;不能只知保护自己,不知责任担当。具体应该怎样做呢?可以像羊倌一样,首先把孩子们带进“水草丰美的地方”——学习的情境里来,让大家自由地学起来。在大多数学生进入学习状态的时候,就不要再干扰他们了,而只需关注没学习和学习吃力的孩子。为他们排除困难,提醒他们不要左顾右盼,消磨时间,把注意力投入到学习活动中去。总之,教师的任务是保证每一个学生学习,让每一个学生“见到草儿”“吃着草儿”“吃饱肚儿”。

这时候,就有人问:大多数学生我不管,去管个别人,不是捡了芝麻丢了西瓜吗?大多数人学起来,学什么,他们学得了吗?“水草丰美的地方”那么容易找到吗?当然,这是另外的问题了——“学生怎么学”“老师怎么教”“学习活动如何开展”的问题。今天,我们先弄清楚,学习是每一个学生个人的事儿,促进每一个学生的全面发展和健康成长,是教师义不容辞的责任。

无论是中国,还是西方国家,“教学”一词,强调的都是学生的个体性行为,教与学在其起源上都是属于个体性的活动。至于班级授课制,是随着工业革

命的发展而出现的一种为了提高教育效率的教学组织形式，其主要特点是强调“班”“课”“时”等基本特点，追求的是在同样时间内教师如何提升自己的劳动效率，强调的是处于基本趋同阶段的学生获得较为一致性的发展，忽视了学生作为个体化的一面。随着技术革命的不断深化和发展，教学环节中追求一致性，扼制个体性的倾向更加突出，这是对儿童个性的漠视。在当前班级授课制仍然是最佳教学模式的背景下，教师应该树立起多元发展、个体发展的思维，将追求每个学生的成长作为个体职业生涯的重要诉求。

第二节　师生课堂教学角色辨析

接着上面的问题:“到了‘水草丰美的地方’——学习的情境里来,让孩子们自由地学起来,他们学得了吗?”学生观的问题是课堂教学的一个核心问题,它决定了老师课堂行为的整体态度和行为。如果说学生能自己学习,那还要老师做什么?“若言琴上有琴声,放在匣里何不鸣”(苏轼《琴诗》),我们看到的,都是教了才会、不教不会的学生,没有见过不教即会、自学即成的。即使自学成才者,也是需要老师答疑解惑、辅导进步的。大家都见“老师教”,没见过“学生学”,无法想象学生自己怎么学?“若言声在指头上,何不于君指上听”,其实,只有老师教,没有学生学,也是不可能的。因此教师和学生,真若琴指相依,相辅相成。所谓教师教的课堂,是以教师的教为主体,学生被动接受而已;所谓学生学的课堂,是以学生为学习和发展的主体,老师的教起辅助作用,而非舍弃了教的学、脱离了教师组织引导无序的发展。

一、从苏格拉底隐喻看师生关系

这不禁让我想起对另一个问题的思考:生孩子的孕妇和接生的大夫,到底谁是产房里的主角?

正常情况下,谁都知道生孩子是产妇的事。大夫围着产妇转,产妇当然是产房的主角了。可是到了医院,情况就变了。医生们认为:产妇进了医院,就是病人。医院是治病的地方,治病是医生的本行。产妇进了产房,自然一切由医生做主。这乍一听挺有道理的话,细一琢磨,却有着更大的疑问——怀孕是病吗？孕妇是病人吗？胎儿是病灶吗？它跟肿瘤是一样的吗？在家顺产，未进医院的又怎么算？理性告诉我们，这儿有且只有一个近乎“真理性”的答案：怀孕不是病，孕妇不是病人。因为怀孕是健康人类的正常生理现象，越能生产越健康。也就是说，胎儿不是病灶。那么产房和产科大夫呢？产房还是病房，产科大夫还是医生吗？当然就都不是了。产房就是产房，不是病房；至于“产科大夫”，西方国家给他们取了一个更为准确的名字——助产士。这就对了！助产士的功用就在一个“助”字，用专业技能和丰富经验保障产妇安全生产。

课堂里的老师和学生，谁是真正的主角呢？

古人云：人非生而知之者。羊羔一落地就能站起来；蜜蜂隔离生长也能跳“8”字舞。人不行，进狼群成“狼孩”，进猪圈成“猪孩”，接受人类教育才能成人。人受教育就离不开老师。那么教育教学活动中，师生间应该是什么样的关系呢？很多人认为“小屁孩”什么也不懂，还不都得听老师的，所以老师肯定是课堂里的主宰，处于支配地位。不过，诚如“产妇”不是“病人”，教师面前的学生与驯兽师鞭下的动物是一样的吗？当然不一样，学生是人，怎么能跟马戏团的动物一样！可如果教师是主宰，都是教本领，教师与驯兽师有什么不一样？都是学本领，学生与马戏团的动物又有什么不一样？有人说：人和动物怎么能一样？动物保护主义者却说：人也是动物呀，生命是平等的，有什么不一样？有一个事实，我们都必须承认，人类已经远离自然界，独立发展成为一种文明型的社会生物了。在最关键的意识领域，一般生物是完全依靠遗传性本能生存，最多是无意识模仿，而人类通过有意识的劳动不断改造世界，也改造了人类自身。世界上，只有人类通过学习在传承着自己创建的文明，学习成为人类特有的社会机能。也就是说，从生物意义上讲——人还是动物，但从社会意义上来讲——人已经成为一种完全不同于动物的存在了。学生是人，这决定了接受教育的他们与驯兽师鞭下的动物完全不同，老师面对的是跟自己一样有尊严的独立个体。这就决定了学习者有其人格尊严和个性独立。

学生学知识，就跟产妇生孩子一样，是人类社会化的本能属性。作为人，儿童有着成长的必然需求，有着天然的学习欲望，其迫切程度远远超出了我们所有人的预想。这就是成其为学习主人的物质基础。学生之所以能学习，是因为其有人类特有的学习欲望和能力。既然做了学习的主人，这间屋子就不再是“教室”,而应改叫作“学堂”了;师生关系也将发生质的变化,变成了学生与“助学士”的关系了。“知识能力与身心平衡成长”犹如待产的“小宝宝”,“学习”犹如“生产”过程,老师就是“助学士”,其功用就是一个字——专业性的“助”。

二、学生充满了学习欲望与活力

不少老师心底里长期牢固地保存着一个认识,就是学生天生是不愿意学习的,天生就是老师的冤家。只是因为老师的“好心”(为我好)和“严厉”(严格要求),学生出于“良心”(为了老师)和“畏惧”(怕被告知父母、被老师批评或打骂等)才被迫参与学习的。这其实忽略了一个基本的事实:学生如“挑帘初现瞳瞳目,桃红燕新未曾识”的婴孩。“桃红燕新”的未知世界,一切都是新鲜的,新奇得眼睛都不够用,其求知欲望的强烈程度,完全超出了老师的想象。所谓不爱学习,往往是被动而未获得尊重的学生产生的抗拒表现,他们未被当作学习的主人,却被强行纳入了“担心”和“怜惜”编织的“爱”的金丝笼中!

在一次课堂观察时,上综合课的老师努力想跟孩子们讲清楚“食物链”原理,只有个别孩子参与学习,大部分孩子要么闹腾着做其他无关的事儿,要么恹恹地坐在那里,课堂纪律不好,上课效率也不高。看着老师无法控制课堂,我参与进来。问学生到底愿意怎样上好这节课,怎么想的就怎么说,不要有任何顾虑。孩子们惊奇之余反都不敢说话。有一个孩子轻声说了句“到动物园去上”,引得全班同学哄堂大笑!当我当场宣布“就到动物园去上课”时,他们的喊声简直掀翻了屋顶。未来一周里,网上学习、前期准备,现场观察、讲解交流,再到返校后丰富多彩的成果呈现,孩子们一直保持着非常强烈的亢奋情绪。甚至多年以后,还有人的“动物外号”仍然被叫着,还有人在跟同龄的外校亲戚显摆自己学校校长多么“率性大胆”“开明大气”……

从这个故事里,我们可以看出,不是孩子们不爱学习,而是不喜欢我们给他们提供的学习内容、学习方式。新行为主义学习理论创始人、美国心理学家斯金纳,在巴甫洛夫的条件反射理论基础上,给打开开关的小白鼠施加食物奖励作为强化刺激,强化和巩固学习记忆。这是用动物来进行人的学习原理测试,但他忘记了人类学习中有完全不同于一般动物的主观能动性和情感力量。布鲁纳等建构主义学者认为:世界是客观存在的,但是对于世界的理解和赋予的意义却是由每个人自己决定的。每个人的经验世界是用我们自己的头脑创建的,学习不是教师把知识简单地传递给学生,而是学生自己建构知识的过程。老师看到的动物,跟孩子们看到的动物就不是一回事,而加入了教师观念的"动物",跟孩子们需要认识的"动物"差距就更大了。

真正的学习,光靠教师一方来设定是无法达成的。教案是无法提前预设学生的所有创造力的,也不是教师 40 分钟不间断地讲就能达成的,更不是不分主次、不辩学情、漫无目的的教学能完成的。这要靠学生自己提出问题,试图解决问题,教师依据学情发展,有效启发,将学生引到"最近发展区",由学生"发现"达成教学目标。

三、学习辅助者的角色定位

不同于产房里的助产士,教师这个"助学士",可大有讲究。面对产妇,助产士是你生产我关注;遇到剖宫产或产妇难产,产妇就真成了病人,就得由产科大夫做主把孩子取出来。即便这样,孩子还是你生的,你还是主角,只不过我"助"的力度大了一些而已。课堂里的"助产士",永远陪着"小产妇",一直等待他们自己生产,老师一直承担着学习辅助者的角色!这里只有顺产,没有"剖宫产",也不会有"难产"。有人说:没"难产",这太绝对了吧?我一生遇到过多少次"难产"!其实您所说的"难产",不是学生与知识的问题,而是"助学士"的心态和技术问题。学生学习知识,讲究由易到难的循序渐进,讲究温故知新的知识迁移,太难的东西他一般不感兴趣。只有老师人为加大难度、人为加重任务的时候,学习过程才难以持续。因此,老师面临的全是"顺产孕妇",千万不要轻易下刀子动手术,要学会等待。就如同蝉蜕变新生的过程,自然蜕壳的蝉健康活泼,生命力强,人为撕开背上的裂口、帮助出壳的蝉,很快就死掉了。它必须要自己"顺产"才好!学生自主合作探究式学习,就是他的"顺产";学生学以致用地分享交流,就是新生儿脑袋已经露出来了。面对缓慢而笨拙的探索学习,老师就要保证"顺产",耐心地等待"顺产",不能违背规律自作主张，以教代学。

有人要问了："顺产"的课堂里，老师到底应该是个什么状态呢？老师还有用吗？该干点什么呢？怎么干呢？一句话，"助学士"到底该怎么个"助"法？既然学生都自己学了，我们的专业知识，是不是就没用了？事实证明，随着产科护理医学的迅猛发展，产科大夫医疗水平的提高，"助产士"的优质服务让新生儿成活率大大提高。"助学士"专业水平的巨大提升，同样会带来学生精神状态和学习质量的巨大提升。就像产妇永远离不开"助产士"一样，学生也永远离不开"助学士"，他们永远需要教师高尚师德的指引和精湛学术的示范。老师要不断适应新时代学生身心发展和社会发展实际，不断提高自己的专业素养，不断实现内容形式和理念方法上的创新，才能让下一代建设者比自己这一代更加蓬勃向上、健康有为。

四、教师适时介入是学习辅助者角色的最好发挥

"学生学的课堂"强调学生课堂学习的主体性和主动性，强调学生课堂的议论纷纷，而不是教师的滔滔不绝。老师主动的让位，促成了学生的主动进位。这时候，就形成一种误区，就是老师课堂上是不能"教"的，而且话越少越好。学生学的课堂的终点，是老师"不教""不言"吗？

这涉及老师的课堂地位和实际作用问题。

学生是课堂学习的主人，老师在课堂上主要发挥组织者和引导者的角色，教学应在师生平等对话的过程中进行。我们现在强调的是的构建"学生学的课堂"，当学生主体性的学习确立以后，服务于学生学习的老师的组织引领方式，应当是多元的。老师应尊重学生的个体差异，鼓励学生选择适合自己的学习方式，自主合作探究的学习方式与有意义的接受性学习相辅相成，这种综合把握，由教师自己完成，这也是教师组织引导角色的重要体现。要求教师"应确立适应社会发展和学生需求的语文教育观念，注重吸收新知识，不断提高自身的综合素养"，"应认真钻研教材，正确理解、把握教材内容，创造性地理解和使用教材，积极开发并合理利用课程资源，灵活运用多种教学策略，和现代教育技术，努力探索网络环境下新的教学方式；精心设计和组织教学活动，重

视启发式、讨论练功教学，启迪学生智慧，提高语文教学质量”①。这些工作的真正价值，是教师决定了学生的学习内容和发展方向。这正如草是羊群自己吃的，但羊群今天去哪里吃草，是由牧羊人决定的。

学生学习过程中，教师是要适时介入的。何时介入、怎样介入、介入程度，都由老师来自行决定。这种介入不同于“以教代学”的讲课，也不同于“给答案式”的剧透，而是启动思考、引发探索的组织引导，在它之后必定产生学生的学习过程。它引出的是“悖论场”，促使学生产生“问题”，导向深层思考和探索。介入引发学习，引发思考，并不在于话多或少，而在于精准洽切，不引起误解和歧义；在于学生与老师交流氛围的自由平等、宽松自然，不引起学生的焦虑或惊惧。

构建学生学的课堂，听着明白，但要真正变成现实，对老师来说，何其难矣！其根本原因，还是我们完全习惯了医院和教室、医生和教师，没有习惯产房和学堂、助产士和“助学士”的缘故。想明白了产妇是孩子的母亲，学生是学习的主人，摆正了位置，其他的事情，就会很快变得顺畅起来。到时候，我们也就知道自己该怎么办了。

---

① 《全日制义务教育语文理解标准》“教学建议”第一条。

第三节 “教由学起”应该成为课堂教学的基本理念

教育工作的核心，是学生的学习。对学习的研究，自古到今从未停歇过。学习是学习者的主体行为，是从“学习”最初走进实验室就确定了的。从行为主义、认知主义、人本主义和建构主义四种学习理论的学习分析中，我们都可以看到学习者主体的学习机能，绝对不是受外人强制替代、越俎代庖。

一、试错的小老鼠，学会吃“自助餐”

最早把学习作为科学研究的，是“行为主义学习理论”所做的著名的“斯金纳箱”实验。这个箱体里，有一个手柄、一个饵料盘。触动手柄就会有一个饵料滚落到底下的盘里。一只小老鼠，在陌生的环境里漫无目的地乱窜，当它不小心触动了手柄，就会有饵料滚落下来，它就稀里糊涂地吃了。时间久了，小老鼠通过无数次的触碰发现了规律：饿了触碰手柄，就有东西吃。它不再乱跑，安安静静地呆在角落，饿了的时候，就主动触碰手柄去获取食物——它学会

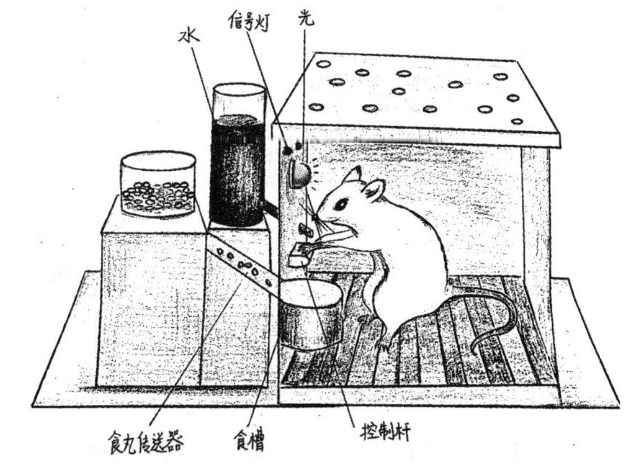

了。食物需求的刺激促使它有了主动触碰的反应,这个理论模式就叫“刺激—反应”(S-R)模式。通过无数次的强化,让“吃食物”和“动手柄”两个不相干的行为产生了必然关联。这个最初的科学实验表明,学习是小老鼠主体性适应环境的产物,是对食物的欲望让它主动地产生了一个触动手柄的反应。行为主义理论证明,学习完全属于学习主体自己的探索,从不断试错中得出经验,改变了自己的行为方式。

行为主义学习理论,今天在我们的课堂上还能看到。右图上的男孩子,他希望得到老师的表扬,就积极按老师喜欢的方向努力,果然就得到了老师的一个赞。为了得到表扬去做事,就是一种欲望刺激下做好事的行为反应。老师给予了他期望的“赞”,本身就是一种强化,无数次的“赞”就是无数次的强化,他越来越希望变成老师期望的样子。还有一种强化叫“负强化”。孩子做了一件错事,老师就批评他。为了少挨批评,孩子就不断提醒自己少做错事,尽量不做错事。经过无数次这样的强化,他就不再做错事了。还有,“斯金纳箱”里的小老鼠,它学会了触动手柄吃“自助餐”。从今天开始,触动手柄,不再给它饵料了。经过它无数次的行动证实,怎么触动手柄,都没有食物的时候,它就不再触动手柄了。原先学会的东西,经过“负强化”可以消失掉。

二、思考的大猩猩,站在了新的高度上

认知主义学习理论,参与实验的动物换成灵长类的大猩猩。把大猩猩放进一个密闭的房间里面,房间的顶梁上挂着大猩猩最爱吃的香蕉,地上散落着几口箱子。大猩猩走进房间,看到香蕉,就站在底下拿手去够。这个跟“斯金纳箱”里小老鼠的表现是一致的。然而够了多次还够不着的时候,它就不再努

力了，而做出了一个非常令人匪夷所思的举动——蹲到一旁，挠着脑袋思考起来。然后，它站起来把一个箱子放在香蕉底下，站到箱子上再去够香蕉。虽然没有够着，但它明显感觉香蕉比刚才近多了。接着，它毫不犹豫地抱来另一口箱子，放在那一口箱子上面，然后踩上去，摘下来——它吃到香蕉了。跟行为主义学习理论一致的是饥饿导致食物的刺激，产生摘香蕉的动作。不同的是它在“刺激—反应”中间加进了思考，形成了“刺激—认知（思考）—反应”模式。灵长类动物更接近于人，“意识”的参与是高级动物主体性学习的表现，更体现了学习是学习者自己的事情。

三、人类的需求，是个体学习的动力

“人本主义学习理论”认为，人类的学习不能跟一般动物混同起来，认知心理学虽然强调了人意识的参与，却忽视了人类情感、态度、价值观等最能体现人类特性的因素对学习的影响。学习是人类特有的本性。学习不仅有意识参与，更由意识所主导。学习不是动物本能欲望的副产品，而是人类本身的需求；人类具有学习的潜能，想弄明白一件事情就会主动去探究。马斯洛“需求层次理论”，把人类的需求全部列了出来，从生理、安全，到社交、获得尊重，最后到自我实现。所有这些需求，是人类不断学习和发展自己的动力来源，是极其可靠的力量源泉。人本主义理论代表人物罗杰斯认为：人类具有天生的学习愿望和潜能，这是一种值得信赖的心理倾向，它们可以在合适的条件下释放出来；当学生了解到学习内容与自身需要相关时，学习

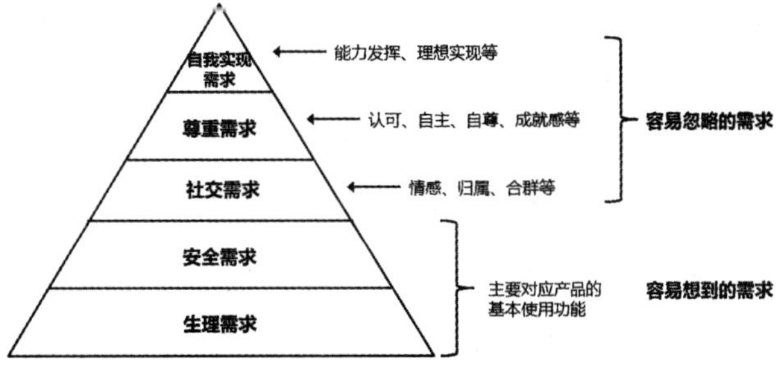

的积极性最容易激发;在一种具有心理安全感的环境下可以更好地学习。罗杰斯甚至认为:教师的任务不是教学生知识,也不是教学生如何学习知识,而是要为学生提供学习的手段,至于应当如何学习则应当由学生自己决定。这更说明学习是学习者的事情,是他的本性愿望,是他的权利义务,是他的能力所及,是他的需求促使。

四、以学生的学习为起点促进教学的深入开展

建构主义学习理论认为:世界是客观存在的,但是对于世界的理解和赋予意义却是由每个人自己决定的。我们是以自己的经验为基础来建构现实,或者至少说是在解释现实,每个人的经验世界是用我们自己的头脑创建的,由于我们的经验以及对经验的信念不同,于是我们对外部世界的理解便也迥异。所以,学习不是由教师把知识简单地传递给学生,而是由学生自己建构知识的过程。学生不是简单被动地接收信息,而是主动地建构知识的意义,这种建构是他人无法代替的。比如同一棵树,木匠眼里它能做什么家具,画家眼里它有什么样的造型美,生物学家看它的独特物种及生长环境,文学家眼里它有什么样的精神气质……

学习过程同时包含两方面:一方面是对新信息意义的建构,同时另一方面

又包含对既有经验的改造和重组。查字典,生字后面浅显易懂的熟字,帮我们明白生字的意思;熟悉的拼音也帮我们知道生字读什么音。这是以旧知识理解新知识,是“以旧知新”的建构。猴子、大象、孔雀等,这些东西是并列的、具象的概念,“动物”是抽象的概念。待“动物”这个概念进入孩子的头脑里,原有的认知系统都要重新“洗牌”了,从原先的并列关系,变成有上下层级的复杂概念体系。这种重新“洗牌”就是新知识对旧知识的一个建构。合作学习、情境影响,是实现有效建构的重要因素。

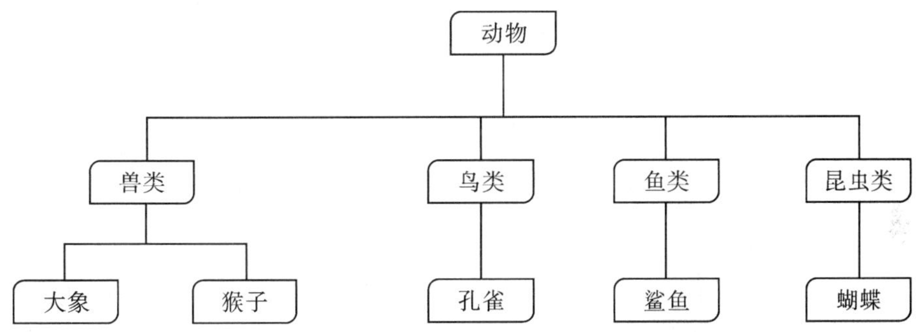

教师不单是知识的呈现者和知识权威的象征,而应该重视学生自己对各种现象的理解,倾听他们时下的看法,思考他们这些想法的由来,并以此为据,引导学生丰富或调整自己的解释。简言之,学生是学习信息加工的主体,是意义建构的主动者,教师是意义建构的帮助者、促进者。教师引导教学,并将监控学习和探索的责任转向以学生为主,最终使学生达到独立学习的目的。

第四节　学生的学习是个体性的过程

学生是学习和发展活动的主体。作为主体的学生，它的学习成长状态应该是怎样的呢？有人认为他们像田地里的庄稼，全凭农民一手劳作。我们仔细观察会发现，农民在田里做的全是在庄稼旁边的外围服务工作——锄草、施肥、浇水、除虫，拔苗助长绝不是农民的任务。也就是说，庄稼从禾苗到成熟，都是自己在成长。庄稼能够自然生长比农民自己要吃饭还可靠，有什么不放心的。不放心就要代劳，代劳就是“拔苗助长”。别说代劳，即使给予庄稼过多关怀，让其形成依赖性，都会让其失去自我成活能力，这些都是要避免的。有人认为学生像山坡上吃草的羊，牧羊人带到哪儿它吃到哪儿。如果学生真是山坡上的羊，我们仔细观察就会发现，牧羊人也只是把它带到了有草的地方，吃草的工作都是它自己完成的。强塞硬灌绝不是牧羊人的工作。

其实，我更相信学生像山间竹笋，无人打理，也一样郁郁葱葱。我更相信学生像山中的老虎，饿了，它们自己捕食吃；累了，自己可以在树荫下歇着。为什么要人喂食吃呢？被饲养的，那还是老虎吗？因为它们依着大自然赋予自己的规律生长。在自然面前，人类首先应该学会的是敬畏自然、尊重规律，相信自然、遵循规律，绝不妄自尊大，无限放大自己的作用。

拔苗助长的人，看似脱离了基本自然规律和认知规律，事实上是世界观和认识论的问题，怎么看待自己的工作对象和怎么看待自己的问题。不相信禾苗会自己生长，不相信禾苗离了自己能活下来。有这种思想的人，即使没有拔苗助长的行为，也会产生给冬天的禾苗喝热水的想法，总之不会把庄稼种好。庄稼交到这种人手里，总会出一些麻烦。还有把老虎当狗喂的人，不仅不明白老虎本就不是靠饲养成活的物种，还有一种控制“万兽之王”显现自己本领的“施虐”心态。结果老虎真的“颓”了，饲养人给自己多了一项本不该有的活儿，出力却并没有讨到好处。

那么该怎样学习呢？比如学吃饭，当大人把吃什么、怎么吃、什么才算是吃得好，这些东西全部包办了之后，孩子可能就失去了对食物的兴趣，对吃饭本身的排斥，对吃的东西、吃的方式、吃的好坏一概否定。这种情况在日常的家庭是最常见的。而当把食物交给孩子，让饿了的他自己想办法去吃，情况可能就完全不一样了。他从中体会到欲望的满足、挑战的乐趣、美食的享受和家人的鼓励。也许他的吃是粗糙的，但当他用手把食物送到了口腔里，尝到了美味，吃饱了肚子，谁说他不会吃东西？以自己的方式吃到东西，就是会吃了。至于吃东西时不污染衣物、吃得精细、学会用筷子刀叉等工具，这是吃的第二步。而学会这些，也应该是他来做，而不是你来喂。

第五节　教师劳动的个体与集体性之争

学习是学生的个体行为。教学呢？是教师的个体行为，还是学校的集体行为？

教师是学校的员工，又是专业技术人员，在行政管理上和群体文化上，接受学校行政领导和集体舆论影响，在教学业务上却有完全的自主权。由于上课时要独自面对学生和未知的教学成效，教师的专业自主权，体现在他必须深刻领会和把握"课程标准"、教材，联系所授班级学生的具体情况，独立设计教学思路，明确教学目标、重难点，制定组织实施的方案步骤，预想可能出现的问题和应对策略上。学校专家对教师备课情况的检查指导、教研组的集体备课和评课议课，都是为教师备好课、上好课提供帮助和服务的。老师的一切教学活动，都是他们的个体性行为；教师的业务提升和专业成长，同样是教师的个体行为。专家引领、同伴互助，都是教师自主研修活动借助的外力，核心还是教师自己要发展。

一、教学行为的个体性与集体性

师兄邢益宝是海南一家私立教育集团的校长。前年他来西安，恰逢浙江义乌稠城三小的宋兴明校长也在，于是我们三个人聚在一起聊到了各自的课堂改革。邢师兄"依图纸建生产线"的课堂教学经验，让我始料未及、甚为惊诧。面对竞争激烈的市场环境和家长对升学的热切期盼，为了保证教学质量，作为集团总校校长，邢校长身上的压力是很大的。在教学组织方面他借用了企业流水线的方式,组织人力网上搜寻,把现行教材中每一课的经典教案汇集起来,亲自审定,形成学校正式统一的施行教案。要求老师们严格按此“图纸”“施教”,谁也不许私自改动。他的口号是:谁如果不按这个来,我就组织全校向他学习。

“老师要是有自己独立的思想,认为别人的教案不适合自己,怎么办?”我怯怯地问了一句。“老师不需要独立思想!你能,能得过窦桂梅、吴正宪去?”邢校长很坚决地说,“我的意见很明确,那就是我们的课堂教学不能随意来,在起点上就必须是全国最高水平,学最好的、用最好的,只有这样,才能保障学校整体的课堂教学质量。”

“专业问题可以行政化处理吗?”我问。“当然可以。学校最有效的手段就是行政手段,学校行政组织必须在其中起到核心的引领作用和主导作用。”

我们学校,虽不像邢益宝校长这样强烈的行政干预,但在我们的具体执行中,行政干预的特性同样是非常强的。比如关于课堂教学设计,学校每学期都要组织多次教案检查。对教案的框架标准、内容格式,甚至反思评价等,都有明确要求。教研组长不仅要组织集体备课,同时要对教师的教案进行把关要求。教案检查工作就是学校领导对教师课堂行为的一种监控。制定备课的标准要求,监控备课的过程结果,这本身就把备课升格为学校的集体行为了。而对教师来讲,教案本身就是为了应对学校教案检查而开展的一项任务,真实课堂教学与教案的关联并不紧密,教案是教案,上课是上课。形式上似乎极端重视,实质上是极端不重视的。课堂上无教案上课是极常见的现象。上课前的教学准备,往往是形同虚设、流于形式,相互敷衍应付的。

这个时候,一个极其重要的问题摆在了我们的面前:教案是教师个体的需要,还是学校集体的共同需要?课堂教学是教师的个体行为,还是学校的集体行为?

学校的干部明显对老师精心备课的主观意愿和能力水平是缺乏信任的。教师会全力爱上教学、积极主动备课,这怎么可能?只要放松标准,老师们肯定怎么省心怎么来、怎么省事怎么来。这是一次次教案检查发现出来的真切数据,还能有假!作为老师,同样有这样的心理,要不是学校一再要求,谁愿意整天趴桌上写那玩意儿?好在现在有了电脑,好应付了,要么把去年别人的教案出一份交上去,要么网上下载一份改动改动交上去,就可以了。可是,如果我们让老师反向思考一下:现在学校不再进行教案检查了,我们真不需要备课了? 备课到底是可有可无的,还是必要的? 它对谁更必要,老师还是学校?

二、正确处理教学设计中的矛盾

不备课,老师没有一丁点准备,就上讲台上课,怎么想都显得心虚,混不长久的,甚至会有一种在诈骗的感觉。上课是老师自己的事。上好课也是老师对自己负责,备课就显得极为必要了。难道我们没有发现,最终在课堂上面对学生的,不还是我们教师自己吗? 教室不总是有别的教师,甚至一群领导在里面的。既然教学是老师的个体行为,那集体教研呢,上级检查呢? 小组教研是帮助教师修正理念、完善思想、确定重点、优化流程、提供服务和帮助的,是为每位教师上好课服务的;学校组织的检查与指导,同样仅仅是外部的辅助力量而已。作为主体的老师,还存在一个愿不愿听和听得进听不进的问题。听得进,择善而从、适度改进;听不进,我行我素、说了等于白说。

如果是这样,那么有一个事实就非常清晰地呈现在我们面前:教学工作和教学研讨工作,都是基于教师个体的业务需要而进行的,绝对不是行政或集体的需要。它是基于学生的学情而进行的设计。同时,课程标准规定了目标任务,教材具体承载了这些任务。深入研读和准确把握课程标准和教材,根据学情梳理并设计教学思路,这是教师要独立面对的任务。备课只能是教师个人为上好课所做的准备,绝对没有别人代替你的意思。这里只有你自己,没有一群;只有独奏,没有合奏。所谓行政或集体的力量,在课堂上是不存在的。因此,我们要唤醒每位教师的主体教育意识,不能让大家再躲到行政领导或集体团队的背后去等待,误了学生,也误了自己。

三、教师自主成长是课堂教学的重要目标

教学行为是教师的个体行为,那么教师是否因此各自为战、一盘散沙?

教师是专业技术人员,他的业务行为应受专业标准约束。强调教学行为是教师的个体行为,是为了减轻行政手段对教师教学行为的干预,而不是要弱

化其专业发展的力度。那么有什么组织力量可以帮助老师实施自主性专业发展呢?

教师个体本身就在专业群体的组织内部,由专业教师集体决策,自主负责自己学科的发展,这本身就是学科专业发展和教师个体发展的最佳途径。西安育英小学2018年语文、数学、英语、体育、艺术、综合等六个学科,实行"学科委员会自我管理改革试点","坚持'选贤任能、权力下放',着力发挥学科骨干的创新引领作用,着力形成活动有章程、教师有活力的教研新景象"①。以语文学科委员会为例,36个班36名语文教师,占全校教师总数的1/3还多。学校教导处3个人,虽有1人是语文专业出身,但大量的日常业务管理工作、教学科研工作,以及各种临时任务,让这名同志无暇顾及对语文学科的指导。学校就让这36名语文教师自主推选,集体产生5名专业素质过硬、个人德望较高、思维活跃、有创新精神、敢抓敢管、有领袖气质的同志担任委员,组成学科委员会。在其中再推选产生1名主任委员、2名副主任委员。学科委员会依据学科特点和本校实际,围绕课堂教学和学生发展,自主安排集体备课、教学研讨、校本研修、骨干培养、外出考察、专家聘请等系列业务工作,有内部考核和工作奖惩建议权。学校给予充分的经费、技术、专家、场地等支持。

效果怎么样?学科委员们深入一线,听遍了每位老师的课,共同在课堂上研讨,把单人课上成了"双师课",深受学生的喜欢。教师成长速度达到了惊人的地步。"8个月来,分享式课堂改革得到广泛深入的推进,学生得到了解放,老师退后一步也感受到了课堂学习的节奏感。同时各学科委在自主发展方面,也取得非常突出的成绩。语文学委自编校本诵读教材,系统开展诵读活动;数学学委搜集易错资源,坚持月考月评;英语学委推进思维导图研究,开展单元拼词积累;体育学委规范课堂常规,以团队精神开展学科创新;艺术学委坚持课堂探索,社团活动成果丰硕。综合组自发开展了面点制作等课堂创新活动,主动开展了科学实验课的规范研究。一年不到的时间里,各学科在课堂教学研讨、学科基础培育、教师专业成长、社团竞技展示等各个方面,做出了大量扎实细致、成果显著的业绩。特别是学科内展现出空前团结向上的精神状

① 摘自2018年《西安育英小学五届四次教代会行政工作报告》。

态和求真务实的探究精神，受到教师、学生、家长、社会的高度肯定”①。西安育英小学学科委员会改革，为教师教学主体性效用体现、学科专业化发展做出了积极的试点。

再回到对邢校长做法的意见，当然是——反对。因为教案是老师个体的东西，适合自己学情的、适合自己风格的，才是最好的。窦桂梅的教案是好，但它于我来讲，仅是参考，绝不能成为我的东西，更不能成为制约我的桎梏。这是原则问题，绝对不能退让。在这一点上，窦桂梅不行，邢校长也不行。

① 摘自2019年《西安育英小学五届五次教代会行政工作报告》。

第六节　教师在教学中的角色定位

学生是学习和发展活动的主体。老师在学习活动中，扮演什么角色呢？

教师如何认识自己的角色定位，是一件非常难的事情，又是一件非常关键的事情。按马克思主义认识论观点："'我'是我对方的对方"。老师的角色定位，要以学生的角色定位来确定。如果把学习主体的学生，比作田地里的庄稼，那么教师就是田地里耕作的农民。田里的庄稼，依天时而生，因地利而长。依自然规律自由生长，这是庄稼的主体性。那么庄稼的生长，没有农民的参与行不行？当然不行！没种就没收，没有因就没有果，这是其一。种到地里的庄稼，如果没有农民"晨兴理荒秽，带月荷锄归"，就一定会"种豆南山下，草盛豆苗稀"，这是其二。庄稼长成以后，就要及时收割归仓，才不至于劳而无获，这是其三。

农民种庄稼，依天时地利而动，他相信春耕夏播秋收冬藏是可靠的，相信自己只要辛勤付出就一定会有收获。"人勤地不懒"，只要依自然节气和庄稼需求去劳作，庄稼就会长得很好，收获就一定会大。顺应了自然规律的农民，他的劳作内容，就是帮助庄稼更好地生长，而绝不代替庄稼生长。也就是他该浇水浇水、该施肥施肥，该锄草锄草、该灭虫灭虫，绝对不是自以为是、"拔苗助长"。

儿童成长与庄稼生长都有其独有的规律，我们都须尊重和遵从，这是一致的。鉴于儿童是"人"这一特殊生命体，教师之于学生，与农夫种庄稼又有本质不同。

教师是学习活动的组织者和引导者。学生是学习的主人，但学生学什么、怎么学、学得怎么样，学生提前都是不清楚的。就像羊儿是吃草的，但草在哪里,今天该去哪里吃,是牧羊人的事。这些工作,都需要老师课前提前设计,在实施中灵活引导,课后总结分析。老师是“因学而教”的主体实施者,他不能越俎代庖、以教代学,但却必须把学习者带入学习的情境中去,关注学习者的学习过程,给予必要的科学引导,让学习的效率和效果最大化。

在学习活动中师生应该在平等对话的过程中进行。学生是人,有着其人格尊严和个性独立,有着与教师同样的认知规律和现实水平。平等对待学生,不仅仅是尊重和信任本身,更重要的是尊重和信任会让师生距离回归正常。老师像个老师的样子,具备了可信赖性和亲和力,学生像学生的样儿,“亲其师,信其道”。师生会在“问题”的交流和破解中,进入同一天地世界,相互遇见,你能懂我、我能懂你,实现同频互动。否则,老师自以为是,自行其是,遇不见学生,像走进了《三岔口》的黑屋子一样滑稽可笑,所有的教学活动缺乏针对性导致教学效果低效甚至无效。

尊重孩子,才能受到孩子的尊重。孩子愿意与高手平等对话,这样他就会像大人一样思考和行事。这就是人性的对等!

作为组织和引导者的老师,与学生一样具有自身的主动性和创造性。调适师生身心距离,实现“懂你懂我”的平等对话,就是教师主动工作的表现,也是作为组织和引导者的前提。同时激发学生的学习兴趣,培养学生自主学习的意识和习惯,为学生创设良好的自主学习情境,将自主合作探究的学习方式与有意义的接受性学习相辅相成,尊重学生的个体差异,鼓励学生选择适合自己的学习方式,也是老师主动工作和创造性工作的表现。教学相长,教师自己也是发展的对象,需要与学生共同学习。教师应“确立适应社会发展与学生需求的语文教育观念,注意吸收新知识,不断提高自身的综合素养。应认真钻研教材,创造性地理解与使用教材;积极开发、合理利用课程资源,灵活运用多种教学策略与现代教育教术,启迪学生智慧”①。

---

① 2019《全日制义务教育语文课程标准》第三部分实施建议,第一条“教学建议”。

第七节　基于学生视角的课堂观察

构建学生学的课堂,学生课堂学什么就显得特别重要。一般情况下,课堂教学的目标任务,是由国家课程标准来确定的。具体落实在教材这个载体上,就是具体的教学目标、教学重难点。这些教学目标任务和重难点,与本班学生具体发展需求之间有什么关系呢?课程标准是国家对自己未来公民发展品格和知识能力素养的基本目标要求,它与未来国家社会的需求和今天儿童身心发展的实际相适应,是国家教育的"标准尺码"。今天孩子的实际现状是"具体尺码"。教育者两相对照,确定本班学生的具体发展任务。既严格遵循国家课程标准,又完全契合本班学生的现实实际。同时在教学设计时依据具体实际,确定重点任务和突破口,灵活机动、针对性强。

一、真实的学情,往往令人惊叹

2017 年春天的一天上午,北师大操场的暖阳下,两个五六岁的小朋友在我所坐的体育器械边玩耍。看我正在看书,她们凑上来跟我搭讪。我把前一晚刚写就的一篇小文《左右》(见附文),读给她们听。这篇文章虽是童话,但行文完全是我自己内心的写意,有些词句颇具古风,有点担心她们听不懂。读完后,就问她们:"听得懂吗?"她们点着头:"能听懂!"我很诧异,就问小一点的那个女孩子:"那你说说看!这篇文章讲了个什么故事?"

"就是说,有一左一右两棵松树,一个根扎得深,一个根扎得浅,结果大洪水来了,根浅的就被冲走了,根深的还在。"天啊!现在的小孩子就这么聪明吗？“是这样吗？”我问另一个孩子。她点点头，说：“嗯，是这样！做人不能只顾自己，要团结，团结就有力量，再大的洪水也冲不走。”你看，还有什么问题吗？没有了，她们俩分别抓住了问题的核心，其他问题就不是问题了。难道还要对幼儿园小朋友提什么更高的要求吗？

这件事情，一直强烈地冲击着我的头脑，影响着我对教育的思考和判断。“原先周密完整、纷繁复杂的教学设计，真的都是必要的吗？”“对要学习的内容，孩子都是从“零”起点的吗？”“老师日常慢条斯理的脚步，压制了孩子多少灵气和锐气？”“如果我们放开手脚，允许学生自由学习，遇到这种一下子冲到终点的情况，这课又该怎么上？”最关键的问题是：“学生课堂上要学什么，老师要教什么，那份教与学的默契我们在每天的课堂上真的做到了吗？”

二、静下心来，从学生角度重视审视常规课堂

记得上小学的时候，我生病住院。打完针，拿出课本坐在病床上看。先看即将要学的课文，发现挺有意思，课后的问题也并不难做。一口气看了所有将要学习的课文，发现每篇课文风格不同，但各有妙处，内容丰富多彩，叙述如行云流水、或疾或徐，推心置腹、至诚至善，总是极亲极近的样子。课堂上那副“板着脸”很严肃的样子，全然不见了。里面的滋味，让在病床上的我满口流香，越琢磨越有味儿。不过这味道，跟老师说的中心思想和段落大意，似乎关系不大。回头再看学过的文章，也是同样的。它里面的故事，似乎原先没有学过一样，故事里面的味道，与老师所讲的，完全不同。课本在以前就是学习任务和压力负担，此刻却是人间真情、处世道理和回味无穷的感悟，以前回答的那些问题，也都有了完全不同的答案，而这全新的答案，清楚又明白。“课本”原来似乎与我无关、是属于别人的，今天却真的成了我自己的了。

病愈返校之后，老师还是那个老师，同学还是那些同学，课堂还是那个课堂，可我却不再是以前的我。当一切都回到原先时，我发现了这样几个非常突出的问题：一是老师总在按自己的意愿上课，全不管我们是怎么想的，而身边的同学都不会去想，也从没想过；二是挺有意思的课文，让老师“中心思想”“段落大意”，以及“字词句篇”地一分析，就没一点味道了。就像被肢解了一

样，各个零部件还都在，却没了原有的灵气和神威；三是文章最有味道的地方，最关键的问题，不知是老师自己没弄明白还是根本没想到，总是被巧妙地忽略掉了，其他无关的地方，老师却絮絮叨叨个没完；四是我们大家不知为什么跟着走，不知要去哪里。

最根本的问题是：学生学习到底学什么？老师教书到底教什么？我们到底需要什么样的课堂？大家都不清楚。

病愈回来的我，当时最希望看到的，就是老师能听我谈谈我这几天特别的体验、感受和收获，谈谈我对今天某篇课文、某个人物最直观的看法。我可能会像北师大校园里的小朋友一样，简单几句话就把意思说明白了。这样，老师一定会称赞我，班上同学肯定会投来羡慕的目光，而这正是我最想得到的。我们大家可以一起交流想法，忽略老师的存在；联想生活实际举些例子，谈谈感想，或干脆读课文，把最有感触的地方读出来，不也很好吗？反正，我们再不能这样给心灵上蒙满灰尘，被动地去跟着别人走了。我知道老师的担心，你担心我们一下子把意思说透了，后面的课还怎么上？你跟不上，可怎么办？是的，如果每个同学都能打开脑袋顶上的“开关”，这个课堂真的就不一样了。老师自己要做一个巨大的调整，即把原先设想的教法全放弃掉，然后围绕着我们的“学”再看自己该怎么教。老师要完成这个根本性的转变肯定会非常艰难，但另一方面，老师却找到了一条新路子。就像我在病床上看到了“学”的新风景一样，老师们须找到“教”的新天地。

三、成为学生期望的课堂教学形象

学生喜欢的老师是什么样的？他喜欢什么样的课堂？

成都高新区菁蓉小学的马丽老师原定在西安育英小学上研讨课《落花生》，因为学生已经上过，临时换了另外一节课《地震中的父与子》。在相互熟悉的互动环节，有学生问到这个问题：“屏幕上写的是《落花生》，您为什么要换成《地震中的父与子》？”在得到回答之后，她又追问：“那您备课了吗？”引得全场大笑。大家不知道西安育英小学的学生为什么这么大胆，会问这样的问题。不少人说，育英小学的学生厉害，还操心老师有没有认真备课！下课了，任景业教授持摄像机现场采访了这个孩子,“同学,你问老师是否备课,是担心老师没认真备课吗?”“不是,我只是好奇。不过,我希望老师没备课。”“为什么?”“因为老师备课了,课就上得特别严肃,我们总会很紧张。如果老师没备课,她就会比较宽松,速度就不会太快,还会经常和我们商量着学习,这样我们就不会太紧张。”你看,真实的学生并不是你认为的样子,他们喜欢的老师也不是我们想象的样子。

经过课堂观察和实际调研,学生喜爱的老师大概是下面这种样子:首先是当我(学生,下同)陈述想法时,他(老师,下同)能欣赏我、赞赏我,倾听我、激励我,让我更有自信,主动学习。其次,当我有不清楚、不明白的地方,老师不会一直催我,而是能给我一些思考和计算的时间,多一点耐心。如果可以的话,再让我跟最好的朋友碰一下,这样我一定更有底气了。我可不想,每次我还没想明白老师就让我上去说。更不想我还没认真去想,老师却直接把答案讲出来了。这是最不好的,没有挑战性,不刺激、没意思。把我们正旺盛的劲头,一下子全泄了。我最希望的是,老师啥都没准备,啥都不会,啥都得靠我们去做,把我们累得够呛,他却闲得不行。唉,谁叫咱的老师,啥都不会做、啥都做不好、啥都得靠我们操心才行呢!当然,要遇到这样的老师可不容易,多少年才能遇到一个!遇到了,就是福气。这样他就能跟我们一起当堂查字典、一起平等地商量,而聪明的我一定会突然灵机一动、醍醐灌顶、豁然开朗,然后可以理直气壮、通透明白地讲给别人听,把老师也听傻了。哈哈,多好!总而言之,我不是傻瓜,不是什么都不懂,当然也不是天生的机灵鬼、聪明豆,什么都明白、什么都通透,我只想在学习的时候能直奔主题,别人要么一起参与、要么当观众,别干扰我去找答案就行。至于我们的老师嘛,越“傻”越好!

附文 1

左　右

山岗上,两棵幼小的松树并排站立。一棵叫左,一棵叫右。

“要更深、再深些……”,两棵树都努力地告诫自己。为了汲取更多的养分,他们把根须扎进更深的岩隙。右感到左的根伸向了自己,目光顿时充满恶意:“滚开! 这可是我的领地!”左歉意地笑笑,将根移向更深的地底,那里的岩石更加坚硬,养分也更加贫瘠。左总让着右,无论是雨水、养分,还是阳光。他的根系虽然罕见的庞大,但他长得可真不如右那般粗壮有力。右对左根本不屑一顾,鼻孔朝天充满傲气。

一茎纤弱的凌霄悄悄爬到右的脚下,弄痒了右。右低头一看,顿时暴跳不已:“寄生虫! 还敢跟我抢食吃! 给我滚得远远的!”凌霄立刻退了下去,不敢有丝毫的迟疑。看着凌霄可怜兮兮,左轻轻地说:“到我这里来吧。我欢迎你!”凌霄含着感激的泪滴,轻轻攀绕着左的身体,她的根从另一边扎向岩下最深的土里……

光阴似箭、岁月如织,好多年过去了。凌霄已经变得非常粗壮,和左紧紧相拥在一起,他们的根已与整座山结成了一体。

这一年,老天有着煞是古怪的脾气,一下子大旱三年,连粗壮的右也干得冒火枯了半截身体。草色稀黄,乌云遮住了最后一缕晨曦。凌霄说:“左,要变天了。我觉得似乎有些不对!”左没有说话,依然静静地挺立。他执着地相信:一切都没关系,就是天塌下来,我照样可以顶天立地!

一连几十天罕见的暴风雨来了! 声如巨雷的泥石流裹挟着沿途的一切,

席卷山岗。泥沙滚滚而下，大树应声倒地。右失去平日里的威风，他第一次感到害怕，立在崖边战战栗栗。

一股摇山撼地的罡风，终于让健壮的右轰然倒地，摧枯拉朽的泥石流马上将他无情地连根拖离。左与凌霄都愣住了——右原来是个小脚老太太——他的根竟然如此短小疏稀！绝望的右在泥石流中最后望了一眼坚强的老友，瞬间就葬身谷底……

雨过天晴。峭壁上，左与凌霄的根仍深深地拥抱着大地。潮湿的身体上泛出了些许淡淡的翠意，几颗凌霄的紫色花骨朵就要绽起，装点这劫后空谷的清新与幽谧！

第八节　理解学生是课堂教学活动的前提

老师们经常困惑:明明自己说出的话感觉非常精准、非常明白了,可总是得不到期待中的反应?课堂上师生都如同梦游般无感。问题出在哪里了?以我个人的观察分析,极大可能是我们没跟学生处于同一个平面上。在我的世界里,根本没有学生,如何能触到学生的心脉呢?

一、成人要"走进"孩子的心灵深处

(一)第一位妈妈的故事

蚕宝宝死了,孩子跑去告诉妈妈。正在打麻将的妈妈说:"什么……?噢,怎么搞的,这么不小心!三条!……哎哟——,不要哭。死了就死了,没事儿!回头让爸爸再给你买一条!"。孩子哭了,说:"我不要别的,就要这一条!"妈妈说:"没事儿,我的儿!一会儿让爸爸带你去买,你亲自挑,挑最好的,要几条买几条!""不要不要,我就要这一条!"妈妈火了:"这么不懂事!这不要、那不要,蚕宝宝死都死了,你还要咋的!再闹我揍你!"孩子灰溜溜地躲一边哭去了。

孩子为什么哭,妈妈不知道,孩子为什么非要这一条,妈妈不知道,而且也不愿知道。蚕宝宝死都死了,知道又有什么用。现代社会节奏快,直接说怎么解决——补偿一下,再买一条,不就完了吗。妈妈走的是成人思维,处事的逻辑用的也是成人的逻辑。蚕宝宝已经死了,哭是没用的。孩子处在另一个世界——儿童世界:他没见过死亡,更没体验过长期陪伴的小动物的突然死去。

他惊恐,又不知该如何应对。他想与大人交流,了解这个生命的真相。由于妈妈与孩子不在同一层面上,因此,她出发了,却没遇到自己的孩子,是多么可惜可叹的事儿!

(二)第二位妈妈的故事

蚕宝宝死了,孩子跑去告诉妈妈。妈妈说:"怎么会呢? 昨天不还好好的吗?"

"对呀对呀,可今天它就死了!"

"你一定很伤心吧?"妈妈说。

"呜——,……小宝可乖了,一点儿都不淘气!"

"娃娃不哭。我看见你很喜欢它,整天跟它说话,还给它买最新鲜的桑叶!"

"就是! 它吃东西可挑了! 桑叶不新鲜,它就不好好吃! ……可它还是死了!"

看孩子平静了下来,妈妈郑重地说:"孩子,所有活着的东西都会死的。它现在不死,将来结完茧,变成蛾,还是要死的。就像你奶奶,多慈祥多爱你呀。可她年纪大了,也离开我们了。将来你长大了,有了孩子,妈妈也变老了,有一天妈妈也要去世的!"

"妈妈,我爱你,我不要你死!"

"乖宝宝别怕,妈妈现在不好好的嘛,所以我们就要加倍地爱着对方。不是吗?"

"嗯! 妈妈,我爱你!"孩子扑进妈妈的怀抱里,静静地待了很久很久……,最后呢喃着说,"那我们现在干什么呢?"

"是啊,我们做点什么呢?"妈妈想了想说,"我们一起来给蚕宝宝举办一个隆重的葬礼吧。"

"葬礼? 怎么办?"孩子顿时兴奋起来,眼睛变得很亮。

"找一个火柴盒,做蚕宝宝的棺材。里面铺上一小块软布,把蚕宝宝放上去,再盖一块软布。然后挖个平整的小坑,轻轻地把火柴盒放进去。你和我一人一把土,把它填平。最后,你双手合十闭上眼睛许个愿,祝它安安然然地离去。就好了。"

"太好了! 我这就去找火柴盒……"孩子向屋子里跑去。

二、真诚理解学生是教师的基本素养

老师和学生天天见面,说相互遇不见可真奇怪。如果师生之间彼此不沟通、不理解,那即便迎面相见也如陌路,就很有可能成为“相处多年的陌生人”。上面第一个故事里的妈妈,孩子当面哭诉,她不理解,“把我花钱买的蚕宝宝养死了,我没怨你,你倒还没完没了!”“死个蚕,值得什么大惊小怪的?”“蚕宝宝死都死了,哭有什么用?”“既然死了,现在就说怎么办吧。再买一条,补偿一下,不就完了吗?”这是妈妈按成人世界对这件事的看法。孩子的想法却完全不一样,他不是为了补偿才来找大人的。一条白白胖胖的小蚕,有力的蠕动,大口吃着桑叶,充满生机活力,一天一个样子地长大,成为小家伙朝夕相伴的好朋友。今天突然死了,了无生机的像个干树枝。宠物意外死亡带来的情感损伤,别说小孩子,大人一般都难以接受。除了感情上难以接受,对死亡的恐惧无助、对生命无常的焦虑害怕,都是一个小孩子无法承受的,他需要大人的帮助。他来找妈妈,不是为了寻求补偿,而是为了寻求宽慰和解释。第二位妈妈所做的,就是这种理性的引导和安慰。这种安慰的前提是:相互体谅的同理心。

在同理心的指引下,本没有共同经历的两人就能迅速找到共同的心理契合点和共同的语言。“昨天不还好好的吗?”“你一定很伤心吧?”“娃娃不哭。我看见你很喜欢它,整天跟它说话,还给它买最新鲜的桑叶。”这些话看似平常,却句句能引出孩子倾诉的欲望,进入共同的语境。引发倾诉,是主导者最成功的交流艺术。倾诉,能让激烈的情绪得到有效释放,使倾诉者进入平和理性状态,便于交流的平稳有效进行。第二个妈妈,在孩子平复后,首先进行的是生命教育。“孩子,所有活着的东西都会死的!它现在不死,将来结完茧,变成蛾,还是要死的。”世间万物,有生就有死。这一常理,孩子不懂,平时我们也无暇教育,今天最佳的机会来了,就及时教给他。同时也告诉孩子,我们自己也是世间万物中的一个,也要在自然规律下生生死死,教给孩子理性看待生命。“就像你奶奶,多慈祥多爱你呀!可她年纪大了,也离开我们了!将来你长大了,有了孩子,妈妈也变老了,有一天妈妈也要去世的!”顺便引入亲情和爱的教育。当孩子说“妈妈,我爱你,我不要你死!”时,妈妈安慰孩子“乖宝宝别怕！妈妈现在不好好的嘛，所以我们就要加倍地爱着对方。”同时拥抱孩子，给孩子最大的温暖和安慰。这样孩子最关心的“蚕宝宝死了”的生命问题顺利解决了。至于葬礼，则是亲子之间给予生命最高礼仪的一种尊重，同时也是处理生命问题的最佳方法。

“父母之爱子，则为之计深远”①。每一个教育者，在与孩子商讨问题的时候，首先要想到的不应该是问题的解决，急于“事功”，而应该是“理顺”，是育人，是教会孩子处理问题的态度与方法，时刻为孩子计长远。处理孩子问题时，把“育人”放在优先位置，教师就易俯下身子、倾听孩子，就会见真情实感、见真实困惑，从而履行责任，带领孩子走出困惑，不断得到进步。

三、交流是理解学生的重要方式

有不少成人，已经沉迷于手机里的个人世界，别说与孩子交流，与现实世界都越来越远。孩子走近他，想跟他亲近，他无暇顾及，“去，找妈妈去。”“来，我给你出几道题，你去把它们做了……”。我们一些老师，孩子们能碰断他的腿，也惊动不了他看手机的眼神，他的眼里没有孩子，他的心里也没有孩子，只有那些所谓的“大人的事”，忘记了教师对学生应有的关注和关心。信息时代的今天，教育者沉静下来，真正关注工作的对象，关注孩子和孩子的问题，成为一个走进孩童内心世界的人，变得极为必要。

一个小男孩走进来，眼里满是迫切，待我俯下身来，他指着芭蕉下的雨坑急匆匆地说，“水泡像帐篷。”然后就盯着我。看我没听明白，摊起双手补充道：“为什么？”我继续狐疑地看着他。他加重语气，完整而流利地说：“水泡为什么像帐篷，而不像（方方正正的）房子？”我紧紧地搂住他！雨打水坑圆圆滚，倏尔梦碎无处寻。人人在看无人去想的水泡，今天被有心人见到了，是多么幸运的事。更加幸运的，是这个有心人讲出他的发现的时候，有知音倾耳来听！

这个梦一样的真实场景，离我们似乎越来越远了。不是孩子不会思考，而是我们无心去听，不能静下心听明白孩子心底里真实的声音。

---

① 选自《战国策》之《触龙说赵太后》。

第四章 ▼▼ 教学内容篇

《桃花源记》里的武陵人，"缘溪行，忽逢桃花林……，渔人甚异之，复前行，欲穷其林"，"林尽水源，便得一山，山有小口，仿佛若有光"，进去便是另一世界。"既出，得其船，便扶向路，处处志之"，"太守即遣人随其往，寻向所志，遂迷，不复得路"。为什么漫无目的的时候却能得其门径而入，有了标记，却总是找不见那美好的世外桃源？

我的桃花源，门径到底在哪里？

第一节　探究"问题"是课堂教学的关键

以学定教的课堂,才是学生学的课堂。那么学生课堂学什么,成为一个首要的核心问题。

教师教的课堂,是容易设计的。学生学的课堂,该如何设计?学生课堂的核心学习任务,是达成课程标准的要求(传道)、完成各科教材的具体任务(授业)、解决学生在实现前两个任务中的困难和问题(解惑)。学生的问题,来自课程标准、教材设定的发展目标,它本身就是学习的重点(核心问题)难点(关键问题)。学生的学习"问题",与课程标准和教材所确定的目标任务是统一的,就是在完成这些任务中孩子遇到的具体问题和关键问题。这些问题弄通了,学生课程标准和教材所确定的目标任务也就完成了。围绕学生问题的学习,既直奔主题(重难点),又实现了师生"教"和"学"的统一。

学生学习中想弄明白的问题,既是学习的核心任务,也是学习活动的真正动力。学习是发生在最近发展区的活动。在这个区间产生的问题,既与核心学习任务相关,是这个年龄段孩子该有的问题,又与孩子学习力相当,是"跳一跳,够得着"的。它来自学生现实的水平,它的解决也来自学生对现有课程内容和现实的努力,极具挑战性和吸引力。因此,唯真问题才是课堂学习的真正动力。

一、学生的问题,你听到了吗,听懂了吗?

上幼儿园的女儿第一次去动物园看动物。走出动物园大门后,女儿急匆

匆抓住我的衣袖:

“爸爸,你不是带我来动物园看动物吗?”

“是啊。”

“动物呢?”

“……你今天都看见了什么?”

“猴子、大象、孔雀和大鲨鱼啊!”

“怎么啦?”

“动物呢?”

“它们不是动物吗?”

“它们怎么能是动物呢?动物是动物,它们是它们呀?……唉!真想知道动物长什么样儿!”

在一遍一遍“动物呢”的拷问中,孩子的问题,你听到了吗,听懂了吗?她的“问题”,就是想知道“什么是动物”,想知道“动物到底长什么样儿”!从老师的角度来分析,她是在“动物”这个概念的认知上遇到了问题。她目前的认知状态,是一对一具象的概念认知。“猴子”对应的就是那一只一只的“猴子”,“苹果”对应的就是那一颗一颗的“苹果”。现在“动物”是一个抽象的概念,没有一个具体的东西与它对应。你要指着“猴子、大象、孔雀和大鲨鱼……”说它们都是“动物”,或告诉她“动物”是一个类属概念,它不是一个一个的东西,而是一类东西,小孩子一下子理解不了。老师“教的问题”就来了。老师“教的问题”与学生“学的问题”是一致的,但它是源自孩子的问题“什么是动物”“动物到底长什么样儿”。

跟孩子们在一起,我们会听到太多这样的问题:“老师,分数线下面的数字叫分母,分数线上面的数字叫分子。‘分母’是‘分子’的妈妈吗?‘分子’是‘分母’的儿子吗?”“求未知数的等式,叫‘方程’。为什么叫‘方程’,而不叫‘圆程’?”……多好的问题呀!你看,它不正指向师生共同的教学任务吗?孩子有疑问,想弄明白,它就应该成为课堂上的学习任务!如果这些不是,什么才是学习任务?这样的问题,难道不应该引起我们的注意吗?

二、“问题”探究式学习，是最有效率的学习

见过太多这样的课堂，教师完全按教案划定的程序来教课。教案虽然是教师自己写的，但一旦经教导处签章“背书”，就成了不能轻易改动的铁律。也见过太多这样的课堂，一节课40分钟，老师在课堂上讲了40分钟，学生在下面听了40分钟。老师还挺幽默，明明他一个人在讲话，却不住地问——“是不是？”孩子们凭着他的语气，闭着眼睛回答“是——”“不是——”。还有太多这样的课堂，教师不问学生学过没学过，清楚不清楚，像农村水浇地时的大水漫灌一样，一股脑儿地讲下去。大部分时间是学生陪老师上课，听的东西全都会，想学的东西学不到，空耗时间，兴趣索然……

学生的“问题”，老师为什么总不知道？让人不由得想起电影《刘三姐》里秀才们与山民对歌的场景。秀才们饱读圣人诗书，把诗书看得过于神圣，忽视了诗书的来源——群众和生活。老师们特别重视教学工作，却忽视了学生这个学习主体。脱离了群众和生活的秀才，满船歌本也无法遮掩内心的空虚，无法应对山民们的劳动智慧，轻易地就被“刘三姐们”打垮了。老师的教育智慧来自学生，来自课堂，来自教学相长。脱离了学生和课堂的老师，总有一天会像《刘三姐》里“秀才”一样空洞无力。相反，刘三姐之所以“山歌好似春江水，不怕滩险浪又高”，浑身是胆、随口有歌，充满无限生机和无穷战斗力，就是因为她永远与人民群众在一起，唱的永远是人民群众的心声。

不知学生学习任务的老师，就只能像“腐秀才”一样按自己想象去教，或照着“教师用书”示范好的样子去教。这种盲目施教，极容易与学生的需求擦身而过，或如大水漫灌事倍功半。大水漫灌久旱的土地，老鼠洞兔子洞陷入泽国，禾苗还旱着呢。禾苗干旱缺水，是它生长中的“问题”。浇水就要直接浇灌到禾苗，让它的根吸收到水，而不是把水灌到老鼠洞里去。围绕“问题”的学习才是真的学习，围绕“问题学习”的教才是真的教。课堂应该是直击问题的“根部滴灌法”，而不是漫无目的的“大水漫灌”。

三、要解决“真问题”，须先排除“假问题”

我们说课堂是围绕学生的“问题”展开的。学生的问题太多了，那么多问题全部展开，两个课时无论如何都无法完成应有的教学任务。课堂上任由学生说东道西，这课可怎么上？这是老师们最担心的“问题”。其实孩子们的“问题”，是分“真假”的。“问题，是指要求回答或解答的题目；须要研究讨论并加以解决的矛盾、疑难。”(《现代汉语词典》第7版)。也就是说，需要回答或解答的题目和需要研究讨论并加以解决的矛盾、疑难，就是“真问题”。比如孩子想知道“什么是动物”，想知道“动物到底长什么样儿”，这是需要解答的，也是需要研究讨论并加以解决的矛盾、疑难，是“真问题”。

那么有无“假问题”呢？有的，就是“不需要回答或解答”“不需要研究讨论并加以解决”的所谓“问题”。比如那一天在动物园门口，我听到的另一对母女的对话：

“宝贝，你今天都见了哪些动物呀？”

“猴子、大象、孔雀和大鲨鱼……”

“它们可爱不可爱呀？”

“可爱。”

“你喜欢不喜欢？”

“喜欢。”

“你想要一只动物吗？”

“要！”

……

这样无甚价值无需回答的所谓“问题”，在我们的课堂上见得太多了。建立“问题导向”的课堂，首先从剔除这些“假问题”入手，课堂就“干净”多了。

四、对问题的梳理，也是一种学习

一节课，学生可能有许多“真问题”，怎么办？我们不能一下子全解决。全解决也不现实。那就要引导孩子对问题进行梳理,聚焦"真问题"里的"首要问题""核心问题""关键问题"展开教学,学习效率就高了。

部编版小学语文教材二年级下册第19课《大象的耳朵》讲了这样一个故事:大象的耳朵是耷拉着的,小兔子、小羊,还有小鹿、小马、小老鼠等小动物见了,都认为他很可能病了。大象起初没在意,讲的人多了,他也心里打鼓了。用两根竹竿把耳朵撑起来,结果招来蚊子在耳洞里跳舞,闹得大象只能说"耷拉就耷拉着吧!别人是别人,我是我。"西安育英小学的王莹老师按"分享式"教学方式开课,让学生依据课题和初读课文自主提问,得到如下问题:

1. 大象的耳朵是什么样儿的?

2. 大象的耳朵是不是特别大?

3. 大象的耳朵像什么?

4. 课文中有几个小动物?

5. 大象的耳朵到底有毛病吗?

6. 这个故事讲了一个什么道理?

7. 大象的耳朵能干什么?

……

孩子们提出了一黑板问题,不着急解决它们。先让学生观察一下,梳理梳理、分析分析,就会有重大收获。比如"大象的耳朵是什么样儿的?"(类似的还有"大象的耳朵是不是特别大?""大象的耳朵像什么?"都归此类),同样的问题可只保留一个,将问题排一个序。特别是在众多问题中遴选出"首要问题"——"大象的耳朵到底有毛病吗?"这个问题解决了,核心问题"这个故事讲了一个什么道理?"就容易解决了。

当然这篇文章中的"首要问题"还真不好解决。"耷拉就耷拉着吧!别人是别人,我是我"这个人生感悟,是因为他撑起耳朵,蚊子闹得他不得安宁时得出的,显得特别无奈。由此得出"别人是别人,我是我"这种深刻的人生哲理,说服力特别勉强。难道因为蚊子一闹,耳朵就没有问题了吗?因为耳朵蚊子一闹,有病也不用管了吗?所以还得适时加上"大象最后消除了自己的疑虑了吗?""你要是大象,怎样才能打消这个顾虑?"这样的追问。孩子们很聪明,很快找到一个渠道——有没有其他动物耳朵也是耷拉着的?——小狗。"如果小狗耳朵也有毛病呢?”老师再次追问。经过思考,他们终于找到了方法:看其他大象,看整个象群!是的,如果整个大象群的耳朵都是耷拉着的,才能真正得出“别人是别人,我(们大象)是我(们大象)”。这种探究式学习,让孩子们跳出文本误区,真正学会了如何进行科学的思考和判断。

五、对问题的“质疑”,是一种更为深入的学习

引领孩子思考、质疑、探究,是培养孩子自主学习能力的关键。学习从问题中来,“提出问题”比“解决问题”还要重要。质疑本身就是深入思考、逻辑判断、悖论冲突的思维成果,是学习最可贵的品质。

在“大象的耳朵能干什么?”这个问题的讨论中,当有孩子从课文中找到“赶走蚊子”时,有孩子站出来提出了自己的质疑:“耳朵是听声音的。人的耳朵是听声音的,动物的耳朵是听声音的,大象的耳朵应该也是听声音的。”孩子们顿时辩论起来:

“按书上说,大象的耳朵耷拉着能保证不进蚊子,而且大耳朵一扇,蚊子就被赶跑了。”

“难道大象的耳朵就是‘赶蚊子’的,不听声音?”

……

最后,孩子们一致得出这样一个结论:“大象耳朵像人的耳朵一样,主要功能还是听声音的,附带还有保持身体平衡、扇风去热、驱赶蚊子等功能……”。这样,不仅弥补了文本编写上的缺憾,还会因为孩子们的探索性学习,增强孩子们更深层学习的能力。

第二节　正确认识与运用课堂上学生产生的"问题"

学生在课堂上提出的"问题",是随心所欲的吗?

学生课堂"问题"的不确定性,让教师无暇完成自己的"教学任务"。从而对围绕"学生问题"组织教学产生恐惧。那么,学生在课堂上提出的"问题",是随心所欲的吗?事实上,人世间所有的"问题"都不是无缘无故产生的。"爸爸,你不是带我来动物园看动物吗?动物呢?"这个问题是孩子从动物园出来之后提出的问题,这个问题与你提供的场景有关,也与孩子的认知发展的特定阶段有关。

学生课堂学什么?国家课程标准给出了目标任务和培养方向,教材给出了典型范例和具体内容。学生的问题,就是基于教材提供的课文内容提出来的,基于他有限的阅历和认知,跑不远的。而这些问题本身反映的,就是学习的重点(核心问题)难点(关键问题),反映的就是学生最近发展区的真实状况。

一、"问题"是已知与未知世界奇妙的分界线

在任景业老师《关注思维的细节——读懂孩子的建议》一书中,有这样一个课堂观察,就是低年级学生遇到"3 + 4 = (　) + 6"时,往往不是写作"3 + 4 = (1)

+6”,而是写作“3 +4 =(7) +6 =13”[①]。这是一道“错题”吗?“3 +4 肯定不等于13”,但问题是学生根本不明白自己错在哪里了。我们给出很多时间,让其检查,期望他们发现问题,实现自我修正,却发现他们根本找不出问题所在。所以认为这是一道“错题”,本身就错了。

学生学习数字加法,见到更多的形式是“3 +4 =(7)”,“(7) +6 =13”,即一个算式等于一个数字,所以“3 +4 =(7) +6 =13”,是他的正常思维。“3 +4 =(1) +6”这种“一个算式等于一个算式”的等式,他从来没有见过。因此,期望他们平白地超越自我,本身就是一种奢望。他也想不到要“3 +4 =(7) +6 =13”成立,第一个“ =”前面的“3 +4”还得“ +6”才对。他们的思维按惯性跳跃着向前走,以至于忽略了“ =”的存在。在他的意念里就认为“ =”“递进推导”意义优先于“恒等”意义。这是孩子正常的认知现象。

小孩子逛动物园,看到了猴子、老虎和大象,却弄不明白为什么没有看到“动物”。“你个小糊涂蛋,猴子、老虎和大象都是‘动物’! 凡像人一样有鼻子有眼能动弹的东西都是动物。”一笑一骂,如醍醐灌顶,孩子从此一下子明白了“动物”是什么了。知道了猴子、老虎和大象这类并列关系之外,还有“动物”与“老虎”这种上下包含的类属关系。学生平时认定“ =”后面一定是一个数字,现在你让“3 +4 =”的“ =”号后面是一个算式——“(　) +6”,完全出乎学生意料。这里反映的,只是孩子认知的局限性,反映的是孩子认知的现实边界。

二、“问题”能帮助学生获得发展

当学生明白“ =”后面不一定非得是一个数字,而可以是一个算式的时候,孩子就脑洞大开,眼前突然展现了一个全新的世界。比如,孩子知道“3 +4 =(　)”,不仅可以“3 +4 =(7)”,还可以“3 +4 =(1 +6)”,那他们可就高兴了。一个全新的世界,一下子就打开了——3 +4 =1 +6;3 +4 =2 +5;3 +4 =4 +3;3 +4 =5 +2;3 +4 =6 +1。甚至3 +4 =7 +0。

---

① 任景业. 关注思维的细节:读懂孩子们的建议[M]. 长春:东北师范大学出版社,2014:10.

可以规律地写出“和是7”的所有式子：7=0+7；7=1+6；7=2+5；7=3+4；7=4+3；7=5+2；7=6+1；7=7+0。甚至可以写出更多“和是7”的等式：0+7=1+6；1+6=2+5；2+5=3+4；3+4=4+3；4+3=5+2；5+2=6+1；6+1=7+0……这些东西“竹筒倒豆子”，一下子全滚落出来了。孩子们的思想天地一下子广阔起来了。这是数学的无限延展性。

“3+4=（ 7 ）+6=13”与“3+4=（ 1 ）+6=（ 7 ）”之间，有着巨大的认知鸿沟。学生要从无到有，这是个很艰难的学习过程。其关键在于一个“=”号。“=”号表示“两边的数大小相等”，这是学生的一个已知。学生用这把“已知”的钥匙，去探索发现“3+4=（ 7 ）+6=13”中间的悖论，即“3+4≠13”，进而发现“3+4≠（ 7 ）+6”，最终弄清楚“3+4=（ 7 ）=（ 1 ）+6”。这里面有逻辑学“三段论”的思想。[①] 搞明白“=”号的意义，是这道易错题的核心。从学生数学品质来看，发现了“=”号对两边数字的限制，就会意识到数学的严谨性了。许多孩子喜欢上数学的原因，就是因为数学具备的规则性、逻辑性、稳定性和可靠性。

老师的作用，就是引导孩子发现“=”号特别而坚守的那份意义，给孩子讲明白“=”号后面可以是一个算式。“并列”“包含”“类属”“等式”这些东西，不是天然存在的，是人类为了认识世界自己划出的道道，是人造的认识工具。这些人造工具，具有高度的科学性和极端的严密性。让学生在具体例证中明白这个道理，养成严谨的思考习惯，不断突破现有认识，发现新的规律，是师生共同成长的乐趣。

“3+4=（ 7 ）+6=13”不是一种“错”。它是学生目前思维发展的现状，是过渡到“3+4=（ 1 ）+6”这一新领域的“最近发展区”。勘破它，就步入到新境界，就长大了！在长大的路上，孩子们会有许多这样美丽的“错”，老师的任务，就是在这条路上，引导学生踏着这些美丽的碎片一步步走向成熟。敏锐地发现和利用好这些宝贵的教育资源，把握住最佳发展点，引导学生实现一个又一个新的突破，就是老师存在的价值和意义。

---

① 逻辑学三段论，即从 $a=b$，$b=c$，可以得出 $a=c$。这道题 3+4=7，1+6=7，所以 3+4=1+6。

三、正确运用学生课堂上产生的“问题”

错题,在很多时候都被误解了。作业一出错,孩子就紧张。最好一见面就改好,让错题迅速消失不见。最怕的是:改三遍都没改对。这下就该老师紧张了,老师最怕学生错题了。对那些总是听不懂、改不对的学生尤其上火。孩子改不好,就得找家长谈话了。家长一见孩子错题就冒火!错题越少说明孩子越优秀,错题越多说明孩子学得不好。总之,大家都盼着全班同学的作业都做得又快又准,书写还都规范工整。关键是这样的希望现实吗,正常吗?

如果全班同学的作业每次都全对,是不是就真是我们的理想状态呢?我们布置作业的目的,是要有鉴别性的,是要显露问题的。所以我们首先要端正一个认识:作业中出现错题。是一件非常正常的事儿,不是错事,更不是一件丢人的事儿,唯有问题才是学习进步的阶梯,学生就是从这一个一个问题的解决中,走向了更为广阔深远的世界,开拓了面向未来的视野并提升了能力。

出错是学习者的特权。行为主义学习理论创始人通过斯金纳箱,发现小白鼠是在一次又一次的试错中,找到了触动手柄就会有食物落到托盘上的规律,从无意识的触动到有意识的触碰,从而学会了吃“自助餐”。它表明学习的原始状态,就是不断地试错。大猩猩思考后爬上垒起的箱子摘下梁上的香蕉,似乎没有试错,但在它垒起两个箱子之前的所有努力,都是不成功的。即使思考者,也有犯错的时候。每一个学习者,都像迷宫里的探路者,出错是常态。站在迷宫上空的人,常常嘲笑别人犯错。他要进入迷宫,他一样要出错。

学生写作业,其实是新知识在实际生活中的应用过程,是学以致用的新阶段。第一次独立运用刚刚学到还不成熟的本领,出错的概率是很高的。老师为什么要留作业呢?就是试一试本领,检验一下实际的学习成效和学生的学习品质。练兵,一是敢想敢干敢出错,二是运用知识解难题,三是规范书写成习惯。从出错点上,老师和学生都可以看出问题所在。

易错题,是学习的宝贵资源。学生们经常出现的易错题、易错点,往往显示了教学内容掌握过程中的重难点和普遍问题。针对这类错题,如果老师只是让学生完成了改错就放过,问题可能还会存在,错误可能还会再犯。怎么办？给他们一点儿时间，让犯错的学生们自己讨论一下，弄明白再讲给别人听。利用这个易错资源，让学生深入学习研讨，彻底弄懂弄通弄透，学习成果才能真正得到巩固。

易错题，是宝贵的学习资源，不是废品回收站里的淘汰品，而是居里夫人万吨沥青里提炼出来的那一克“镭”。学生作业本上，要有错题留痕，甚至建立一个“错题本”。这些曾经的错题，是个体学习过程的记录。根据艾宾浩斯遗忘曲线，个体的学习一定要定期复习，特别是针对认知中的重要拐点。不复习就会遗忘，遗忘了就一定在这个地方习惯性犯错。每个学生的“易错题集”和全班学生普遍存在的“单元易错题点”，将是学生重要的提升契机，是学生挑战性训练的重要资源，是学生及时复习巩固、温故知新的台阶，也是教师最重要的学生“问题”收集方式。

第三节 “易错题”的教学运用策略

西安育英小学数学学科委员会本学期推出“易错题”辅导活动,老师们从课堂教学和课后作业中筛选出一些典型的“易错题”,每周利用课余时间讲给学生。他们打算经过一年努力,整理出一套涵盖全校各年段的“易错题集”。有了这珍贵的第一手资料,老师们将来备课时心中有数,上课时有的放矢,教学效率会成倍提高。针对学生错题进行有针对性的教学,需要得到相应的策略支持。

策略一:精选“易错题”

“易错题”整理,首先要确定遴选原则,注意区分真“易错题”与假“易错题”,是本学段学生认识发展关键点突破、计算方法规范要求等方面存在的共性问题,还是学生粗心大意、书写失误等个性化问题;是将同类问题全部罗列出来,还是在其中选取少量典型化的题来分析讲解;选题数量上是尽量全面、顾及各方,还是精选典型、简化数量,这些都是遴选“易错题”必须着重思考的问题。我的意见是:“易错题”,就是学生实际应用中最容易出错的题,选题上当然要注重共性化、典型化、精简化,注意与教学重难点的契合度;在实际辅导中要注意对学生开展思维的发散性和活跃性训练,使其能举一反三、触类旁通。

策略二:找准“易错点”

“易错题”不是学生在这道题各个环节都出了问题,往往是在题目个别关键环节存在认识局限或产生理解偏差,这个关键环节就是这道题的“易错点”。辅导的重心就要围绕这个“易错点”展开,分析错在哪里,原因是什么,该如何修改。比如“一桶油,先用了它的1/3,又用了剩下油的1/3,这时还剩下这桶油的1/3。对吗?”(五年级数学下册第6周“易错题”)。这道题的关键在“一桶油的1/3”“剩下油的1/3”和“这桶油的1/3”,这3个1/3所对应的单位“1”分别是什么?然后再做判断。“易错点”是把“剩下油的1/3”与其他两个1/3的单位“1”当成了一回事。搞清楚了这点,这道题就容易理解了。它考察的是学生对分数意义的理解,训练的是学生精准的审题能力。

策略三:关注“易错人”

“易错题”不是本班所有人都会犯错,它有“易错人”。即使是共性化的问题,也往往有几个厉害的“不错人”能成功跳脱陷阱。在辅导中,如果不加区分地进行讨论,班上这些个别“先进分子”往往变成“捣蛋鬼”,他们习惯了“争机会”“抢风头”,总要把“易错点”提前揭秘,破坏“易错人”的探究学习过程,使“易错题”学习因他们的“捣乱”变得散乱且毫无趣味。要知道,这顿饭,就不是给这群“饱汉”预备的,他们必须退后。“易错题”辅导必须要针对“易错人”,老师要增强辅导过程的针对性和把控力,必要时可以把这些“先进分子”赶出去,让他们自由玩会儿去。

策略四:运用“分享式”教学方式

“易错题”是学生学习过程中出现的“夹生饭”,“易错人”虽然未完全弄明白,但也只是在关键环节上出了点问题而已,毕竟学了一节课了,未必一点也不明白。所以,如果不问青红皂白像新授课一样抓不住重点,逐题一股脑儿地讲下去,既浪费时间,又提不起学生的兴趣。“易错人”会像课堂上一样,依原有思维定势和惯性流程朝原错误方向前进,辅导成效大打折扣。这个时候最好采取“探究发现”的方法:出示“易错题”,让学生自己诊断,找到“易错点”,豁然顿悟之后板演,并与大家分享。这种“分享式”教学还有一个好处,就是氛围轻松,思维活跃,相互影响,相互激励,学生可能会想出多种解决办法,或者将一些以前学过的知识融会贯通,把两个或多个知识点连成线,甚至拓成面,“群体性”实现知识的重新建构。

策略五:将“易错题”作为小组教研的阶段性工作重点

小组教研的主要任务,就是研究课该怎么上。“易错题”是自然生成的教学资源,它反映了我们教学过程中一些未讲透的关键知识点及学生未通晓的关键“堰塞 ”点。反映出学生的学习状态,还在“最近发展区”里徘徊,未达成知识的有效迁移和知识体系的重新建构。这些正是老师完善教学设计、修正教学策略、有效提升教学效率重要着力点,是教师小组教研活动的最佳关注点。把“易错题”的搜集、整理、辅导和总结作为小组教研活动的常规内容,既达到研究怎样上好课的目的,为学科搜集整理了宝贵的一手资料,也减轻了教师的工作量,便于集中力量干大事。

策略六:易错题是错题人的“桃花源”入口。每次测试,一般总是有两项目的:一是做完做对已掌握的全部内容,二是发现了原本发现不了的问题,并将其做对,无论是测试中还是测试后。考完试,一般情况下人们总是对做对的题和已获取的分数总是念念不忘、爱不释手,而对做错的题或不会做的题总是遮蔽之扼杀之,厌弃之,健忘之。这是一种不健康的心理和错误的理念,应该正视并必须改正。事实上,被测试者从前者获取的是信心,从后者获取的是动力。学习是因问题而启动的,个性化学习因个体性问题而来。测试中发现的问题,是错题者个体的成长缺陷区,是错题人本人实现突破的“桃花源”入口,这个领域是你以前未曾涉猎过的地方,一旦进去则别有洞天,收获良多,从此学习无禁区!

我们要改变自己一个错误的态度:听不得别人说自己的短处,“老虎屁股摸不得”;对错误和问题不是采取积极进取的态度,而是遮盖掩藏,结果往往误了自己一生。我们要采取一种新的态度——“朝闻道,夕死可”闻过则喜,虚心求教,让自己在一个个问题的解决中变得更加透亮,变得更加强大。

第四节 “易错题”资源最有效的应用在课堂

“易错题集”整编出来了。针对这一资源,许多老师都在申请专门的时间,进行专项辅导,以增强复习的有效性。其实“易错题”最好的应用场景,不在课后,而是在课堂上。“易错题”是学生在作业中反映出来的认知误区,对这些误区的深刻辨析,只有在课堂上才能够系统实现。上一年度的“易错题集”,按单元进行分类,在单元整体设计时,作为课程资源进入课堂,往往会成为下一年度课堂教学的最佳资源。

一、“易错题”激发学生探索性

北师大版小学数学五年级上册《倍数和因数》。例题是一组 4 排 9 列的数点,问共有多少个?上课老师按教材顺序让孩子们列出算式“4 ×9 =36”。然后告诉孩子们:36 是 4 和 9 的倍数;4 和 9 是 36 的因数。还非常明确的指出:36 是 4 的 9 倍,36 是 9 的 4 倍。但是,仍有半数学生未进入认知状态,对谁是倍数谁是因数的认知仍一片懵懂。老师又板书例题“25 ×3 =75,20 ×5 =100”“根据算式说一说哪个数是哪个数的倍数,哪个数是哪个数的因数?”。课堂实际氛围依然沉闷,总觉得哪儿不对。师生们习以为常的缄默状态加剧了这种感觉。

在另一个班上课之前,我们迅速做了一个调整:

开课以后,老师直接出示算式“4 ×9 =36”。让学生根据题目和个人理解,猜想一下这个算式中哪个数是倍数,哪个数是因数?并谈谈为什么?孩子们顿时兴奋起来，有的同桌之间迅速交流起来，有的陷入沉思，也有的在看书……现在他们的注意力全部从老师身上转移到"问题"身上了，开始主动学习了。第一节课的"问题"在于：对于学生的学习内容，老师不但没有像变魔术一样吊起学生胃口，反而直接把答案端出来结果就淡而无趣了。这是"教"的失败，而"玩魔术者"却并不觉得这样丢手艺。第二节课改"教"为"学"。把魔术的神秘性高度发挥出来，让孩子们自己带着浓厚的兴趣去研究破解。

"易错题"在其中发挥了极其重要的作用。如课堂实录：

有一个学生主动喊了一声："我能写 2 的倍数！"当他说出"2、4、6、8、10、12……"，并写出算式"2×1=2，2×2=4，2×3=6，2×4=8，……"后，老师突然问道："刚才你是从 2 乘几开始的？"

"1！"。

"为什么不从'0'开始呢？"

……

"因数是所有自然数，'0'除外"。

你看，这就是"易错题"资源的课堂应用。下面是第二节课的实录：

当孩子在黑板下沿上写上"2×56=112"，再也写不下时，在边沿上写了"……"，说"有无数个"。这时老师马上板书："写出 48 的因数，看看是不是也有无数个？"

在巡查中，有学生写出"1×48=48，2×24=48，3×16=48，4×12=48，6×8=48"，有同学写出"1、48，2、24，3、16，4、12，6、8"。我叫一个学生写板书后，问"48 的因数是 1、2、3、4、6、8、12、16、24、48，还是 48 的因数是 1、48，48 的因数是 2、24，48 的因数是 3、16，……"。孩子们又一次安静下来。

经过讨论，大部分学生认为，1、2、3、4、6、8、12、16、24、48，都是 48 的因数。虽然因数是成对出现的，但 48 的成对因数较多，它的因数应该是所有成对因数的集合。这样可以避免成对出现的因数因顺序调整导致的重复现象。

多好啊！学习进入佳境了。

我又板书："列举 49 的因数"。

"我来说！"抢得先机者，大声说，"7"。下面马上就轰然一片，有人喊道，"还有 1 和 49"。我让他重复了一下，并问他的感受。他说："每个数的因数里都应该有1和它本身。”

又见板书:“列举1的因数”。

一片安静之后,得到统一的答案:“1,只有1一个”。

二、“易错题”促进由“个”向“类”迁移,助力课堂教学中的“迁移”发生

1.“易错题”

“2×1=2,2×2=4,2×3=6,2×4=8,2×5=10,……”,是2的倍数的计算方法。往后一直写,可以写无数个。可为什么从“1”倍开始,不从“0”倍开始呢?这是一个易错题,也是学习倍数概念必须弄懂的道理。

49的因数除了7,还有1和它本身,也是一个易错题;1的因数是1,也是一个易错题。

2.“易错题”促进联结关系的形成

“48的因数是1、2、3、4、6、8、12、16、24、48,还是48的因数是1、48,48的因数是2、24,48的因数是3、16,……”。这是学习过程与结论的整合阶段。“3×16=48”这个具体算式中,48的因数是3和16,是没有问题的。可是“48的因数都有哪些?”这道题,“3和16”只是众多因数中的2个而已,答“3和16”肯定是不对的。经过讨论,得出“成群论”的结论。

3.易错题的出示有一个从易到难、由浅及深的过程。

48的因数多,是个常规问题,49的因数少,是个特殊问题,因为学生容易漏掉1和它本身(49)。及至1则更易出现失误,因为它的因数只有1。这样循序渐进地呈现在课堂上,课堂教学的效率就会极大提高。

你看,将平时学生可能遇到的特殊情况和易错题,在课堂上有序编排,逐一列举出来,课堂学习的挑战性和实效性顿时增强了。学习过程中不断出现的挑战性“问题”,激发了学生学习的欲望,唤醒了学生学习的主动性,才会有更好的学习效果。“易错题”在葆有学生课堂的学习欲望和深层学习方面,有着重要的实践价值。

第五节　复习课堂教学中的“问题”运用

到了期末复习阶段,老师要么逐课开展“听说读写,字词句篇”的系统复习,全面地过一遍;要么是分析试卷,课前一套一套做起,上课后就一道一道对答案;要么自己辛苦,把每个单元的知识要点一条一条写到黑板上,让孩子们像“乘法口诀表”一样抄下来、背下来,到考试时方便使用。

如果上课必须都是围绕“问题”进行,那么复习课的“问题”从哪里来呢?是啊,这个时候很容易一打开书都会,合起书又记不起来了。只有考完试看到错题,才知道该学的东西在哪里。复习阶段老师盲目,学生也盲目是个关键问题。

我在2020年春季学期复习阶段的一节课上,提议开办一个“易错题超市”,激起了全班学生极大的学习热情。

让学生每人出一道曾经把自己难倒的题,看这道题能难倒几个人,难倒的人越多,出题人的水平就越高。当然,这道题的出题人不仅自己一定要会做,并要能清晰明白地讲给别人听。这样,每个人都是出题者,每个人也都是挑战者。挑战难题越多的人,就是最厉害的复习者。

结果,老师不用受累了。人家孩子自己全部安安静静地翻易错题本、作业本和各类试卷,认真地推算起来,一会儿若有所思,一会儿喃喃自语,一会儿写写画画,一会儿相互交流。

当组长把题收起来交给对方组长时,出题人特别关心自己的题到底有无难度,什么时候有人找他去讲题。而当拿到对方的题时,马上工整地在作业本上誊写下来,然后认真地算起来。时间在流逝,人人都在做自己的事,又都关心着别人的计算。有人静静地在写,有人来回穿梭,但没一个人在干闲事。有人被请去讲解,这名“专家”就特别认真地画图、讲解。

下课了,各组组长统计做题量,没做完的继续做。一组的题从二组换到三组,二组的题从一组换到四组。什么时候做完?谁也不知道。反正有组长督促,班长统计,优秀名单很快会出来。而且下节课,一定又有一批新题出笼……

复习阶段的核心任务是总结整理和查漏补缺。“易错题超市”在查漏补缺这个环节上,起到了非常积极的作用。如果老师能再费些心,充分对各个单元的“易错题”再做系统整理,那么不仅增强了复习的“问题意识”和针对性,而且总结整理阶段的全面系统性和问题深入性都充分地显示出来了。从实际效果来,学生的学习积极性被充分调动起来了,学生主动总结整理、查漏补缺,交流心得、挑战自我的劲头很足。“易错题超市”是复习阶段的问题搜集办法之一,对于提高复习兴趣、激发学习活力有良好的效果。但时间久了、重复过多,宜走向庸俗化、枯竭化和形式化,所以老师要根据实际情况灵活把握,知其进退。同年级可就搜集问题进行整理,将共性问题、典型问题、经典问题在全年级共享。

第六节　课堂教学内容的确立要以学生为本

对于“学生学的课堂”，老师最大的疑虑是这种课堂“学什么”和“怎么学”。

一、“学什么”，是“学生学的课堂”的第一问题

“学什么”可不是随心所欲确定的事情，它由课程标准来定，由教科书里的内容来承载。有人就又疑惑了：“不是围绕学生的问题展开的吗，怎么又由课程标准来定？‘教师教的课堂’才按课程标准来讲的。”课程标准是义务阶段评价、教学、学科教材编写、课程资源开发与利用等的基本行动指南，教与学都得遵循它来进行。国家定下课程标准，在课程标准“教材编写建议”指导下产生了教材。教材是包含了课程标准基本精神的经典“富矿”地图。到了学校层面，就是在领会课程标准基本精神的情况下，最高效率地汲取“富矿”资源的问题。“教师教的课堂”与“学生学的课堂”的最大区别，就在于教材是用来教的，还是用来学的？如果是用来“教”的，老师循着“富矿”地图，按照自己的理解指给学生看，灌输就是课堂主基调；如果是用来“学”的，就应该是学生拿着课文自己来读，“富矿”由学生自己来找，地图由学生自己来绘。有人就担心了，学生没学过，读不通怎么办、读不明白怎么办？核心问题就来了——哪儿读不通，哪里不明白？有人说，一篇生课文，不明白的地方多了，怎么一下子能说清楚？也有人说，这个孩子这儿不明白，那个孩子那儿不明白，怎么能一下子说清楚？那么现在就清楚了。“学生学的课堂”是学生切身的学习过程，核

心是解决学生学习过程中的困惑和障碍，这些基于学情的“困惑和障碍”，就是“问题”，就是“富矿”所在。解决问题的第一步，就是弄明白问题在哪儿，问题到底是什么？把“学生的富矿”点找出来，绘出地图，逐一勘探。

课堂学什么？就是听懂、悟通、学会这些“问题”及其相互间因果脉络。

1.“一篇新的课文，不明白的地方多了，怎么一下子就能说清楚？”

按照课程标准的要求，教材是依学生的年龄特点分学段编写的。课文的内容，生字并不多，文下有注释，认真地读，对相关年级的孩子来讲，读懂大意读通课文困难并不大，但要完全弄明白，却是有一定困难的。这个困难，是课程标准和教科书规划设定的学习内容，也是学生学习的重点。对相关学段的绝大多数孩子来讲，全然看不懂是不可能的，甚至绝大部分内容孩子都可以自己看明白，问题往往就是那些较复杂的、有挑战性的地方，就在那些从没见过、从没想过的地方。所谓“不明白的地方多了”，是个“伪命题”。许多“不明白的地方”，认真想一想，其实都不是问题。真正的问题、核心的问题，往往就集中在有限的点上。孩子一下子说不清楚，没关系，不要回避，既然“富矿”找到了，就慢慢分析、慢慢说，探讨着就越来越清楚了，真问题就露出来了。

2.“这个孩子这儿不明白，那个孩子那儿不明白，怎么能一下子说清楚？”

因为教材所限，没见过的东西孩子们基本都没见过；因为年龄所限，没想过的孩子们基本都没想过。不过，孩子们的经历是各式各样、多姿多彩的，所以你的问题未必就是我的问题，我的问题也未必就是你的问题。这是正常的。但这其中一定有我们共同迫切需要解决的基本问题，这个基本问题就是教科书设置的学习点和我们班同学共同存在的发展缺陷。个性化的问题，如果典型，具有普遍意义，就应该成为本节课的核心问题。否则，可以针对这个孩子个体，进行针对性的解答。孩子一下子统一不了，就慢慢说，说清楚，不仅核心问题、基本问题逐渐露出来了，非核心问题、非基本问题也在这个过程中逐个解决了。

二、“怎么学”，是“学生学的课堂”的基本问题

1. 发现问题，是学习的第一步。

以文言文小故事《两小儿辩日》为例。2019 版《全日制义务教育语文课程

标准》对小学古诗文的教学目标要求有："能联系上下文，理解词句的意思，体会课文中关键词句表达情意的作用。能借助字典、词典和生活积累，理解生词的意义。""阅读诗歌，大体把握诗意，想象诗歌描述的情境，体会作品的情感。诵读优秀诗文，注意通过诗文的语调、韵律、节奏等体味作品的内容和情感。背诵优秀诗文60篇(段)。""评价学生阅读古代诗词和浅易文言文，重点考察学生的记诵积累，考察他们能否凭借注释和工具书理解诗文大意。词法、句法等方面的概念不作为考试内容。""语文课程还应通过优秀文化的熏陶感染，促进学生和谐地发展，使他们提高思想道德修养和审美情趣，逐步形成良好的个性和健全的人格。"①文言文《两小儿辩日》的主要学习任务：一是学会对照注释自学课文，训练自学能力和口语表达能力；二是在理解的基础上准确朗读课文，背诵课文，完成积累，训练古诗文朗读和当堂背诵能力；三是联系生活实际，谈谈从这个故事中悟出什么道理，练习即事说理和逻辑思维、发散思维能力。那么问题从哪里来?

老师处于主导地位，其主导作用体现在把孩子带到学习的"场"里，即把控方向。让学生根据课题提问题，然后带着问题自学课文，自己解决问题。

a. 今天我们来学习一篇新的文言文，题目叫《两小儿辩日》(板书课题)。谁能说说"两小儿辩日"是什么意思呢?

b. 根据这个题目，你能提些什么问题呢?

c. 带着这些问题，请大家对照课后注释自学课文，自己回答这些问题，并说出文章大意。

学生提出的问题，统一写在黑板上，基本有：两小儿争辩有关太阳的什么问题?(what)，他们在什么时候争辩的?(when)，他们在哪里争辩的?(where)，他们为什么争辩?(why)，他们怎么争辩的?(how)，还有谁参与了争辩?(who)。再加上自学要求"对照课后注释自学课文，说出文章大意"。构成了第一阶段的自学任务框架。

2. 自己解决疑问，是学习的第二步。

传统古诗文课堂教学，其任务就是知作者，谈背景，逐字逐句讲解，讲意

① 2019《全日制义务教育语文课程标准》。

思，说含义，理背后的思想，然后记好笔记，死记硬背，以备考试。根据课程标准要求，让学生“借助词典理解词语的意义。能联系上下文和自己的积累，推想课文中有关词句的意思，辨别词语的感情色彩，体会其表达效果”，这是真正的古诗文字词解决之道。课程标准要求“评价学生阅读古代诗词和浅易文言文，重点考察学生的记诵积累，考察他们能否凭借注释和工具书理解诗文大意。词法、句法等方面的知识不作为考试内容 ”，那我们老师就不能增加难度，让学生畏惧，失去对古诗文的兴趣。我们要相信学生，让学生自由思考，自由辩论，不求甚解，知其大意就好。

当孩子们一个个安静地在课文相关位置写写画画，对照注释逐句说明意思，有的拿出字典查相应的字词的时候，这是学生在学习；当他们相互之间一句一句尝试说出文意的时候，他们是在学习；当他们对“孰为汝多知乎”有疑难时，他们是在学习。在这个过程中，他们个体的思维充分参与了学习，是主动在思考，而不是被动地听讲。

3. 体味古诗文的韵律美，学会朗读，是学习的第三步。

课程标准要求：“诵读优秀诗文，注意通过诗文的语调、韵律、节奏等体味作品的内容和情感”。教材所选古诗文，通常都是经典文章，不仅意境深远，而且文辞优美，读起来朗朗上口。不过，对初学者来讲，古诗文朗读还是有一定难度。老师指导学生辨别准“句逗”位置，给予一定的示范，让其感受到古诗文读的乐趣就好了。如“为设果，果有杨梅”“未闻孔雀为夫子家禽。”是“果有/杨梅”还是“果/有杨梅”，是“夫子/家禽”还是“ 夫子家/禽”？这个若辨认明白了，读起来就音通意顺了。

“阅读是学生的个性化行为，应引导学生钻研文本，在主动积极的思维和情感活动中，加深理解和体验。有所感悟和思考，受到情感熏陶，获得思想启迪，享受审美乐趣。要珍视学生独特的感受、体验和理解。教师应加强对学生阅读的指导、引领和点拨，但不应以教师的分析来代替学生的阅读实践，不应以模式化的解读来代替学生的体验和思考；要善于通过合作学习解决阅读中的问题，但也要防止用集体讨论来代替个人阅读。”①读是学生个人的事儿，读

---

① 2019《全日制义务教育语文课程标准》。

中体味、体验着读，更能增强个体的古诗文语感。“日初出大如车盖，及日中则如盘盂，此不为远者小而近者大乎？”的示范，老师若能这样读，“日初出大——（声如洪钟）如——车盖（声大），及日中则如——（小如蚊音）盘盂（声音细微），此不为远者小（正常）而近者大（夸张放大）乎？”学生带着这样的感觉，自我体味摹仿，不断进步。再比如“日初出沧沧凉凉，及日中则如探（伸手探汤的动作）汤（被遽然烫着的动作），此不为近者热（重复被烫着的动作）而远者凉乎？”古诗文的朗读就不仅不枯燥，而且充满趣味了。

4. 当堂背诵，完成积累，这是第四步。

据了解，相当数量的语文老师，在古诗文教学中，让学生课前预习课后字词，课后完成背诵任务，课中却把全部精力用在最不该用的句式语法上了。既然“词法、句法等方面的知识不作为考核内容”，它们就不应该成为课堂教学的重点；既然生字生词和背诵积累是重点的学习任务，那么它就必须在课堂上完成。比如采用“逐步留白式”的辅助记诵法，当堂让学生从留全文、部分留白，到全文留白，循序渐进地完成背诵，学得深、记得牢，有挑战、兴趣浓。老师在学生记诵中间，重点解决一些应该了解的关键字、关键词。

5. 分享体会经验，是学习的第五步。

“分析人物品质，品读人生感悟，讨论文中蕴含的人生哲理”是本组课文的主题，也是本文的核心任务。老师出示这样三个问题：①“两小儿辩日”反映了“两小儿”是什么样的人？有哪些值得我们学习的东西？②“孔子不能决也”，反映出他什么样的态度？可取吗？③这个故事对你有什么启发？。

同样在充分思考之后，允许孩子们小组自由讨论整理，然后以组为单位上台来分享。分享后，不同意见者可以给予“我补充”“我反对”等新的意见分享。为避免学生回答天马行空离题太远，要求必须都有理有据，“你为什么这么认为，依据是什么？”，必要时可找原文来说明。

孩子们依文中“两小儿”的对话，得出“两小儿”聪颖伶俐，善于观察探究；独立思考，大胆质疑；活泼可爱，自然大方等结论。依据“孔子不能决也”得出孔子“知之为知之，不知为不知”的实事求是精神；“吾生也有涯，而知无涯”，人再有学问也会有自己不懂的地方等。正向讲完了，还可以逆向思考：“两小儿”与孔子的遗憾还可以有改进的地方。

"'两小儿'提出的问题,今天看都很有见地。为什么历史上没有他们两人的名字呢?"

"他们提问题不是为了探索宇宙奥秘、拓展人类视野,而只是为了取笑别人。"

"孔子不是个大教育家吗? 这么聪明的两个孩子,他为什么不收他们为学生呢? 如果这样的话,这两个孩子一定是伟大的天文学家了。"

"就因为他们没礼貌,学习动机不纯,否则孔子一定就收了!"

"那也不对呀! 小孩子没礼貌当然不对,可也不是特别大的毛病呀! 孔子收他们做学生,教育他们做有礼貌的孩子不就好了嘛!"

……

自由辩论,释放天性,是最大成功,只要做到这点,没有不成功的。尊重学生的任何观点,不妄加批驳,引导他言之有据,言之成理;时间可长可短,随学情而动。这是最容易出彩的地方,也是对教师民主精神的最大考验。

第七节　教师的认同与参与是学校课堂教学改革成功的关键

一、认同是课堂教学改革的动力

几年前，西安育英小学试行“分享式”课堂教学改革，不少人很反感：又来了，学校能不能不折腾了！这个“教学”、那个“模式”，让我们静下心来做做自己的事儿不行吗？同志们的想法有道理吗？西安育英小学教育改革的突破口在哪里呢？老师有这样的态度，大家课堂的实际情况到底如何呢？需不需要改？“分享式”课堂教学是不是改革的方向呢？查老师的教案，细致完整、智慧毕显，真的无可挑剔，传统老校的深厚根底真的很扎实；看老师的状态，口干舌燥、身心疲惫，真的尽力了。老师的敬业奉献精神真的值得敬佩。可问题是，孩子们的注意力总是集中不起来，兴趣不高。这到底是怎么了？

经过深入的观察研究，问题的根子终于找到了——我们坚持的是“教师教的课堂”，不是“学生学的课堂”。我们让学习者围着我们转，重视了教的内容，忽视了学的意向；重视了教学艺术，忽视了学的兴趣。如果老师以“学生”为中心，围绕着学生的“问题”组织学习，情况可能就完全不一样了！我们要改革的是方向，而不是力量；是思想，而不是技能。一批又一批人出省培训，回来都说好，实际工作却并无什么变化，一切波澜不惊。像实验室里的“重水”，粘稠疲懒，怎样动也无痕——这是极其可怕的现象。

时间到了 2017 年,事情终于发生了逆转。这年 11 月,西安育英小学总务主任李雯带队赴浙江义乌稠城三小学习。李雯是一个心思敏锐、大胆泼辣的姑娘,活脱脱一个“杨家将”里的“烧火丫头”杨排风。当她感知到“分享式课堂”的生本、真实、效果好,特别是与任景业教授深入交流之后,兴趣一下被撩拨起来……返校之后“大肆鼓吹”、深入试点。李雯、边秀红和李继恒争相上课打起了擂台。这种强烈异动,在平静的校园里引起巨大反响。带着疑问,大家对“分享式教学”充满了强烈的期望……

2018 年的 4 月,任景业教授带领“分享式教学”专家团队来到古城西安。全新的课堂展示在西安育英小学教师面前。大家见识到学生如何主动学习的,如何像换了一个人一样上台分享的,如何自行解决分享次序的,如何展示出七八种完全不同的计算方法的——见识到了什么是“分享式教学”,什么是学生为主体的课堂,什么是体现学生学习过程的课堂。

然而,一场更激烈的争论才刚刚开始——

“这是什么课呀?从古到今,都需老师来主导课堂,不然要老师干什么?上课你不让老师说话,任由学生信马由缰,时间没有计划、纪律不受把控——这是什么?这是严重的不负责任!这是乱改革,伪改革!”“学生想说什么就说什么,漫无目的,课咋备?这样随性的课堂,课时随意更改,如何能保证教学任务的完成?如何能保证教学质量的稳定?出了问题,家长不满意,谁来负责?”

“银瓶乍破水浆迸,铁骑突出刀枪鸣”。本地专家火了:“以后任景业来,我就不来你们学校了!”老师们很快分裂成两派,“太好了,这就是我们想要的课!”“糟透了,课怎么能这样上?”

二、自觉投入是课堂教学改革的核心

当班子同志对这种“混乱”特别担心的时候,我却特别高兴!这正是我想要的——西安育英小学要变了!这鼎沸的争议和热情,与波澜不惊的“重水现象”相比,难道不是天大的好事吗?麻木的神经被银针扎准了穴位,有疼感了,不是好事吗?大家都各自在琢磨,在权衡利弊、计较得失,不是好事吗?“我站在城楼观山景,耳听得城外乱纷纷”。大家急切的关注,反令我心静如水:不限制、不强制，鼓励大家关起门来搞试点，“金牌教师”赛教评选标准不变。为什么？因为限制造障碍，强制起反弹，条件不成熟，改革必致乱。

给老师一点时间，让大家私底下按自己意愿和理解，选择合适课型和必要环节关起门来搞试点。另外派出多支新团队赴成都圣菲小学随衡菊芳跟岗观察。据调研，第一项举措各学科教师人人都有举动，变化有大有小，比较突出的是边秀红（语文）、张琦（数学），他们的课堂直接迅速向成都衡菊芳靠拢，写出了大量教学心得。边秀红自费参加全国分享式教学内蒙古年会，并获邀赴义乌上研讨课；张琦的日常课上完全学生主体化，课堂充满生机与张力。在“金牌教师”课评价标准未变的情况下，耿昭、郑玮、郝雪菊等同志大胆变革，主动按新理念授课，取得良好效果。李雯团队成都之行，主要考察衡菊芳六年级实际成效，而圣菲小学毕业班远超初中生的学力水平，让考察团队叹为观止，对“分享式教学”改革的前景充满信心；张有向团队主要考察低年级分享式教学推进情况，从初始状态观察改革的实情，学习基本规则的构建。

一年以后，在全面试点的基础上，大部分同志的课出现了重大变化。学生和家长的良性反馈不断出来了。

分享式教学拉近了我与同学之间的关系。之前上课，大家都是自己学自己的，同学之间除了不会的题小讨论之外，几乎没有什么问题沟通，都是听老师的。其次，我在课堂上回答问题的次数明显增多，增加（强）了我学习的积极性。之前，我在课堂上很胆怯，针对老师的提问敢想不敢言。现在，在老师的鼓励下，我和我的伙伴们可以大胆地走上讲台，以最佳的状态为大家讲解问题，从刚开始的结结巴巴不敢大声到今天可以声音洪亮，语速不急不躁，有条不紊地讲解问题，我发现我充满了自信心，而且我可以静下心来听别人的分享（西安育英小学六年级四班张志伟）。课堂中，只有给学生的思考提供充分表达的平台，提供个性张扬、分享智慧的空间和时间，提供自主探究、合作交流、思维碰撞的留白，学生才敢于表达‘我的不同、我的质疑、我的补充、我的表扬、我的建议’，学生的创新意识和创造能力才会如种子般富有蓬勃的张力和鲜活的生命力。这点我深有感触，感觉孩子豁然开朗，在潜移默化的时光里慢慢地改变了自己。（西安育英小学六年级四班李铭轩妈妈牛勃）。

三、激发内在力量推进课堂教学改革

学校老师的工作动力来源于学生的变化，这种变化的持续发生，让教师团队感知到完全不同的成功体验和工作信心。不行动的人是没有这些美妙体验的。一些有责任心的干部，也为部分同志的僵持不动而着急。教学业务主管人员只有那么几个，专业水平是有，但与分享式教学理念的标准相比，就明显不足了。人数不足、水平有限，怎么办？

让老师自己来！

“2018 年在语数英体艺综 6 科，实行学科委员会自我管理改革试点”“坚持‘选贤用能、权力下放’，着力发挥学科骨干的创新引领作用，着力形成活动有章程、教师有活力的教研新景象”①。学科委员会按学科特点，围绕课堂教学和学生发展，自主安排集体备课、教学研讨、校本研修、骨干培养、外出考察、专家聘请等系列业务工作，有内部考核和工作奖惩建议权。学校给予充分的经费、技术、专家、场地等支持。

效果怎么样？学科委成员深入一线，听遍了每位老师的课，共同在课堂上研讨，把单人课上成了“双师课”，深受学生的喜欢。教师成长速度达到了惊人的地步。“ 8 个月来，分享式课堂改革得到广泛深入的推进，学生得到了解放，老师退后一步也感受到了课堂学习的节奏感。同时各学科委在自主发展方面，也取得非常突出的成绩。语文学委自编校本诵读教材，系统开展诵读活动；数学学委搜集易错资源，坚持月考月评；英语学委推进思维导图研究，开展单元拼词积累；体育学委规范课堂常规，以团队精神开展学科创新；艺术学委坚持课堂探索，社团活动成果丰硕。综合组自发开展了面点制作等课堂创新活动，主动开展了科学实验课的规范研究。一年不到的时间里，各学科在课堂教学研讨、学科基础培育、教师专业成长、社团竞技展示等各个方面，做出了大量扎实细致、成果显著的业绩。特别是学科内展现出空前团结向上的精神状态和求真务实的探究精神，受到教师、学生、家长、社会的高度肯定”②。学科委

① 《西安育英小学五届四次教代会行政工作报告》。

② 《西安育英小学五届五次教代会行政工作报告》。

员会改革是我校行政机制改革、学科专业化发展的一项成功创举。

农民春耕播种后，就只管耘土锄草、浇水施肥，从不怀疑种子会不会出芽、会不会有收成。对教师群体的变化发展，我们也要像农民相信土地一样，充分地尊重他们的自觉、坚信他们的淳朴。真正应该关注的，是你是否真的像农民那样懂农桑又不辞辛勤地付出。

第五章 ▼▼ 课堂组织篇

班级授课制从其产生之日开始，就成为课堂教学活动的组织形式，其所具有的高效优势在得到人们认可的同时，其自身问题不可避免地也逐渐呈现在人们面前，因而，对班级授课制批评不绝于耳。但是，在没有找到一种足以能够消除班级授课制的缺陷而保留其优势的教学组织形式之前，还是需要在班级授课制的大框架内进行不断改革，坚持以班级授课为组织形式，围绕其不足进行改革。

第一节　小组学习是课堂的常规组织形式

班级授课制形成以后,教师对学生的单向一对多成为主流课堂交流形态。在工业革命时期,教育培养的重要对象是产业工人,要求人像机器上的零件一样标准化、程序化、稳固化,不需要人有自己的思维和意外举动。这样的课堂倾向于“机器标准”决定人的标准,教师也是“机器标准”的重要一环,教师将“机器标准”教给学员,演示给学员,学员听懂学会,从而全身心向神圣的“机器标准”靠拢。这是“教师教的课堂”的基本形式,也是基本要求。人服务于机器,是教育的根本铁律。从工业革命到今天的信息时代,教育的目标发生了根本变化,教育是促进人的全面发展、科学发展、个性发展。班级授课制虽然依然是课堂的基本组织形式,但指导思想和组织原则发生了根本的变化,不受限制的个体学习和合作学习,自由思维和个性化发展成为必然。这时除了全班集体学习和学生个体学习,小组合作学习成为一种常规的课堂组织形式。

一、小组学习是自然学习状态

在衡菊芳老师为激发学生主体学习意识,开启的一节自然状态的课堂中,我们看到了这样一幕:数学课上,在学生开课很长时间等不见老师的情况下,有人开始发现黑板上有一道题,主动动笔开始算题。很快全部学生都静静地计算起来。算完后,有人开始相互讨论,接着全班都讨论起来;声音静下来后,有人举起手,接着大家都举起手……。注意:当学生自己算完题以后,自己就开始讨论起来。他们在和谁讨论，讨论什么，怎么讨论的，就成了我们必须关注的现象。一般情况下，孩子们是和同桌或邻桌同学讨论，前后桌讨论的情况也有，合作对象往往是平时关系比较亲近，心理上比较容易接受的。讨论内容一般是对一下答案，答案相同的很快就结束了，答案不同的会立即警觉起来，认真相互检查。这种相互交流的愿望是强烈的，自然发生的。这种交流本身就是小组性学习。

班级组建学习小组，似乎是老师的行为，其实是基于学生交流的天性需求。有不少老师在课堂上，强调学生的独立学习、独立思考，不允许学生交流说话，认为这是破坏了班级纪律，影响了别人学习。“做完之后就坐好”，往往作为一条课堂规则，不仅是老师的口头禅，更是学生做完练习后一个个绷得直直的具体身形。所以就有一个问题必须讨论：学生在课堂上除了听老师讲解之外，是不是只有独立学习、个体学习，不能有合作交流？相互交流，是不是相当于作弊？学生做完练习后的谈话，是不是不守纪律的表现？

从现实的观察上可以看出，学生课堂中的交流，所有围绕“问题”的讨论，都是极具价值的，至少对于他们来说是这样的——这是他们潜在的愿望和实际的需要。当然，这是在他们完全独立思考和探索之后。不管是独立完成还是没有完成，当他们开始谈论的时候，就是他们认为需要的时候。对于没有独立完成的孩子，他们投入讨论的价值更大，因为他们遇到了困难，他们的讨论往往是直奔“问题的原因和问题的解决”而去的。

二、小组组建的困惑和问题

直到现在，有不少老师对他们班的学习小组都没分清楚、没想明白，小组学习的效果一直是打着折扣的。为什么？一是小组核心人物太少，有强有力核心人物的小组，效用就好一些，没有的就不行；二是总是那几个组比较活跃，这几个组里就那几个强势学生比较活跃。这在一定程度上,让小组学习的弊端凸显——那么多孩子都没能参与,小组成了个别人的舞台。还不如全班集体上课来得更加公平些;三是小组分享,让很多孩子成为永远的边缘人,没有机会参与集体分享,甚至没有机会参与小组讨论。小组学习加剧了班级内强弱分化;四是分组展示太浪费时间,严重影响了正常的教学进度。

若是打乱原有结构,选不出新的核心,就会形成更大的危机——家长来找,你把我娃安排到纪律不好的孩子中,严重影响了我娃的学习。你是穿小鞋,打击报复,如此等等。即使不乱,也会很快回到原来的状态,毕竟优秀的就那么几个。让大家轮流坐庄,都有做组长的机会?老师们都试过了,没有领袖精神的人,几句话以后,就被不是组长的"组长"给篡了权。

三、小组学习的实际意义和真实价值

小组学习,不是为了给听课人什么精彩的呈现,更不是为了班级培养出更多的精英——足够多的组长。它的价值,就是个体学习中有一个讨论交流的场所,是为个体学习服务的,如此而已。学习是学习者个体的行为,集体只是个体学习的一种组织形式,是为个体学习服务的,班集体是这样,小组也是这样。班集体是以班主任和班干部为骨干建立的学习服务机构,形成了具有集体意志的班级文化;小组是学科教师和小组成员共同组成的学习组织,它的组织机构是临时的,效率是由长期交流形成的组织规则和习惯决定的。

小组需不需要核心,需不需要强弱搭配,这些都是在搭建初期大家关心的问题。在个体学习的主体意识没有唤醒的群体里,似乎连一个核心都找不到,小组合作学习形同虚设,没有核心寸步难行;但在主体意识强烈的群体里,人人都是核心,平等合作,似乎是多核心,其实也是无核心。强弱搭配,似乎是需要的,否则弱组会没有任何发言机会!但从学习是个体行为的角度出发,强弱搭配其实是给了强者掠取本组弱者学习机会的理由，让班上个别话语“霸权”者心安理得地成了全组的代言人。因此，小组内一定要建立分工帮助机制和组长轮流制度，人人都要得到锻炼，让没有发言机会的孩子能有主动发言、突破自己、建立自信的机会。同时组内集体荣誉要高于个人表现，组内同学启发诱导、示范鼓励、互帮互助、加油打气，都是正常的小组合作内容。

所以当自愿报名当小组长的动员会上，有人提出“四人之国的国王，谁愿意当”时，我赶紧做了纠正。在为什么要做组长和怎样当好组长的演说中，当有人说是要“管理好大家，当个好领导”时，我也反复纠正：“组长不是国王，不是颐指气使的管理者。他是这样一个人：尊重和有效吸纳别人的意见，鼓励帮助每一个人，愿意集体中每一个人都优秀，是组里每个人的好朋友。”

四、课堂教学小组的应有样态

理想的小组不是分工明确，程式化、高效率完成老师布置的任务，最让人惊叹的那个组；也不是由优秀者带领的那个组。它是每个组员都能独立思考，交流时没有任何心理压力，讲者能清楚表达个人观点，被大家听到，讲时能有效整理个人思路，是一个能清晰简明表达个人观点的表达者；听者不是自以为是、沉迷在个人观点里的志得意满者，他认真倾听别人的想法，择善而从，对异见能精准质疑。在班内集体分享时，能将全组意见综合陈述，而非仅表达个人观点，大方得体、语言精练；与同学融洽友善、谦让有礼。

小组不是一个固定的组织，没有铁一般的纪律，没有明确的上下级关系，没有明确的目标任务和组织原则。它仅是个体学习有交流需求时，及时出现的那个同质集体。在这里，个性第一，每个人都是平等的，每个人也都可以甚至必须充分地张扬个性，充分地表达个体性格和观点。与此同时，吸纳和融合、谦让和协助等团结合作的精神，更是小组的基本组织原则。在小组内，分工明确，但不固定，人人都要尝试组长（组织协调者，汇报时的主持人和总结发言者）、书记员（综合大家意见，黑板上的板书者）、汇报者（主发言人）和补充者（对未充分表达意见进行解释和补充）等不同角色。

班内一定时候，还要进行必要的重新分组。打乱既有组织，建立新的组织，既有新意，同时也有风险。在新的小组组建过程中，应像第一次分组一样，征集大家的意愿，然后在此基础上，发挥学生主体意识，让他们自己对分组进行方案研究，提出新组组建的组织原则和操作方法。在方案得到大家普遍认可之后，由他们自己选举出的执行机构主持分组。小组组建成功后，各小组座位调整时继续由各小组自行协调解决，最终实现组建小组工作的主体化运作。

第二节　课堂学习小组组建的实践

2020年9月3日上午,西安育英小学中兴路分校五年级二班张帆老师对学习小组如何分组有些疑惑,于是我们开始了一次小组组建的现场试点。在和同学们进行反复的充分沟通后,由最开始的无人愿意当组长,到终于有一个人主动站起来表示愿意,直到最后有10个组长人选(全班44人总共可分11个组,每组4人)。在选好组长的基础上,开始学习小组组建的其他工作。

一、师生共同组建学习小组

10个组长站成一排。我问下面的同学:“你们对谁有意见?现在可以提。”下面同学都没意见。我说:“现在大家向这10名同学表示祝贺!他们一是敢于担当,愿意为大家服务。二是敢于突破自己,向平庸的自己发起挑战。三是得到同学们的认可,大家给予了信任投票。每个人都是好样的!”

接着,组长观察下面的同学,每人可以下去选一名组员。当然是双向选择。如被拒绝,不必强求,可以另选一个。很快,组长一个一个下去了,结对站在教室前后。我让他们一起商量一下,然后由新组员下去选第二名组员。接着又选出了第三名组员。

当教室前后都站满人的时候,教室中间有4名同学静静地坐在自己的座位上——没有组长来选他们。从第一轮到最后一轮,他们的心灵经受着巨大的考验。现在终于尘埃落定,没人选他们。因为当时自愿当组长的人只有10个,第11个一直没有站出来。我问他们:“你们是等组长们再选一次,还是你们自己组成一个组？快快一起商量一下。”很快，结果出来了。他们愿意自己成立一个小组。“那你们得有人自愿出来做组长才行！”有一个男孩子举起手：“我来当组长！”在征得其他同学同意后，第11个组成立了。

二、组内协调安排座位

前前后后满登登的人，现在该怎么办？——排座位！

怎么排？“我讲一下原则：一是个子低的坐前排，个子高的坐后排；二是组内既有高个子，也有低个子的，坐两侧，高个子靠边坐。现在大家先落座。由组长来协调。”很快大家都坐下了，基本就是个子低的坐前排，个子高的坐后排。不过还是有个别个子高的在中间。有人指给我看。我不能管，我只能看。“现在组长开始观察、协调。”

前排靠边的一个组全是矮个子，中间一个组有高有低，组长们主动走到一起，很快达成一致，互换了座位。当大家都觉得合理，没有再调整的必要时，我说道：“现在每个人把个人物品调整一下，就按这个位置就座吧”。

就这样，座位按学习小组做了新的安排。

三、基于小组学习架构的班委会选举

张帆说，他们班有三个班干部职位，分别是班长、学习委员和体育委员。“好吧！现在选举班干部！”

“还是自我推荐。谁愿每天给我们整队校操？”竟然没一个人愿意上来。了解了一下，几个优秀的，都盯着领读的学习委员和班长的位置呢。我继续动员：“体育委员是个非常要紧的工作。我们班刚才选组长时，很长时间没有敢于主动站出来，让我看到我们中间很多人都没有集体意识，一盘散沙。这不行，得有个核心人物把大家领起来，把队伍整得整整齐齐、精精神神的。这个人自己还必须热爱锻炼，身体好，是我们整个队伍的标兵才行！”这时，一个高高的男孩子站了起来：“我来做体育委员。”我走过去，让他站出来，整了整他的衣领说：“明天穿运动装到校。腰背要挺直！”

学习委员有 3 个竞聘者。每人讲了各自的优势,然后由各小组投票。结果现任的学习委员当选。“我对你只有一个要求,领读人一定要到校早,自己先练习读书,在同学到班率达到 60% 时,主动开启领读活动。不能等老师叫你领你才领！能做到吗?”“能!”“好！明天大家监督你,看你能不能说到做到。”

班长也有 3 名竞聘者。我让他们下去好好准备,并请有意愿者都做好准备,由张帆老师组织专门的班长竞聘演说活动,由全班投票选举产生。

第二天上午,领读员(学习委员)来得很早,老师在门外就听到了全班整齐的读书声。大课间的时候,领操员(体育委员)穿了一身绿色运动装,脚登全新的运动鞋,精神饱满、威风凛凛地站在队伍最前列。

第三节 尊重学生主体的有序发言是课堂教学组织的重要保障

课堂上师生对话，是课堂最重要的互动方式。师生对话如何启动，是课堂最重要的组织方式之一。一般的师生对话，是以老师的点名或学生的主动举手发言来实现的。不过，我的课堂不举手。

为什么？因为我一直疑惑，孩子的手是举给谁的？当然是举给老师的。可老师不可能让每一个孩子有公平的机会来回答。孩子在回答问题以前，争取的是机会。这个手是举给机会的。同时有多个孩子举手，老师凭什么让甲来答，而不让乙来答？有人说，老师有课堂组织权，他当然想点谁就点谁。可是乙可能有更新颖独特的想法，而甲却可能是前一个同学答案的重复。有人讲，我们只能这样，那还有什么办法？学生举手发言，是坚持了多年的传统，优良传统，发言不举手，谁想说就说，谁想说什么就说什么，谁想怎么说就怎么说，那还不乱套了！

学生上课举手发言，谁发言老师说了算，说明老师在控制课堂。老师控制课堂不对吗？老师不就是要发挥组织和主导作用的吗？可是，当学生对问题的思考交流，不能直抒胸臆、畅快表达，而要先争取机会、看老师脸色才能达到，这种控制难道不值得反思吗？老师的组织和主导作用，其目的应该是宏观通达、利于学习者自主思辨、成长进步的。如果做不到这一点，甚至成为自主学习的障碍，就是应该反思改变的。老师教的课堂，什么都得经老师同意，即使老师没反对也没有孩子敢做。学生学的课堂，学生想发言就发言，谁想发言谁就发言,谁想说什么就说什么,谁想怎么说就怎么说。他站起来时,第一时间想的不是先争取机会,因为机会就在他前面,他想的就是把自己正思考的问题讲清楚、说明白。发言是针对问题去的,直截了当,不用担心兴奋期过了才被叫起,不用担心想好的东西再也想不起来了才被叫起。

一、教师给予学生充分发言权是尊重学生主体性的表现

不举手的课堂,也是有规矩的。孩子们有话要讲时,直接站起来,他得先大声说“我来说”“我质疑”“我来读”“我评价”,然后才能开始他的“表演”。对他来讲,只要言之有理、言之有据,原则上“发言无错”,老师须一概给予厚爱和肯定,绝不要因其毛躁、木讷或说偏而怪罪他。至于他的发言怎么样、有无问题,不用老师去急着评判,自有别的学生来质疑和评价。老师要让位,就像法庭上的法官,只保护原被告说话的权利,至于各方发言谁更有理,是否合情合理合法,自有对方与你抗辩,我只听着就是。

如果同时有两个孩子站起来“我来说”,怎么办?老师最头痛的问题就是“断官司”。其实这个问题也很简单——你们俩只能有一个人发言,现在你们自己定。学生很聪明,马上就会用“石头剪刀布”的方式选定出来。如果你认为这种方式缺乏内涵,应该变个花样。你就直接说出来:“换一种方式吧!想一想还有什么更好的理由?”他们会很兴奋地投入到这个新游戏里去。老师一定要稳住,不要急,让他们在一个角落去想办法,很快就会有结果。“让她来。Lady first!”“让他来。因为他平时发言少。”“让他来。因为他们在后排,我们前排机会多。”……

二、尊重学生主体地位的课堂发言需要有序引导

许多学生发言,站起来说一句话,甚至半句话就坐下了。所谓的发言,就是表个态而已。很多时候,发言人的话被其他人的声音给遮掩住了,根本听不见。有的发言,脸冲着老师的方向,眼睛看着老师,只是说给老师一个人听。还有发言人,脸冲着黑板,身子挡住了要讲的内容,自己讲得津津有味,可下面

的人根本什么也看不到、什么也听不到。这样的发言,是不成功的,是有问题的。

发言人上台来,是讲给大家听的。他得让大家认真听,他得大胆主持发言。“我来讲”——“我来听!”“我大声讲”——“我认真听”。这样的发言前互动,是对发言秩序的一种整理。提醒大家:“我要讲了,大家可要认真听!”他讲的时候,是面向大家的,所以声音要洪亮,否则无法让全班同学听到。他不能只对着老师讲,也不能只面冲黑板,一定要照顾大家的反应。如果有这种现象,老师只需提醒一句:“你讲给谁听的?”然后看其如何调整身位,再讲给大家听。这样,下一次再有人出现这样的情况,一定有学生会给他提出来——“他应该讲给大家听,不能冲着黑板,身子把讲的内容都挡住了,我们什么也看不到,就不容易听明白!”甚至有人当场提意见:“贾小敏,你把黑板都挡住了,我们看不见。”

发言结束,不能马上下去。“大家对我的朗读有什么意见,请发表。”“这是我的解题思路,大家看看有什么问题。”确认没有问题,鞠躬行礼,“谢谢大家”,然后下去。

三、尊重学生主体性的有序发言具有重要意义

在发言时,有一个重要的相对方,就是倾听者。发言者是个体,倾听者是群体。不会听,就不会说。经常听到有的孩子,刚给别人提出质疑、指出“问题”,下面“轰”的一声炸了锅——“人家刚说了。是你没听清楚!”当然,发言的同学深入思考、慷慨陈词,下面却有人在窃窃私语,根本没有认真听,这种现象非常常见。学会倾听,对课堂交流的成效意义显得特别重要。

认真倾听,才能突破局限;见识别样的观点,才能让发言变得真正有意义。课堂交流的意义,不仅在于分享和表达,更在于倾听和吸纳、质疑和思辨。在课堂上,人人都争表达的机会,大声地说,却没有人去认真地听,这个课堂一定是心浮气躁、一团糟。养成静心聆听、动手记录的习惯,抓住信息要点,联系问题和个人实际予以思考、判断,迅速整理个人观点,做好发言准备,才是真正意义上的交流。在交流中,要建立一定的规则,讲的人要自己主持发言,整顿秩

序，为自己发言被认真听取创造良好的环境。同时在发言人有了不被听取的深刻体验后，加强对课堂认真倾听的意识培养和习惯训练。

认真倾听，才能看到自己和别人新的发展点。在课堂上，积极探索、独立思考是学习者在黑暗中的摸索前进。课堂交流，特别是认真倾听别人观点，能让学习者在无数盏灯亮起中清晰地看到前进的道路，看到全新的世界，看到自己的发展坐标，还有别的同学从其他方向上做出的探索和更大的进步，全面立体地感受到集体智慧的力量。不但有思考的具体成果值得期待，交流过程中呈现出的团结合作、相互激励的精神力量，更是巨大的成长成就。

认真倾听，是对发言者的基本尊重，也在为自己赢得尊严。倾听者可能下一次就是发言者。不被重视的发言者，在反思自己分享内容和表达方式的同时，要反思自己的态度和举止，对发言者给予充分的尊重。只有全班每一个个体都认识到发言者应该被尊重，尊重别人就是尊重自己，表达尊重的方式就是认真倾听记录、充分参与讨论，一个积极的集体学习氛围才能建立起来。在群体中应该建立这样的学习文化——认真倾听者、深度参与者，是最高贵、最有尊严的学习者，是发言者最真诚、最可靠的朋友！

第四节　以生为本的课堂特征分析

"学生学的课堂"应该有它自有的规则体系。不同于"教师教的课堂",它的规则是在教师让位的情况下构建起来的。是告之孩子让他们按一定程序去完成一定的任务,还是围绕问题进行探究质疑,对现象背后的原因的真正探求?由此产生两类不同的课堂:执行的课堂与分享的课堂。由于分享的课堂一定要有孩子们的发现、质疑、讲理和创造。我们又称其为发现的课堂、创造的课堂、讲理的课堂、质疑的课堂、分享的课堂。①

一、"以生为本",是教师应有的课堂理念

据说,日本迪士尼各个游乐区的房子都修得很漂亮,道路也很人性化,草坪上没有因游客抄近道践踏出的小道。有人很奇怪,他们是怎么做到的。迪士尼在游乐区房舍建好之后,没有留路,只在房子之间的空地上撒满草籽。待到开放的那一天,绿莹莹的草坪铺展开来,如绿色的地毯,游客们踏在上面非常舒服。过了一段时间之后,乐园开始封闭修路,新路就修在游客们踩出来的泥土路的痕迹上,它宽路就宽,它窄路就窄,它直路就直,它弯路就弯。与设计师笔下的路不同的是,这条路是游客的脚"划"出来的。设计师心中的路是图纸上的直线,要的是施工最省力、经济最省钱;游客脚下的路,有沿途风景,有

① 《培养学生创建规则的意识刻不容缓》,任景业,讲义。

坡度起伏,有行走中的情趣,更有游客要走捷径的那份“狡黠”。

“路”如果是一条规则,现在有许多课堂“路沿”,总是“框”不住学生,老师生气,秩序混乱,老师就给路上加了许多“交警”。这种强制性要求,虽然迫使孩子们走在老师划定的路上了,但孩子别扭,老师费心。现在终于到了反思传统“教师教的课堂”或“执行的课堂”的时候了,我们需要建立以人为本、学生学习的“脚”踩出来的全新课堂规则。我们只有在老师退位,学生进位的时候,才能看到学生的脚踩去了哪里。要做到这点,老师要敢于挑战自己,眼里只有学生的脚,而没有自己,放下自己已有的认知和判断,取消自己提前做好的全部计划和设想。敢于放下自己,迁就学生,把学生的“脚”当成通向真理的唯一客观依据,这是一种“无我”境界,也是一种“新我”境界,更是一种静看云起云落的超然境界,一种尊重学生成长规律、顺天应人的科学境界。

二、以生为本的核心课堂规则

充分尊重和发扬学生作为学习主体的学习自主性,是“学生学的课堂”的第一规则。

任景业教授把课堂分为“执行的课堂”与“分享的课堂”,相当于我说的“教师教的课堂”和“学生学的课堂”。他认为“执行的课堂”与“分享的课堂”相比有下面几项特点:重设计无学生、重细节教师累、无兴趣成绩差、少创新难长久(如下表)。他还讲了一则笑话——一名未婚男子在同事家见到一名倾心的美女。很想结交她。就问同事:“这美女是谁呀?”同事说:“是我嫂子”。他赶紧问:“结婚了吗?”。“何人”“婚否” 这两个问题,是他原先设计好的,可问答的情况变了,“嫂子”这个答案包含了“嫂子”的身份信息,也包含了“已婚”这个状态信息。第二个问题“(你嫂子)结婚了吗?”就成了荒唐的笑话。心中只有设计,眼中无学生,就会经常闹出这样的笑话。[1]

---

① 《培养学生创建规则的意识刻不容缓》,任景业,讲义。

执行的课堂	分享的课堂
先教后做	先学后教(交)
进程按既定轨迹,少创造	学生按自己的思考,多创造性
环节多,严谨单一	环节少,思路多样
服从	争鸣
教师给予	自主探索
未知因子少	未知因子多
记忆、再认	批判、质疑、判断、选择
靠权威、强控制、权力	顺天性,靠内在的驱动力

“学生学的课堂”里,主体的学习不是无序的,而是围绕着主体的学习需要进行的。这个需要,就是来自儿童天性的“十万个为什么”,他想弄明白某个事情的原委,这是学习的内在动力。“‘生之所能,行之自然,思之所欲,非抑非牵’,学生的需求由学生的能力和学习欲望两部分组成,读懂学生,只关注能力基础,是不全面的。”学生面对教科书里的新内容,一定会有未知的学习任务,这个任务是必须经他认真思考探索、合作探究,甚至老师讲解才能实现的。对这个学习任务的兴趣和探究的愿望本身,是主体学习的核心组成部分。这就是任景业教授所说的,学生在学习过程中具有“好奇、好探究、好讲理、好分享”的天性。①

三、以生为本的课堂基本特点

1. 学习是围绕“问题”进行的,无问题即无学习

学习是对未知学习和对困惑释疑的过程,是学习者个体学习品质成长进步的过程,是学习者通过学习拓展认识领域、丰富实践经验的过程。后两个任务,是在第一个任务实现的过程中实现的,是附着在具体的学习任务中发展

① 《培养学生创建规则的意识刻不容缓》,任景业,讲义

的。学习如果是对未知的学习,未知中包含了大量的已知,真正的未知其实就是那一点困惑而已。这个困惑,就是学生学习中遇见的“问题”。把这个问题解决了,未知就变成已知了,学习活动也就基本告一段落了。余下的,就是静下来,让新旧知识在他们自己身体内部重新洗牌和重新建构,属于学习后的自我同化顺应过程。

因此,问题的提出,本身就是学习的一部分;对问题的梳理优化,也是学习的一部分。只有剥离开已知,迅速在未知中找到核心点,才能找到问题。这个已知未知的区分和未知核心的聚焦过程,是学习者个体自我评估和自我批判的过程。这个自我评估和自我批判,就是一种“温故知新”式的学习。“问题”提出来了,有真问题,也有假问题(不须探究就知答案的问题);有核心问题,也有一般问题;有关键问题,也有非关键问题。对这些问题的梳理判断,也是一种学习过程。

2. 对问题的思考和解决,是个体主动作为的过程

真问题、核心问题、关键问题梳理出来以后,孩子“好探究”的天性就会发生作用。他们或托腮静思,或挥笔涂画,或认真读文寻找信息,或查阅资料寻求帮助,甚至摆积木、数指头。这些独立思考的过程,是其遇见问题之后的第一反应。之后,有人想出解决方案,得出答案,也有人思考无解、探索失败。按其自然发展,他们将进入新的学习状态——交流阶段。这个阶段是在独立思考基础之上的,是学习主体主动的行为选择。这个阶段,只要老师不执念于课堂学习必须是独立完成,认为交流探讨也是一种学习,不明白的学生寻求帮助也是一种主动学习,从而允许他们自由交流,那么这个学习的过程就会在学生的主动下自然发生。这个允许不是命令,也不是同意,而是不干预,任其自然发生。

3. 课堂上的分享质疑,是每个个体自我建构的过程

在问题得以深入探索思考和充分交流之后,学生们对问题的认知就从零迅速提升到 80% ~100% ,参与研究讨论的自信心就会充分彰显。他们新的天性——“好分享”就会自然流露出来,想在小组,甚至全班面前讲出来给大家听,特别是有了与其他人完全不同的理解、思路和方法的时候。分享过程包含了表达和倾听、展示和质疑两个过程,这个过程是自我整理、通透完善的认知

过程，是新知进入旧知之后的重新洗牌、重新建构的过程。它对于加深理解、打通旧有知识体系中的障碍点，建立全新认知结构，有着极其重要的意义。

它是新的已知体系内部的学习活动，是个体学习新知之后的整理性学习活动，是学以致用的过程，是酝酿新的“问题”形成更深层学习的重要步骤。

四、以生为本的课堂的一般规则

1. 不展现知道什么，只展示不知道什么

课堂分享，首先分享的是问题，而不是成果。有老师为了让学生充分地分享，非常重视分享准备阶段的安排，学生和家长都充分参与。课堂上最常听到的话是：“谁还有什么要告诉大家的？”“谁还能说一些大家不知道的信息？”大家一个接一个地上去把准备的东西长篇大论地读给大家听；或以 PPT 课件形式展示出来，讲给大家听。时间上一节课根本不够，内容上越来越庞杂，组织上越来越散乱，没完没了的展示，没完没了的上台，学生们注意力分散，心情烦厌。如果课堂上，大家经常听到的话是这样的，“谁还有什么问题？”“谁还有不一样的看法？”课堂上的情况，也许会是另外一个样子：不是嘈杂，而是安静；不是烦乱，而是思考；要发言的，可能不是喧嚣的一群，而是那怯生生的一个。然而，“问题”出来了，思考开始了，头脑的拔节生长就启动了。

“问题”是课堂的灵魂，学生的问题是班级学情的常态化反映和深层学习的有机土壤。对问题的不断提醒和呼唤，是对持续性的深层学习的坚定期待和顽强坚守。问题意识和问题导向是现代课堂最基本的规则。

2. 回答问题之前，一定先独立想一想

不少学生有一个习惯，听到问题就跳起来抢着答。这时老师的课堂理念和课堂态度至为重要，允许还是不允许？经过长年观察发现，浅层思考得到的一定是浅层答案。老师若允许，不仅得到的是浅层答案，还会让学生养成听题不认真不仔细、思考不深入不全面、回答太草率太轻浮的课堂习惯。老师若未注意到这一情况，会在全班形成不良的学习风气。最关键的，还是老师根本就忽视了思考环节的重要性，问题一出口，就满教室寻找答题人，不肯让学生安静地想一想。事实上，这个环节非常重要：一是问题必得思考而后通晓，必得通晓方能交流;二是能启动学习的“问题”一般都不简单,背后一定隐含着其他前提条件或深层的背景因素,必得深入思考才能悟到真谛;三是思考不仅是一个人的苦思冥想、涂涂画画,还有查资料、翻字典,同桌之间交流互动、线上寻求帮助等,只要是学生独立选择的方式,都是独立思考;四是课堂是集体的课堂,不是个别人的课堂。问题一经提出,不乏个别聪明的孩子一下子就抓到了问题的根节,找到了解决的方法,看到问题的答案。但若全班大多数孩子还在思考,就要让他再想想为什么这么做,还有没有更好的办法。思考的过程,就是学习的过程,思考的过程也是学习能力提升的过程。这个过程的教育价值,远远高于对“问题”答案本身的获取,因为我们教育的目的不是为了解决问题,而是通过解决问题来育人。“想想为什么要这么做”,至少也提醒他准备一下即将分享的思路和层次。总之不能让他一个人打乱了全班的思考节奏。

3. 大胆表达,发言无错

在一些没有形成主体学习习惯的班级,受从众心理影响,突破心理屏障、大胆表达心声成为孩子们必先解决的问题,也是全新班级文化重构的重点。在这样的班级里,有一条最重要的原则,就是发言无错。发错言、说错话,成为老师批评、同学嘲笑的对象,这种氛围会强化学生的自我避险意识。不发言就不犯错,不出头就不受打击。其实,发言是为了表达自己现时的真实想法,暴露自己学习的真实现状,在平等交流、大胆质疑中不断修正想法,建构起科学合理又适合自己的新的认知结构。发言本身是没错的,即使真实的想法不合常理,有待修正完善,也只有真假之分,并无对错可言。况且认识局限本是学生的常态,是最积极的成长状态,唯其坦诚暴露才是成长的最佳土壤。如果说有错,就是师生追求正确、惧怕出错的心态,认为认知出错就是人性出错。把“做错题”跟“坏孩子”联系起来,才是最大的错。

4. 不需举手,想说就站起来

课堂举手发言,是举给老师、举给发言的机会的。“教师教的课堂”,才是由老师来控制课堂节奏、分配发言机会的。对于“学生学的课堂”来讲,有话直接说,是一种权利和自由,更是课堂应有的常规状态。当然,作为学生,课堂发言还是要有一定规矩,一是不能打断老师的讲话和同学正在进行的发言,只能等别人停止说话后才能进行;二是虽不举手,却要站起来表达发言的请求:“我要说”“我质疑”“我评价”“我来读”等，经老师允许才能进行；三是几个人同时申请发言，要有合理的“谦让规则”迅速形成单一发言的有序场面。

5. 别人说过的不重复，只讲与别人不一样的

为提高课堂教学效率，防止观点的无效重复，每一个发言人必须有与之前发言不同的观点才能发言。若自己的发言与现场发言人的观点重复，就自动放弃机会，积极调整角度立场、论证论据、方式方法，寻求新的发言机会。这样能有效提升学生自我学习力、自我判断力、自我控制力，形成认真倾听别人观点的习惯和能力。

6. 倾听别人发言，是一种尊重，也是一种学习参考

课堂学习，不仅能从学习内容的理解和体验中吸纳优秀思想和先进经验，还可在与同学课堂交流中不断了解学习的新动向、新问题、新思路，在相互学习中共同进步。课堂发言一哄而上，各说各的，逞口舌之快，没有了倾听，也就没有了发言的意义；或发言人发言，下面同学却各忙各的，根本无暇去听，发言者的发言诉之空气，也同样失去了意义，而且损伤了发言者的自信心。倾听，作为课堂的一种规则，是发言规则的重要组成部分。倾听，同时也成为课堂有效性和秩序性的保证，是深层学习课堂节奏的有效制动装置，不但能有效保证本次发言的有效进行和实际效果，而且对启动下一轮更深层的问题思考和质疑对话有着重要作用。

7. 若有争议，我们自己商量解决，并会给出一个合理的理由

课堂上，总会有些争议。比如两个、三个人同时站起来要发言，怎么办？常规状态是大家看着老师，老师这时候往往会做出一个判断，指定一个人先发言。这个指定本身就存在问题，是“老师教的课堂”的控制化痕迹，是“学生学的课堂”的一次负强化。当这样的情景出现时，老师正确的做法应该是：脖子一缩，两手一摊，“我不参与，你们看怎么办？”这样学生就会意识到，这个课堂得自己做主，马上投入协商之中，当然也很快就会有人坐下去，留下一个人来发言。如果你不放心，还想来干预，就请他们在争议解决之后，告诉你一个合理的理由——为什么是她留下来发言，你们俩坐下了？理由不充分，就得重新思考，重新商议，直到理由合理，解释让大家满意到止。

8. 发言时不要太急，尽量清楚明白，说得有条有理

小学生发言，往往只有核心的一句话或一个关键词，然后就要坐下。对于好不容易争取到发言机会的孩子来讲，这次发言对其课堂思考能力、情绪控制力、语言组织力、口语表达力、现场掌控力和临场表现力都会有极大的锻炼。在老师帮助下，若建立起非常有条理性的发言规则，孩子们在发言前不仅准备“说什么”，还要准备“怎么说”。条理性、完整性、准确性、规范性等，都成为学生发言的基本素质要求。这对孩子们清晰准确表达个人观点有极大帮助，对孩子们沉稳应对各种场面有极大的锻炼，是对逻辑思维能力、语言表达能力、情绪控制能力、现场掌握能力等综合素质的集中训练。

事实上，只要有要求，孩子们一定会高度重视。在课堂上为数不多的几次锻炼后，一些稳重的发言者会不断出现，在他们的示范引领下，班级上会不断出现这样的风格。而少年时代的培养和锻炼，会成就许多孩子一生的优势和特长。

附文 1

西安育英小学课堂分享规则[①]

（一）一年级：

我补充、我建议、
我表扬、我纠正，
会倾听，大声说，
有条理，讲明白。

（二）二年级：

我补充、我建议、
我表扬、我纠正，
安静倾听，静静思考。
声音洪亮，清楚明白。

（三）三年级：

独立思考有疑问，
合作学习有发言。
分享展示有新意，
班级互动有提升。

（四）四年级：

要分享，懂谦让，聚焦点处来亮相。
腰挺直，头高昂，面带微笑喜洋洋。
嘴里说，心中想，脱稿不再看师长。
吐字清，声洪亮，嗯啊口语别带上。

---

① 根据杜郎口中学的展示改编。

一握拳，一挥掌，肢体语言来帮忙。
我自信，我最棒，褒贬评价记心房。

（五）五年级：

要分享，懂谦让，分工明确来亮相。
嘴里说，心中想，脱稿不再看师长。
吐字清，声洪亮，语言表达要流畅。
用眼看，认真听，专注思考紧跟上。
我提问，我表扬，各抒己见表立场。
虚心学，好分享，他人评价记心上。

（六）六年级：

我自信，我表达，面带微笑喜洋洋。
胸挺直，头高昂，向前一步来阐述。
嘴里说，心中想，脱稿不再看师长。
吐字清，声洪亮，嗯啊口语别带上。
我补充，我想读，各抒己见表观点。
展示完，忙退让，他人评价记心房。

①

②

③

分享规则
独立思考有疑问，
合作学习有发言。
分享展示有新意，
班级互动有提升。
西安育英小學

④

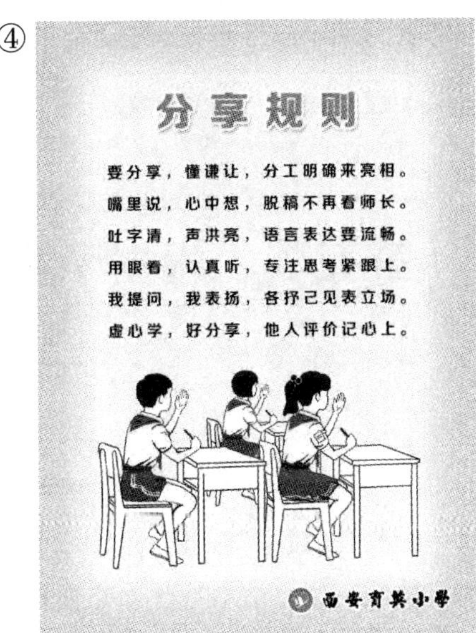
分享规则
要分享，懂谦让，分工明确来亮相。
嘴里说，心中想，脱稿不再看师长。
吐字清，声洪亮，语言表达要流畅。
用眼看，认真听，专注思考紧跟上。
我提问，我表扬，各抒己见表立场。
虚心学，好分享，他人评价记心上。
西安育英小學

⑤

分享规则
要分享，懂谦让，聚焦点处来亮相。
腰挺直，头高昂，面带微笑喜洋洋。
嘴里说，心中想，脱稿不再看师长。
吐字清，声洪亮，嗯啊口语别带上。
一握拳，一挥掌，肢体语言来帮忙。
我自信，我最棒，褒贬评价记心房。
西安育英小學

⑥

分享规则
我自信，我表达，面带微笑喜洋洋。
胸挺直，头高昂，向前一步来阐述。
嘴里说，心中想，脱稿不再看师长。
吐字清，声洪亮，嗯啊口语别带上。
我补充，我想读，各抒己见表观点。
展示完，忙退让，他人评价记心房。
西安育英小學

第五节　根据学生的特点选择教学方式

“分享式教学”强调学生课堂学习的主体地位，让学生的议论纷纷替代老师的喋喋不休。是不是什么东西都要让学生来说一说，才是“分享式教学”？分享是不是应该有对象、内容和时机的选择？下面是我的一个课堂观察：

西安育英小学一年轻音乐老师李丹娜，想用“分享式教学”方法让一年级学生自己辩辩“四三拍”中的强弱拍。

师：“大家看一看老师的手势。‘1——2－3’，第一拍怎么样？”

生：“第一拍是斜的。”

师：“为什么第一拍底下有个铃铛，而第二拍和第三拍没有呢？”

生：“因为第一拍是第一拍，第二拍和第三拍不是第一拍”。

这个活动是典型的成人思维的活动组织，对学生的学习方式没有照顾到。基于孩子的特点的学习方式主要有体验、观摩、巩固等。

一、体验与分享是小学学习的重要方式

李老师想提升学生的课堂主体性，运用一下“分享式教学”学习法。可关键问题是孩子们经验太少，没有感悟。所以“先理论，后实践”的学习策略执行起来非常困难。在低年级学生教学中，存在一个“行在知先，知在行中”的认知论规律。我请李老师放出《小蜻蜓》的音乐，我在旁边打起了拍子，边打边动员老师和孩子们也打起来。“小—蜻蜓——，是—益虫——”。这时候，我们看到，孩子们迅速脱离尴尬，模仿着我们的样子投入到音乐与节拍的体验当中。

从起初的散乱到很快跟上了节奏,“飞—到西—来飞—到东——”。

看看效果还好,李老师让学生想想还有哪些表现节奏的方法。一个孩子在桌子上敲起来,其他人也乱敲起来,迅速乱成一锅粥。这下可怎么办?我边唱边用手在桌上拍一下,接着双手轻击两下。再在桌上拍一下,双手轻击两下。重复,重复,再重复,再重复,从一个桌传到另一个桌,从一个区域传到全班!我暗示李老师放音乐。这个节奏在与音乐的合作初期有一点混乱,随着老师的坚持,很快就合在一起了。在敲击中体会音乐,身心都沉浸其中,整个“嗨”起来了。

接着,我们让过道边的孩子站在过道上,仿着我们的“三步舞”“嘭—喳喳,嘭—喳喳”的动起来,当音乐声起,孩子们俨然陶醉其中了。一曲跳罢,不少孩子的动作真的跟上了。换另一批孩子跳的时候,其他孩子自然打起了拍子!

下课铃响了,我们直接告诉孩子们,敲桌子那一下,叫强拍,击掌的两下,是弱拍!迈出一步“嘭”是强拍,原地点两步“喳喳”是弱拍!然后问:刚才的那几组动作中哪些是强拍,哪些是弱拍?

这时,孩子们一下子活跃起来。

一个孩子讲了半天没讲明白。我要求他们先完整做一组动作,然后再按他做的来讲哪个是强拍,哪个是弱拍。这下清楚了。他双手击一下掌,然后随着节奏两手摊开振了两下。口中念念有词——强,弱弱;强,弱弱。然后就非常清晰明白地讲“哪个是强拍,哪个是弱拍”。接着另外一个同学双手在腿上拍一下,双掌击两下,开始讲的时候,我们示意他讲给大家听。在他讲的时候,我和李老师离开了。

学生的主体性参与,就是身心一起体验在音乐中,从听不到节奏到打出了节奏,从打出了节奏到唱出了节奏,从欣赏音乐到伴着音乐舞起来。这就是学习。体验本身就是一种学习,主体参与式学习。分享的方式是多样的,并非只有“说出来”一种方式。分享是学习之后的经验分享。低年级学生口语表达能力有限,他们完全可以用自己的方式来表达。像这节课后,孩子们在同伴面前展示舞蹈“嘭喳喳,嘭喳喳”,就是他们的分享。另外,画图、动作都是可以的。“问题—思考—分享”有时候可以变通为“问题—体验—分享”。

分享是有时机的,不论是高年级、低年级,学生在初识一种概念的时候,没有思考的基础，便没有分享的前提。体验式学习，在概念学习中是非常重要的教学方式。

二、观察是小学生学习的重要方式

低年级学生在学习生字书写的时候，困难是很多的。在“田”字格里写字，是一种非常有效的辅助手段。然而，许多老师却忽略了一个重要环节——观察。

老师教授孩子在“田”字格里写“地”。一定是把“田”字格贴在黑板上，然后一笔一画地写给孩子们看，让孩子们看清笔画、记住笔顺，然后让孩子们照着写。这时我们往往会发现一个奇怪的现象：老师写的这个字，并不完全标准。它并不完全符合“田”字格的位置要求，只不过把老师自己平时的笔体换了个地方、一笔一画写出来而已。我们老师在平时，一定要严格要求自己，学会在“田”字格里练习。同时老师忽略了一个重要的教学环节和方法，就是让学生观察教科书“田”字格里标准的“地”。

认真地观察“地”每个笔画的具体位置和笔画走向；认真地观察“土”字旁下“横”变“提”和左右结构字“左窄右宽”的特点；认真观察“也”字这个不甚规则字在“田”字格里的写法等等。观察之后，就是辩论，就是把观察到的特点说出来，对观察不仔细、说得不准确的相互辨别纠正。看得越细、说得越明，写出来的字就会越接近字帖里的字。

下一步就是练习。观察细致了，辩得仔细了，就能写得比较规整。伴随“写”的就是“评”。评是依据观察得出来的原则，对写出来的字进行评论。同桌交换点评是一个非常有效的方法。“评”和“改”是结合在一起的，孩子们不断地按照观察和点评到的意见，对写出来的字进行修改。这个修改过程，是依据标准主体性自我修正，是最快的学习过程。

陆晨是西安育英小学一年级一名数学教师。他在教授孩子“＋”号书写的时候，用到了“田”字格。他在“田”字格横竖中线上写出一个规范的“＋”号，让孩子们进行观察评述。他还写出了占满中线的“十”字、横长竖短的“+”字、

横短竖长的“+”字，让孩子们进行对比评论。然后让孩子们在本子上练习，相互评论改进。一个小小的“＋”号，看似平常，可它是小学低年段写得最多的符号之一。写得不好，不仅不好看，还可能与“×”相混淆，容易出错。从小让孩子们形成良好的书写习惯，对孩子们终身发展都有益处。老师在孩子第一次接触时，就认真规范地让孩子看到。写出“＋”号，5 分钟训练，终身受益。

三、小学课堂教学中知识的巩固

一年级学生复习 20 以内加法，老师出了很多题，反复进行练习测试，但似乎发现不了什么问题，但真不能保证学生都能完全掌握。关键这样不断地复习，学生们明显开始出现厌倦、不耐烦的现象。发现这个问题之后，我与上课老师商量，换一种方式试试。我发起一个挑战，给全班同学出了一个填空题（如下图），

	0	1	2	3	4	5	6	7
1								
2								

横排数字加上竖列数字，把“和”写在对应方格里。孩子们觉得挺有意思，都试着在“胡涂乱画本”上画表，并填写起来，很快都填完了。我选了一个小男孩上来讲给大家听，他讲得很认真。我发现，孩子还没有发现规律，基本上都是认真地用加法运算方法完成。

于是我把表格加宽加长。孩子们劲儿更大了，特别认真地在用加法在填写，还是没有人发现规律。发现规律，自然是探索学习，聪明的表现；没发

现规律,孩子们扎扎实实地练习加法运算,也是能促进孩子发展的。最后,我直接把这张表列成“99 加法表”,作为作业,让孩子去完成。如下图,孩子们全部顺利完成了任务,也有自行拓展范围,写满一整页的。

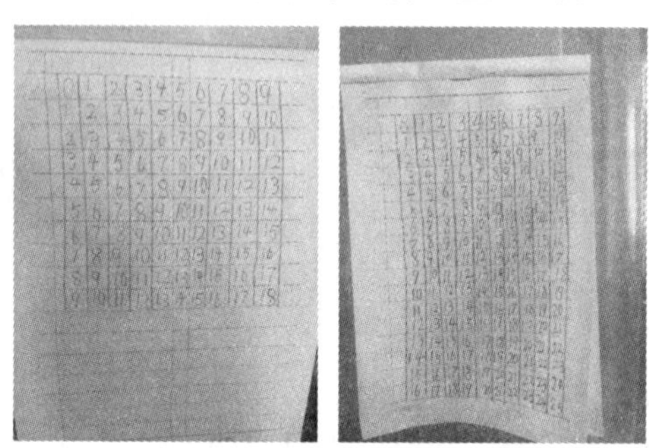

这节课,孩子们没有发现这张表上数字的规律,并不意味着孩子发现不了。学生完成“99 加法表”,是对“10 以内加法”的总结整理,这个事情本身,就是最好的复习。

发现之后的观察、思考、描述规律,是第一步。接下来就该让学生进行随机补充了,更是一种有效巩固的方式。总之,整理性复习能促使孩子在“玩数学”中寻找规律,宏观思考数学原理,比随机松散地大量计算练习,要好得多。

第六章 ▼▼ 教学研讨篇

在小学教育科研和实践应用研讨方面，我提出一个“论小学教育科研应该缓行”，和优秀教学经验“拿来主义”的基本观念。

对小学教师来讲，理论创新不是我们的任务，也不是我们的长项。系统学习已有的教育理论，商量一下别人的优秀教学经验怎么转变成我们的课堂实践，这是我们应该干、可以干，也能干成的事情。即便以后学成能做科研了，实践应用还是我们的主业。

第一节　辩证认识小学教研与科研的推行

一、论小学教育科研应该缓行

见过太多小学教师为评职称而做的所谓“课题”，老师们明显没搞过科研，连研究报告格式都没搞明白，把总结当报告、把心得当论文。凭工作经验和网上下载，一夜之间攒出一个东西。大量文字堆里，有价值的真知灼见寥寥无几，真正科学的实验过程几乎没有。我们许多老师干的就是这种可笑的无用功，其功利成果——满足职称评审条件，远远大于其学术成果。说小学教育科研应该缓行，主要有这样几点理由：

第一，搞科学研究根本就不是小学教师该干的活儿。小学教师编制里没有科研人员编制，也没有明确搞科学研究的职责要求。事实上，小学教师的角色定位应该是科学成果的学习传播者和实践应用者。国家的课程标准、教材，学校的学制、师生比等，无不是教育科研工作者辛勤劳动的结晶。小学教师的职责，就是深入研讨和解读这些东西，以便与科学要求保持高度一致，更好地发挥好科学成果的传播者和应用者的作用。

小学教师应该是科学成果的传播者和实践者，而不是理论的创造者。对长期做理论学习和研究的人来讲，科研是站在高山之巅的人的发现，每移一步都是好风景。而对于没有理论根底的一线教师来讲，山根下的小草，如何想象山顶上雪笼群峰的绝妙风景呢？底子薄、理论浅尚在其次，关键是我们压根儿没打算终身致力于做理论研究，许多经典的研究成果，我们从未深入系统地阅读过，我们只想急功近利给自己镀点金而已。该看且未看，该懂尚未懂，反而梦想着搞理论创新。要形成正确的自我认知，至少要在好好地看一些理论书籍之后，才能更清楚地认识自己的浅陋。

第二，专业水平太低干不了。北师大的导师们大都是教授、博导，他们指导博士们搞研究，他们是干这个的。"'孩子们'（博士生）研究主题不新，因为他们是教育专业的学生。我就指导他们通读其他专业，如政治、人文等他们感兴趣专业的国外和国内两种相关教材，认真看一阵子相关杂志，建立起相关专业的研究视角，然后再确定研究主题，就新了"（北师大褚宏启教授语）。我们的小学教师的基础专业是语文教育、数学教育，有的中等师范毕业生没有明确专业，没有专门训练。搞科学研究的讲究专业理论深厚、研究经验丰富，能全面掌握相关领域的权威观点和最新动态，有极专业的行动能力，有团队攻关的协同能力。参与研究工作的小学教师，别说跨专业跨领域学习，本专业本领域尚未学习，缺乏专业素养和专业精神，不能有效判断课题的研究价值，不能理性从事科学研究，要么重复了前人已经做过的研究，要么因为研究工作缺乏专业性，研究工作成果甚微，或没有推广价值，徒然累积一堆废纸，耗费大量人力，劳而无功、得不偿失。

第三，研究工作没条件。搞科研要有科研环境，比如有汗牛充栋的图书馆，随时可以免费登录的网上图书馆，有科研实验室，有高素质的科研团队，有专项的科研经费等。小学教师什么都没有，图书更新慢，且学科门类不全；科研团队都没有专业的研究培训，即使参加培训，区上的教研员也是学校抽调的优秀老师，比普通老师高不到哪里去。

第四，工作太满没时间。大学教授每周课时比较少，留有大量时间读书、上网、搞研究。这些时间，不仅保障他们系统地开展专业理论的学习，实施精深的领域实践研究，还时刻掌握着教育科研和学校改革的最新发展动态，时刻站在教育科研理论实践的最前沿。小学教师每周 18 ~ 20 节课，又是备课、又是批改作业，抽时间辅导学困生，还要参加学校的各种活动。这些日常事务已经把小学教师时间占满了，不可能像大学教授那样有时间、精力去图书馆查资料、看书、搞科研。回家之后，做饭、洗衣、搞卫生等大量的家务劳动，加上照顾老人，辅导孩子功课，哪儿还有心思和精力读书学习、搞科研。总之，小学老师搞科研是赶鸭子上架，干不了。

若是说学校真有专业的研究生、成立专门的研究机构，确实具备了高校研究者一样的学习和研究条件，这些人有实践的经验、研究的热情，像陈景润一样志存高远、废寝忘食。这个学校和这群研究者，完全可以搞教育科研。像东北师范大学附属小学研究生比例占教师总数近半数，又有大学的科研环境，我自然不会否认。但这是特殊情况，我讲的是普通小学和一般情况。

二、论教学研讨应该施行

教育科研我们做不了，但工作中间的问题和困惑现实地存在着。所以开展理论学习、经验借鉴的应用性研讨，却是小学教师首当其冲必不可少的重点工作。我觉得，小学教师不妨这么做：

一是“拿来主义”，直接用。小学教师经验型工作太久，特别需要理性的整理和思考。翻一翻苏霍姆林斯基《给教师的建议》，你会发现我们在日常遇到的大量问题，苏霍姆林斯基早就遇到过了，且早有思考，给出了非常好的建议，让人不免想“早见这本书就不用在黑暗里摸索这么久了”。所以，小学教师干脆把重点落在学习和运用上。教育杂志上别人现成的研究成果，教育心理学和教育学现成的规律和原理，别人的现成案例，“拿来主义”直接用。教育家的研究，不就是为我们服务的吗？所以目前小学教师如果能做到在自己的实践中充分应用，学习、领会、反思、提高，是最理智的选择。谁也不能妨碍我们学习应用教育理论的权利。

二是非要搞点研究什么的，那就抓抓成果转化的研讨吧！研讨什么？结合课堂中的现实问题，研讨如何上好课；研讨别人成功的经验如何转化为我的课堂实践；研讨如何改进教学设计（教案）；研讨如何实现有趣味、效率型课堂；研讨作业的布置和学困生的转变等。这些具体问题，其实就是新课程理念如何在教学各个环节活动中贯彻落实的问题。这样做，我们小学教育才算抓到了点子上，也是学校学习型组织建设和教师专业成长的必由之路。

三是可以开展解决具体问题的应用性研究。如果说完全不让小学教师搞科学研究有些绝对的话，那么就针对工作中的突出障碍和困难，形成“问题导向”,发挥自身或团队优势寻找解决办法,让自己的课堂更加优化,让自己扎实丰富的教学经验转化为教学效率的明显提升。结合自身实际问题的实践型应用研究,与科研是有着质的区别的,却是老师们最需要的技术攻关活动,是他们能做,也应该做的事情。这一活动,与系统的理论学习和具体的方法借鉴是分不开的,所以学习永远是应用型研究的基础和前提。

第二节　教学研讨是课堂教学改革的重要内在动力

一、教学研讨的必要性分析

教师的教学研讨,不是为了研讨而研讨,是因为教师有研讨的实际需要。老师上课有了问题,自己想不明白,缺乏思路,没有方法,需要寻求帮助,才与同事或专家共同研讨。所以研讨是基于“问题”而存在的,是基于“老师的问题”而存在的。没有问题,即没有研讨。而老师“教的问题”,几乎全部来自学生“学的问题”,来自对学生“学的问题”的无解上。而无论是学生“学的问题”,还是教师“教的问题”,都发生在课堂实践的过程中,因此,教学研讨永远在课堂教学之后。事实上,课堂教学中最不缺乏的就是“问题”,所以教师之间的研讨,就成了一项必需的研修活动。

比如,数学课堂上有学生问老师:“老师,分数线下面的数称分母,分数线上面的数字叫分子。分母和分子,是妈妈和儿子的关系吗?”在三年级,学生就要学分数,分数概念里的“母”和“子”,自然会让孩子产生这样的联想。有时候孩子不问,但“未必”就不这样想。老师强调“分数线下面的数,就称为‘分母’,分数线上面的数字就称为‘分子’。这是约定俗成的,规定好了的,就这么叫!”,似乎不能服众。你敢说当初中国人给它取名的时候,真没有“母子”关系的思考?

有老师产生联想：从字面上理解，分子、分母一看就知道子是由母而来，所以分母的数值一定大于分子。如果小了的话，那就不是真正的母子关系了，称之为假分数（这里不对正负进行解释）。母亲是伟大的，所以她把儿子捧得高高的。分数线是分子与分母分开的标志，是分母根据分子所占的分数多少的运算过程，爱是翻倍的，所以是除法运算。可问题是，这是你个人臆想的，事实到底是怎样的，科学家和教科书编写者是怎么想的？只要这两个概念存在，孩子一定想知道，老师一定还要回避吗？

不回避学生问题，就是教师的问题——弄通原理，做一个明白老师。虽然分数的意义和性质是本课的重点，但这个“问题”关系着分数概念体系，对正确理解和准确运用分数的意义和性质，同样至关重要。研讨就是“教然后知困”，进而“学然后知不足”，让自己不断通透起来。

二、教学研讨是基于特定情境的深度教学探究活动

我认为“教学研讨永远在课堂教学之后”。有人不赞成这个说法，认为我们必须在上课之前来研究，“为了上好课”来研究，研究的是“如何上好课”，怎么可能在课堂之后来研究呢？

教学研讨之所以存在，是因为“教师的教”出了“问题”遇到了“困惑”，才来研讨的。没有“问题”，何来研讨。课前“为了上好课”的“研究”，“如何上好课”的“研究”，是对“事”的协调商讨；课后围绕教师教的“问题”“困惑”的研究，是对“理”的探讨及理论研究。这是两种不同性质的工作。我们偏重于“理”的研究。

下面是数学学科委张琦在课堂上遇到的一个“问题”。

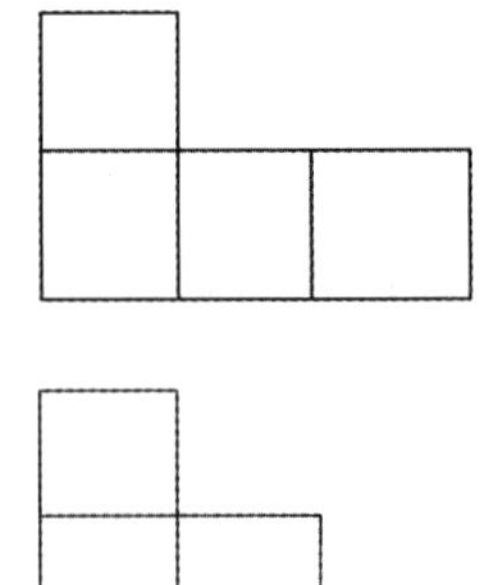

“一个立体图形，从正面看到的形状是（上图），从左面看到的形状是（下图）。按题目的要求搭一个立方体，最多能用几个小正方体，最少需要几个小正方体？”这是北师大版小学数学六年级上册第 32 页《观察物体》里的一道例题。教学前，张琦老师是做了认真准备的，这道题主要锻炼学生的空间想象力，答案唯一：最多 7 个，最少 5

个,没有开放性。张琦就放手让学生们自己来做。

出人意料的事情发生了。

在“最少需要几个小正方体?”这个问题上,出现了不同答案。教学用书上的答案是5个,如(下图左),张琦和学科委同志也是这样认为的。然而有一个小组给出的答案是4个,其图形是(下图右)。你认真看,人家似乎是对的。这下在全数学学科委引起了轰动——放开手不仅能生成许多超越老师设想的思路方法,还能产生足以挑战权威的惊世之举!

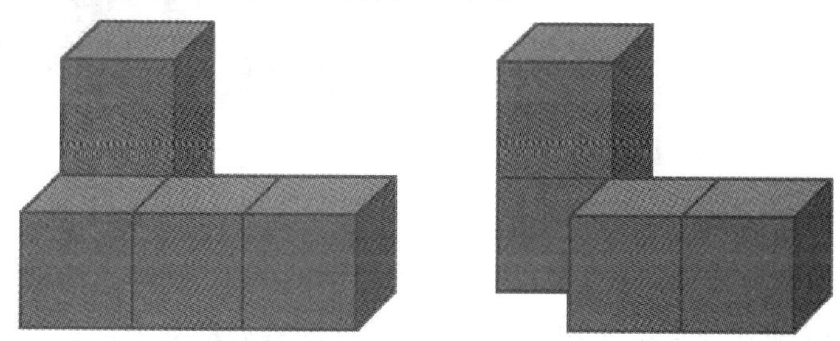

那么哪一个是对的呢? 是教科书出错了,或真是学生的答案存在问题? 这就引起数学学科委员会的兴趣,一定要弄通弄懂,搞明白、理通透。大家查资料,问教研员,一直问到北师大教材编委,任景业教授亲自给予解释:“小学阶段考虑所有面都要有接触。标准答案是5个。第二幅图有一个面没有接触,是同一条棱接触,得出4块。学生能想到这里,当然算对,还要对孩子大力表扬,因为他超出了一般学生的想象范围。这道题不算教材出错。我们在教材试讲时遇到了同样的问题,经编委研究决定保留。”

三、研讨的意义是通透原理、厚积薄发

曾发现一名兼职科学老师,把方向盘省力的课,上成了语文课,让孩子在读文中领悟方向盘省力的好处。科学课是讲“理”的课,谈“事”论“情”解决不了“问题”。教科书上讲,方向盘省力是因为“杠杆原理”。可方向盘上的杠杆在哪里呢? 它们一个是长杆,一个是圆盘,怎么看也不像呀? 学生难以想象,老师呢? 老师对这个问题弄清楚了吗?

在方向盘上找杠杆,是这一课的重点。如果老师心中有数,可以放开手让他们找,找不到老师可以提示,让其朝那个方向去想。聪明的孩子一定会很快

悟出其中原理,然后全班都会有进步。明白了之后,孩子们可以在一些用手指不能拧动的螺丝帽等方面,设计一个小的方向盘,或理解螺丝刀的“方向盘”原理。可问题是老师还没有明白,这课就没法上了。

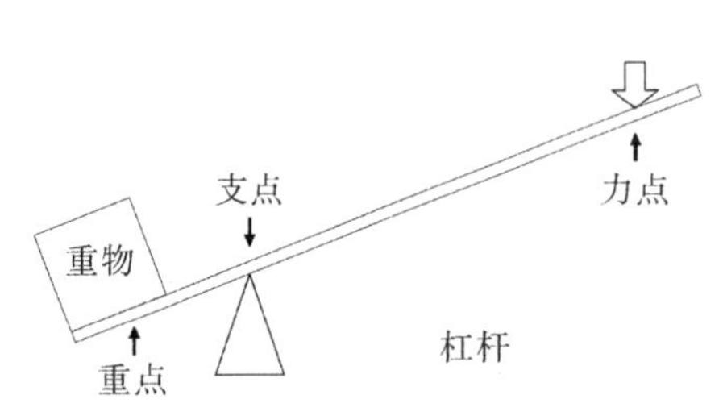

研讨的前提是学习,学习不通才研讨。

如下图,图中有一个带支点的杠杆,在杠杆长臂顶端往下压,短臂顶端则向相同方向运动。长臂转一圈,短臂也转一圈。这样就形成一个转向相同的同心圆,外圈多像一个方向盘呀。它的转动支配着方向盘下面机器的构件,制动着轮胎的滚动方向。它就是这样一个杠杆!

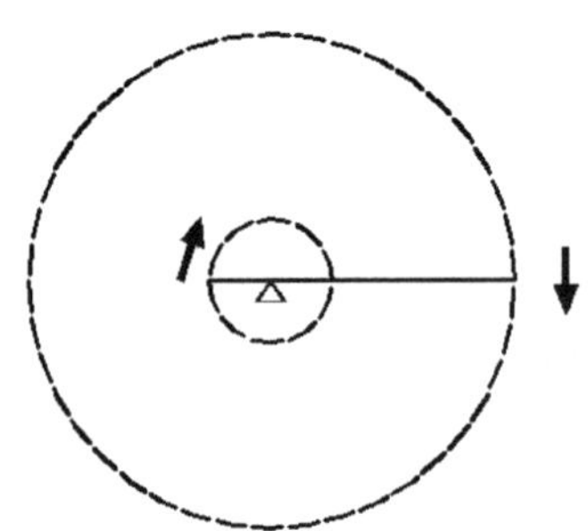

知道了这个道理,关于滑轮的杠杆原理就容易理解了。

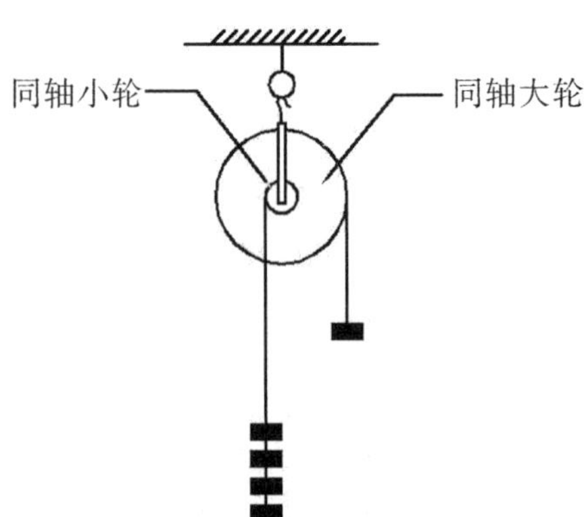

如果在方向盘上找到了杠杆原理,在滑轮上就不必找杠杆了,费劲!与同事研讨时,告诉大家,只需找到滑轮与方向盘的关系即可(如右图)。1 枚钩码在大圆上,4 枚钩码在小圆上,大圆半径是动力臂,小圆半径是阻力臂。还是不明白?那好,重新看上图的方向盘原理,从方向盘与杠杆的关系上,明白方向盘省力的原理即可。

这是个学习的例子,也是一个教学的问题。不通理,就不能教会学生科学的思维方法。简单的道理,一旦通了,往往就能一通百通,带领学生认识社会生活中更多的人类智慧。

第三节　教学研讨与课堂教学应该紧密结合

常规的评课都是在课后，课堂上的听课人是不能打扰教师的正常上课的。可是在“学生学的课堂”上，我越来越发现，听课人与上课人在课堂上研讨不仅可能，甚至只有在课堂上才能更有效。

一、课堂教学现场具有丰富的教学研讨时机

听课人在课堂上的作用，不是作为评判者而存在的，而是与上课人一起作为课堂学习的参与者和观察者而存在的。课堂上学生的反应，产生于当时的特殊情景，情景一过，想要再次复盘，何其难矣！所以课堂上发现“问题”，听课人伺机合理介入，是完全可以的。

下面是我参与到程亚娥“小数点位置移动”练习课的案例：

根据 13×12=156，在(　　)里填上适当的数。

(　　)×(　　)=15.6　　　　(　　)×(　　)=1.56

(　　)×(　　)=15.6　　　　(　　)×(　　)=1.56

(　　)×(　　)=0.156　　　(　　)×(　　)=156

(　　)×(　　)=0.156　　　(　　)×(　　)=156

程老师先让学生独立完成，然后小组之间讨论，再推荐代表发言，填出不同的算式，并说出这样填的理由。分享阶段，在大部分学生说 1.3×12=15.6，13×1.2=15.6 时，突然有人说了句“答案有无数个”。程老师追问：“为什么?”有学生答道：“只要把一个乘数的小数点向左移动一位，另一个乘数的小

数点向右移动一位，积就不变。”程老师小结后准备进入下一个环节。我果断参与——

“刚才哪位同学说‘答案有无数个’？”

叶榕华同学站起来。

“你能上来写出来吗？”

“可以！”他自信地上来说。

我在黑板上写了“（ ）×（ ）=0.156”，“试一下，看能写多少个？”于是——

（12）×（0.013）=0.156

（1.2）×（0.13）=0.156

（0.12）×（1.3）=0.156

（0.012）×（13）=0.156

（0.0012）×（130）=0.156

（0.00012）×（1300）=0.156

黑板上写不下了，他还在最底下标注了“……”。下面的同学领会到了叶榕华的意思，有人也在下边写开了。他写的是：

……

（13）×（0.012）=0.156

（1.3）×（0.12）=0.156

（0.13）×（1.2）=0.156

（0.013）×（12）=0.156

（0.0013）×（120）=0.156

（0.00013）×（1200）=0.156

……

问他为什么在前边还写了“……”，他说：“它确实有无限多个，不仅往下可以写，往上还可以写无限多个。现在我们写的仅是它中间的一小段而已！”

我又在黑板两侧各写了一道题：0.00000000012 ×（ ）= 0.156 0.00000000012 ×（ ）=0.0156 “这道题该怎么算呢？”兴奋的孩子们顿时安静下来。很快就有人算出答案了，叶榕华也算出来了。

我问他:“你怎么证明你的答案是对的呢?”

孩子们又陷入了思考。在一阵沉静之后,同桌间又自然研讨起来。很快各种办法都出来了,雍紫玥提出“0”太多了,容易写错,她补充道:“我有一个好办法,只写两个‘0’,中间加上省略号,上面打一个大括号,注明是几个‘0’,这样既清楚,又不容易错。”

这次教学活动,学生提到的“无数个”“无限多个”,是课堂生成。既然学生提到了,就不能放过。让他们写出来,写的过程中体验小数变化的规律,是很美妙的一件事。一是他们感兴趣,二是让更多人意识到确实有“无数个”,是怎样的“无数个”。关键的地方是规律性的书写,容易让学生找到了积不变后,乘数之间的变化关系。

二、课堂教学过程中的研讨是对预定目标的延伸

“你能上来写出(这无数个)来吗?”“这道(特殊的个例)题该怎么算呢?”“你怎么证明你的答案是对的呢?”三句追问,后面就是孩子们兴奋的探索。可问题是,上课老师因为听课人的干扰,他自己原先设定的教学环节不能继续,他心理上能否接受。

这个时候要考验的,是上课老师要在教学目标与真实学情之间找到科学合理的平衡点。我的经验是只要课堂生成没有脱离课标和教材要求的范围与本课内容存在核心关联,特别是在学生发展的“最近发展区”内,即可予以关注。相反,若脱离了“最近发展区”则须及时拉回不必细究。

上课老师结合自己的教学设计,参考刚才进行的课堂流程,对比课堂学习的实际成效,然后感知孰优孰劣,以便开阔眼界,大胆改革。这个课例:重点是让学生学会“小数乘法中小数位数的变化规律”,即“(0.00000000012)×(　　)=0.156”如何做?

教科书上例题:

根据 13×12=156,在(　　)里填上适当的数。

(　　)×(　　)=15.6　　　　(　　)×(　　)=1.56

(　　)×(　　)=15.6　　　　(　　)×(　　)=1.56

(　　)×(　　)=0.156　　(　　)×(　　)=156

(　　)×(　　)=0.156　　(　　)×(　　)=156

这是个常规例题,学生简单地完成它,对系统教学益处不大。反而拿出其中一道题“(　　)×(　　)=0.156”,“试一下,看能写多少个?”这下变化就大了。学生挑战性地写出了无数个。在此基础上,“(0.00000000012)×(　　)=0.156”的出现,就显得自然多了,而且变得似乎不太困难了。孩子们必须完成从规律性的散漫到准确的定点作业的转化!关键是对“13”后边“0”的个数判断。在前期数据罗列的基础上,准确完成这道题还是完全可以达到的。这时,“你怎么证明你的答案是对的呢?”就显得尤其适时,尤其重要。这是诱导学生在两个乘数之间准确找到变化规律。学生完成这一步,这节课的任务就彻底完成了。

上课老师程亚娥看到一道题的变化,完成了全部学习任务,而且整个流程层层递进、自然流畅,学生学习的劲头很足。当然不再在意原有的教学设计是否必须进行完,反而对两种设计进行对比反思,从中领会到许多课堂规律。核心的一条,就是抓住学生课堂生成,对稍纵即逝的教育机会及时准确把握。而听课人,如果课堂上不及时介入,课后再提“无数个”,上课老师和学生都不易想起,课堂研讨的效用就打折扣了。

教师课堂教学研讨要展示的,就是这种真实的课堂进步,展示的是进步中的师生现状。学生们在课堂上,全面进入扎实学习状态,完成了学习任务,也取得了真实进步。课堂负面干扰的影响并不大,体现的是一种积极参与,既是“双师课”,同时也是两位老师与全体同学共同进步的研讨性学习课。

三、教学现场的研讨对学生更具有教育价值

下课后,学生们很兴奋,跑到正在交流的两位老师跟前,表示很喜欢上这样的课,希望我下一节能再来参与他们的数学课。“这节课太有意思了!”“这节课时间过得太快了……”“校长,下节课你还到我们班来,好吗?”。听到了学生的反应,程老师也很高兴,认为这是一种课堂研讨,特别有意思。

孩子们为什么喜欢这样的课呢?

1. 课堂意外——新鲜

听课老师一般是坐在教室后面，让孩子们如芒在背、紧张兮兮，特别是校长！现在好了，校长参与到学习中来了，破坏了上课老师的课堂节奏，孩子们轻松了，乐见会有什么新鲜事情发生。这种意外性惊喜，对孩子们来讲是新鲜刺激的。课堂意外，本来就是孩子们容易产生的兴奋点，加上校长意外参与，他还可能出错！等等！

2. 现场展示——挑战

“你能上来写出(这无数个)来吗?”“这道(特殊的个例)题该怎么算呢?”“你怎么证明你的答案是对的呢?”三句追问，把孩子们带进刺激的学习挑战之中。这几项任务，既在意料之外，又在情理之中；既具有明显挑战，又并非无法完成。在思考和练习中，孩子们不断实现个人突破，获得学习乐趣。

3. 发现规律——自信

“无数个”这个规律，是孩子想出来的，但把它写出来，是不太容易的。因为它是从理论到实践、从空泛到具体，是对学生总结整理个人思路和想法的一种考验，而当它变成现实呈现在人们面前，并被证明是正确的时候，孩子们就对自己的学习力充满自信！在紧接着的两步挑战中，同样有重要规律可循，发现了在“积不变”情况下，知道一个小数乘数，求另一个乘数的特殊规律，以及两个乘数之间关系变化的精确表达。这种通过自主学习发现的规律，对于建立学生学习的自信心，显得极为重要。

第四节　以学科委员会推进学校教学研讨

现在大部分学校的教学业务部门人员都比较有限，而学校的教学常规管理工作比较多，如日常教学管理、教学业务研讨、学生德育建设、教师专业发展等，而学校教学副校长、正副教务主任，以及教务干事就那么几个人，语文、数学、英语、体育、音乐、美术、科学、信息技术等诸多学科，每个学科不能都匀一个干部去引领，而且往往专业难以对口。如果语文学科多出几名干部，那大部分学科就没了专业的指导人员了。学校业务部门管不了业务的现象就比较普遍了。有什么办法吗？有。学科教学研讨自主管理。

一、学科委员会是推进教学研讨的基层组织

在课堂改革这件事上，干部的热情和一线老师存在明显差异。业务干部人数少，忙于行政事务，很难将注意力集中到专业研究上，而且大部分干部是从语数等主学科提起来的，专业侧重明显，不少学科的教研活动他们指导不了。学校整体的教研活动形式大于内容，处于可有可无的低效运作状态。这是个十分严重的问题。责难干部不现实，增加人手不可能。“分享式教学”的理念提醒我们，解决不了的问题，交给提问者本人。像语文学科，36 个班，就有 36 名语文课堂专家。这些真正的专家长期放弃自己的实践经验和专业坚持，听命于个别行政干部，甚至年轻的临时教务人员。行政水平代表不了专业水平，行政指令也代替不了专业标准。

2018年4月,西安育英小学语文、数学、英语、体育、艺术、综合等六个学科委员会成立了。语文学科委员会,由语文学科自己推选5名德望高、能力强,专业素质高、创新意识强,有亲和力和奉献精神的同志组成,从中选出3名主任委员,其中1名主任委员,2名副主任委员。这几个人共同决定语文课怎么上才算好,平时的业务学习、教研活动该怎样搞,学科内人才培养梯队怎样确定,甚至专业发展环境如何优化等。学校所有中层干部按本人专长分科蹲点服务指导,学科委主任对行政会负责,定期述职。工作实行项目化管理,项目在开学前一周随计划上报,附项目预算,开学第一周校长办公会研究通过后施行。后来又经职代会进一步赋予人员调配权、课表调整权、内部管理权、表彰建议权等。这一改革,一线同志的工作热情和潜在能力顿时焕发出来。许多创新点子不断迸发出来,许多新人才不断涌现出来,学校进入了老师为自己干事、干自己的事、按自己意愿干事的全新工作状态。

组建学科委员会,一是实行"学科自主",提升教研活动的专业性,解决业务指导人员欠缺的问题。学校里目前基本都面临一个业务干部少,事务杂、任务重,教学指导、深化教研、人员不充足、专业不对口等问题。推选长期身处一线,懂业务、知内情的若干学科专家,组建学科委员会,自主决定学科教研活动,是一种"扁平化"的专业管理和民主管理体制改革。二是解放干部,提升服务型管理水平。新型管理的核心理念,就是服务。基层干部是协调管理者,支持服务者不是领导者,不但不能摆官架子,还要定"五星级标准",发挥"店小二精神",做好一流服务。现在学科委员会正处于探索阶段,行政会要统一研究学科委的工作,审议学科的规划方案和经费预算,中层干部根据专业优势蹲点服务。干部的服务,要在全局构思上下功夫,要在抓重点谋创新上想办法;要深入听取学科每一位同志的课,摸清家底;要与学科委干部共同制定工作计划、修订方案、推动落实、解决难题;要上情下达,下情上达,事不过夜,马上就办。

二、组织课堂教学研讨是学科委员会的核心任务

学科委员会就是开展理论学习、经验借鉴的应用性研讨、引领,帮助学科

教师解决如何上好课的问题的学术性组织。重心在课堂,阵地在教研,关键在学习。

立足课堂教学改革,是学科委员会的工作重心。课堂教学改革的基本要求是:聚焦“学生学的课堂”,着力发挥课堂教学的主渠道作用,着力提升课堂教学有效性。“学生学的课堂”,即“学生的课堂、学习的课堂、真实的课堂”的课堂观。强调课堂的主干是学生的学,而不是教师的教,学生是课堂的主人,注重方法指导,培养会学习会思考的人,以学定教;课堂40分钟是学生充分学习的过程,不能因为怕浪费时间,把学习内容推到课外,只让听懂不让学会,影响学习效果,增加课后负担;坚持“日常课”真实性唯一标准,杜绝“示范课”迎合性标准,强调课堂的真实、平实、扎实,避免华而不实没效果,给课堂留隐患,给复习添麻烦;相信学生,懂得取舍,对学生已掌握或自己能解决的内容,由学生自己解决,果断把重点放在学生未知的内容上,放在学生应训练的能力上。

抓好学科教学研讨,是课堂教学改革的基本阵地。抓课堂必须先抓教师,抓教师必须先抓教研。学科委员会的核心任务是以学科自主的方式促进教研活动的开展,以学科专家集体的力量促进课堂教学改革,提升课堂教学质量。学科教研活动围绕课堂改进,要有一定载体。比如数学学科委“易错题”辅导,就是抓住课堂失误进行的专项教研,抢善救失是一个方面,改进教学设计提升课堂教学是更重要的方面。语文学科委“古诗词诵读积累”、英语学科委的“拼词大赛”、体育学科委课堂常规礼仪、艺术学科委教师“钢琴伴奏”基本功训练等都是很好的切入点。总之一点,研讨工作一定要围绕课堂改革来进行,用课例来展示你的理论、观点和方法,用课例来验证和发展我们的课堂创新。

教学研讨,关键在于理论与实践相结合的学习。对如何上好课的研究,如果人人都停留在经验层面,是浅水区的小打小闹,没有太大前途。别人的经验拿来就用,一是未经改造,适用性打折扣,二是“知其然,不知其所以然”。人家的经验为什么有用,其背后有着特殊的背景和科学的原理。弄懂弄通了,别人经验就成为自己的经验,也能通透明晰地讲给别人听;没有弄懂弄通,别人的经验永远是别人的经验,用不了多长时间就丢掉了。有人请教,也是瞎说一气。系统的理论学习,能让我们对经验得到更深刻的理解和最有效的利用。理论联系实际的学习,也是最有针对性、最有效的学习。

成立中心学习组，实施读书推荐活动，以读书交流形式促进教师群体的理论学习和经验交流，让大家慢慢脱离“匠气土气”，不断充实“文气雅气”，大家以理论来设计课堂、评价课堂的风气越来越浓了。

我们在研讨中还有一条基本经验，就是开门办学，扩大交流。2018 年 4 月的任景业团队“分享式”教学对我校教师造成的思想冲击，不仅表现在对教师滔滔不绝的反思和对学生议论纷纷的呼唤，表现在对学习过程的重视远胜于对学习结果的期待，还表现在真正见识到了“学生的课堂”“学习的课堂”，才知道以前的课堂太注重“虚把式”“花架子”，耗费了太多精力，太值得反思了；开门办学，才知道天外有天，人外有人，才知道外边有人在办真教育，太值得我们学习了；才知道我们走出去得太晚、知道得太迟了。当李雯团队返校加强试点，上完展示课在语文、数学学科委举行研讨交流时，大家群情振奋，争论激烈，“行千里路”比“读万卷书”更吸引人，这是水道打通后的喷泉效应，这是开门办学的好处。

第七章 ▼▼ 教学评价篇

评价是学校课堂教学活动的重要环节。作为能够对课堂教学发挥重要影响的环节,教学评价对教学活动发挥着导向、激励、调控、诊断等重要功能。长期以来,由于对教学评价存在的误区较深,存在着错误运用评价方式、错误理解评价理念的问题,致使评价与教学之间的关系“走入歧途”。21 世纪以来,基础教育课程改革过程中,人们围绕评价开展了正本清源、返璞归真式的研究,尤其在小学课堂教学领域,教学评价实践出现了高速度发展的态势。

第一节　以发展性评价引领课堂教学

在贵州支教的浙江退休校长陈立群，在谈到两地高考升学率时讲："浙江中学孩子入学率97%～98%，贵州这里最好是3%。我开玩笑说：加在一起正好是100%！"浙江97%的入学率与贵州3%的入学率，相当于一个优等生与一个差等生，实力差距实实在在地摆在那里，你能说贵州有97%的上升空间，而浙江只有3%吗？如果是的话，老师就不会为这些孩子头痛了！可老师头痛的原因，却正是因为有这样的期盼。

一、终结性评价不利于学生主体性的发挥

优秀学生聪明、学力好，努力抓好他们，他们成绩稳定不下滑，是班级总成绩领先和平均分稳定的基本保障。当然有人认为："优秀孩子，你抓得再好，他们只不过从95分升到96分，就是升到100分，也只有5分。可你要抓好学困生，抓对了，一个人从30分蹿到70分，就能把全班平均分提高近1分！"这话说得容易，当每个这样想的老师，真正试了才知道，这样的策略根本行不通。优秀生从95分升到96分，何其难矣！这1分是哪一道题争取来的？不，是对全部学业的牢固掌握，且临场发挥不得有任何失误，是学生整体水平提升的结果。同样，老师对学困生付出十倍、百倍的耐心和气力，他们在最简单的问题面前似乎永远处于似懂非懂状态。同样的题，稍换一种说法，一定还是错！想想，其他孩子流水一样不断增加的题目和类型，他们连碰的机会都没有！怎么可以奢望他们有更大的进步！老师针对他一个人倾注全部心血，进展何其缓

慢,根本不值!面对这样的孩子,老师只能视为畏途,退避三舍。

有人把目标投向了中等生,这个群体,如果能努力一把,可以扩大优等生的基数,这个班成为优秀集体的概率就很大了。可努力了一番后,发现中等生似乎离学困生更近一些。他们的考试成绩总似井里的十五只吊桶,上也上不到哪里去,下也下不到哪里去,石板一般坚定,很难有立竿见影的成效。

专门针对某一群体的努力,不能让其中任何一个有显著变化。我们教育者的工作,似乎也成为一种可有可无、无甚意义的活动了。殷切的期望、艰辛的努力,似乎更多地增加了我们的伤感,让我们灰心丧气。问题到底出在哪里了?在教育观和质量观上,我们不是为了让每一个孩子都进步、都发展,而是为了总成绩和平均分,为了纸面上成绩的好看,粉饰政绩、急功近利;我们不是想着每一个孩子的进步、发展,而是想着自己的工作,忽视真正学习主体,就容易把学生当工具;忽视学生的主体地位,忽视了学生的正常成长规律,就容易以“我的教”代替“你的学”,以“我的努力”代替“你的努力”。教育活动、学生的进步和我们的工作之间,到底有一个什么样的规律呢?车间机床上要制造一个零件,图纸上有严格的形状和尺寸,严格按图纸加工,就能无限接近合格品。掌握不准,就可能加工出 30 分的残次品。提高工人的读图能力和加工水平,就可以将 30 分的残次品变成 98 分的合格品。教育却不是这样的。首先,人才是自己成长的,他有自己成长的意愿和动力,不是死的被动的机床零件。学习者本身比教育者具有更大的能动性,教师的意愿若不能与学生保持一致,是无能为力的。另外,人才根本就没有什么固定的“模子”。既然没有一致的标准,何来统一的尺度?这份老师人为制定的卷子,只能最大限度地测量孩子目前对知识和能力的理解掌握程度,不能全面检测验出其学力成长以及情感态度价值观的发展情况。而且,这把尺子测量的,是一个快速发展中的人,而不是机床上不变的模具。只可测知其发展过程中的得失,却不能作为其定性的依据。而真正的标准,《全日制义务教育语文课程标准》《全日制义务教育数学课程标准》等各学科课程标准,都明确将学习者定性为一个“个性化”的发展者,要求我们要致力于学生良好个性和健全人格的发展。

这里就得出了一个根本性的结论:评价和发展学生,教师应正视学生的主体地位、客观现实和个体差异,让每个人在自己现有基础上,寻找适合自己的发展方向和发展方式，并得到充分的发展！每个人都有一把专有的“尺子”，测量的结果不是为了评比优劣好坏、奖优罚劣，而是诊断问题、反馈信息和激励自信，以促进每个学生个体科学理性地全面健康成长。

二、学业测评应基于学生的个体差异组织

普通的老师们都有这样一个浅显的认识：百分卷，是实实在在、有据可查的。答对得分，答错不得分。答对的最多就是100分，答错的最低是0分。这一把尺子量下去，你在什么位置，就是什么位置。百分卷这把面向全班、横向量人的尺子，它到底量出了什么？这一个一个的数据刻度，是用来干什么用的？我们测量学生的意义和作用是什么？老师们普遍认为，考试是对学习活动的阶段性总结，是学校生活的常态化节奏。考了多少年了，老师学生都适应了，不考不就乱了吗？至于其意义，考试，让学生知道自己几斤几两，便于沉下心来更认真地学习；考试，也让老师知道自己教学有无偏颇，以便长善救失。事实是这样吗？我们更多看到的是这张成绩网格上，可怜的生命挣扎。优秀学生极为紧张焦虑，本次考好，忧心下次，自己考好，忧心别人更好；学困生日常表情凝重，内心极为敏感，对学习充满恐惧和无奈，其实他们也在好好学习，然而竞争太过激烈，让他们无力抵对，内心充斥着失败感；中等生更是老师家长最寄予希望的，努力一把可能就能上个好中学、好大学，要努力呀！你看别人家的孩子……

其实学业测试是没有问题的，就像学习是学生的个体行为一样，测试也应该是学生的个体性测试。与集体测试社会化排序比对不同，个体测试更像是一次诊断或体检，反馈出学习得失，激励学生长善救失。个体测试是一种专注于学习的专业测试，它显示的是成长中的问题，侧重于诊断、反馈、激励，日的是促进个体的反思进步和全面发展；与之相对，集体测试则似乎更倾向社会性，显示的是个体在集体中的发展定位，侧重于检查、甄别、选拔，目的是为了实现奖惩和秩序维护。同样一次学业测试，我们是更关注个体成长发展还是关注集体管理秩序，决定于我们持有什么样的教育观和学生观。个体评价数据的连续统计，形成个体的纵向测量统计，这一统计结果，显示了个体发展的

整体变化，有利于对个体成长影响因素的分析。这样，就形成了集体评价和个体评价、横向评价和纵向评价、奖惩性评价和发展性评价三种评价样态。

在“学生学的课堂”的构建中，“百分卷”数轴上集体横向比对、充满社会化因素的奖惩性评价，明显已不适应学生个体发展的要求。而建立在学生学习主体论基础上，关注个体纵向发展，侧重于诊断、反馈、激励等评价功能，以促进学生个性发展为目的的发展性评价，是最理想和最适切的评价。

三、教学评价应以学生发展为起点

教师工作的核心是促进学生的转化。教学设计是转化的最佳载体和抓手。在设计一节课前，有一个问题必须搞明白，就是我们依据什么来确定我们的教学目标。课本、教参，还是义务教育阶段某学科的课程标准（以下简称课程标准）？如果说是课程标准，那么课程标准又是依据什么制定的？不变的课程标准如何能适应所有的课堂？教育教学的起点，最终还是源自现实的学情。教育部的专家是立足全国学生的现实学情、学科专业发展趋势和国家未来社会发展需求，制定了课程标准，具有全国适用的一般性、普遍性、抽象性等特性。教师在教学中，要把课程标准的一般要求，与本班学生实际情况相结合，才能真正取得最好的教学效果。反对把课程标准教条化。教室里一个个具体、有独特个性的学生，他们是课程标准制定前的考察对象，是制定中的实验对象，更是实施时的适应对象。与课程标准“举国求同”不同的是，学生自身最显著的特征体现为“差异性”。他们之间所谓“差异”，“差”是无可比性的，“异”才是其常态。在教学中我们没有在学生之间比较优劣的必要，相比较也是从一个“优”里借鉴到另一个“优”的经验原理，唯此而已。所谓“异”，就是学生各具千秋的个性，兴趣特长以及学习力。因为经验上的“异”，同样的事物在他们眼里也就不一样，对其原理的认知也不尽相同，这也让相互之间的辩论交流成为可能。按照建构主义理论的观点，学生之间辩论交流的目的不是为了求同，而是为了完善各自的认知建构，是“固异”。

教师要有研究学生、解读学生的本领。在设计前我们要首先问一下自己：学生已经有了什么，还缺些什么，困难障碍是什么？我们可以把学生学习的难点障碍点与教学目标进行对照，看看差异是什么。我们教学设计的过程就是发现和利用差异资源的过程，并据此来确定教学目标、教学方法和教学环节。课程标准是这样制定的，日常教学也应该是这样实施的。这是教育教学的起点，也是评价学生发展标准的"零刻度"。

"因材施教"的理论，是从态度、行动，到评价、应用，一以贯之的。如果说学生分优良中差，那也是客观存在的事实。而且我们要认可差异性是绝对的，同质性才是相对的。那么，对于"优良中差"的差异，我们不是把他们都发展为"优"，因为"优"不是标准。就像小草的成长目标不是大树，小虾米长大也是大虾米，不会变成大鱼。我们要让每个人，都在自己现有基础上，找到个人发展的"优势点"，充分地发展起来。如果有一个共同点，那就是每个人都自信而不自卑，快乐而不郁闷，就像田野里各类花木，各有不同，却各美其美，各依其本性快活地生长。

四、重视教学生成性资源的运用

课堂生成资源，是教师课堂教学过程中随机生成的精彩、另类、错误、差异的教学现象。这些教学设计之外的东西，是成长主体学习过程中的客观真实表现，是脱离了教师主观认识的客观发展现实，是教师教学研究的真正对象，是"实事求是"的"实事"。对教师来讲，原先想到的东西即使再好也不重要，没发生就意味着不重要；课堂生成的东西，才是最有价值的东西。研究学生真实的课堂表现，就要从这些意料之外的生成资源入手，抓住教学改进的宝贵资源和最新契机。在课堂教学过程中，教师的核心工作，就是准确捕捉、精心提炼学生课堂生成的新资源。这是学生真正的进步，同样也是教师真正应开展的工作。

处理生成资源有以下几个策略：

1. 从点状生成到整体生成——织网

课堂生成资源一般每节课有那么有限的几个点，但课上得多了，点就会越来越多。有经验的老师，把一个个资源点整合成一个整体，就能让自己的课堂变成一个亮点迭出的全新课堂。就像蜘蛛织网一样，把一个个点连接织成一张网，教师要变成一个织网高手。这张网，是学生的成长坐标，每位学生都在其中,既是资源的创造者和奉献者,又是资源的受益者和享受者。

2. 从个体生成到全体生成——滚雪球

一个学生身上生成的资源,往往可以让更多学生受益。像滚雪球一样,将个体生成扩展成全体生成,实现资源价值最大化。这也是群体建构的最大优越性。它的实现方式,可以是小组内的分享,也可以是全班内的共享。依其价值和孩子的兴趣度自然决定。

3. 从浅层生成到深层生成——刨坑

课堂随机生成的资源,往往具有偶然性和表层性,利用价值并不高。教师可以发动学生,对这些浅层资源,举一反三,进行深入挖掘和整合,系统有意识地形成价值更高的深层资源。

4. 从错误生成到有益生成——扭转

课堂教学实际,有时与预期效果并不一致,出现不相干,甚至完全相悖的结果。学生出现的错误生成,具有特别重要的意义。它既是我们原有设计不足的真实反映,同样是学生学习遗漏的补充点。教师抓住问题,进行反思改进,既弥补了自己工作的不足,更是抓住了学生学习的薄弱点,进行有针对性的强化后,学生学习的效果会事半功倍。

与课前设计相比照,课堂教学必然存在两种情况:一是意料之中,一是意料之外。反思课堂教学的意料之中与意料之外,是教师改进工作、提升自己的唯一渠道。若是课前学情意料之中的有效改变,要坚持;若是课前学情意料之中无意义行为,要摒弃。意料之外的生成,不管怎样都是有意义的。若是设计漏洞,导致预期目标未达成,就修订和完善设计;若是设计没有问题,就是我们对学情把握不准,正是我们“织网”“滚雪球”“刨坑”“扭转”生成资源、改进工作、提高效率、提升自己的重要机遇。这种以课前设计为“零刻度”,以对课堂生成的优化处理结果为新尺度的课堂评价,是教师个人自有的评价标尺。

第二节 “档案法”在学生评价中的使用策略

为了将“档案法”运用于学生评价中，记录学生在学习过程中的发展变化，西安育英小学为每位学生建立了“西安育英小学学生成长记录册”，让每位同学学会规划自己的学习生活、制定成长目标、培育个人专长、建立成长档案、积累发展资料，受到了学生和家长的支持和欢迎。这时我们必须思考：这本学生成长记录册存在的意义和价值是什么？学校为什么要建立这个册子呢？

一、具体内容分析

《学生成长记录册》全校每人一本，学期初发给学生，由学生家庭保存。班主任老师给予指导，家长协助完成，期末装订成册。

它主要有以下几项内容：我的小档案、我的班级、我的老师、我的家庭、成长目标、我的作业、我读过的书、我的作品、我的收获、愉快的校园生活、多彩的校外生活、我的表现怎么样、我真棒。“我的小档案”主要介绍学生自己的个人信息，比如三年级了，你的最新形象怎么样，贴一张近照，六年过后，就能看到你本人的成长过程。另外还有自我介绍的内容：我叫( )，今年( )岁，我在( )学校( )年级( )班上学。另外空出三行，让孩子写下自己想写的其他内容。下面还有“今年的我”的个人信息：身高、体重、个人爱好、最喜欢的人、最喜欢的颜色、最喜欢的宠物等。

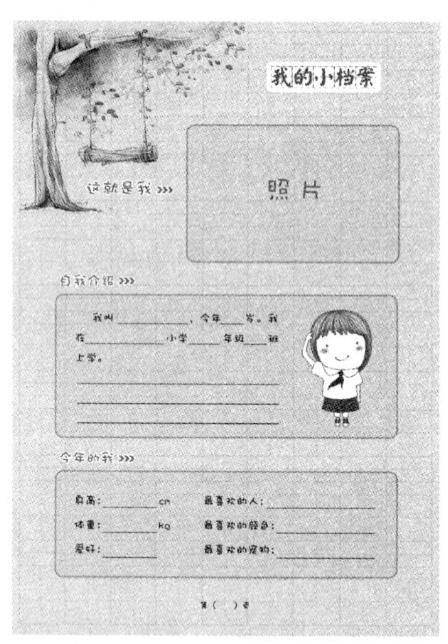

“我的班级”分两部分，上半部分是班级的最新合影，下半部分是“我的班级”的介绍。“我的老师”“我的家庭”版面跟“我的班级”基本一样，最新合影和情况简介。以上几部分，与“我的小档案”一起，构成了学生个体的基本生活、学习环境。

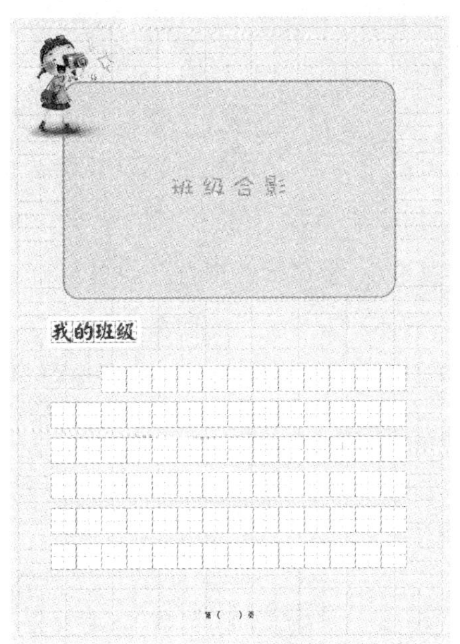

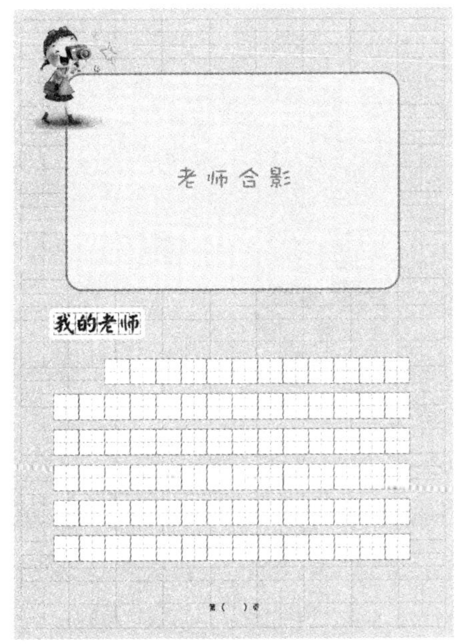

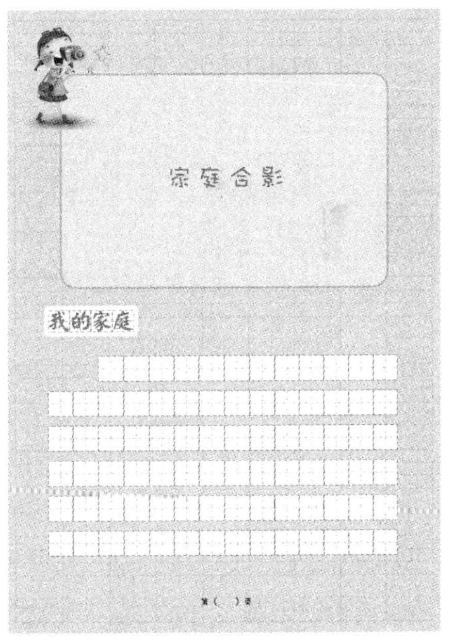

"成长目标"是学生个人成长档案的重要内容。它是学期初孩子对自己新学期的憧憬和期望、规划和设想，这也是学校依据孩子学段特点，给孩子提出的发展目标，主要分为四个方面，即品质、学习、生活、艺术(含体育)。每个方面还有具体的内容,如“品质”就提出了以下几点:见了老师敬个礼,见了同学问声好。做错事情要承担,勇于改正我真棒。我是时间小主人,珍惜一分和一秒。下面还空出一行。由学生自己补充。“学习”的要求是:我会上课专心听讲;我能开动脑筋,大声说出自己的想法;我能认真完成作业,做到正确、规范和美观;我爱读书,一学期读了( )本书,认识了( )个字。“生活”的要求是:课间文明我知道,轻声慢步过走廊;我每天整理自己的书本和文具;自己的事情自己做,袜子手绢自己洗。“艺术(含体育)”的要求是:伸伸手,踢踢腿,广播体操我会做;一分钟我能跳50个小绳;我会唱( )首歌曲;我会画( )幅画。

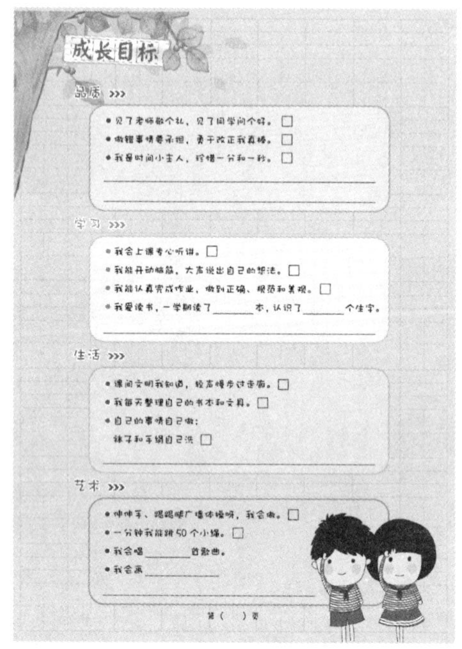
成长目标

品质 >>>

- 见了老师敬个礼,见了同学问个好。□
- 做错事情要承担,勇于改正我真棒。□
- 我是时间小主人,珍惜一分和一秒。□

学习 >>>

- 我会上课专心听讲。□
- 我能开动脑筋,大声说出自己的想法。□
- 我能认真完成作业,做到正确、规范和美观。□
- 我爱读书,一学期读了____本,认识了____个生字。

生活 >>>

- 课间文明我知道,轻声慢步过走廊。□
- 我每天整理自己的书本和文具。□
- 自己的事情自己做:
  袜子和手绢自己洗 □

艺术 >>>

- 伸伸手、踢踢腿广播体操呀,我会做。□
- 一分钟我能跳50个小绳。□
- 我会唱____首歌曲。
- 我会画____

第(　)页

“我的作业”“我读过的书”“我的作品”“我的收获”“愉快的校园生活”“多彩的校外生活”都是学生对自己本学期成长过程的一种记录,可以总结整理、叙写概况,也可以拍照留影、粘贴留存,更可以原件插入、登记留存。这些资料没有量的限制,全由学生个人做主。

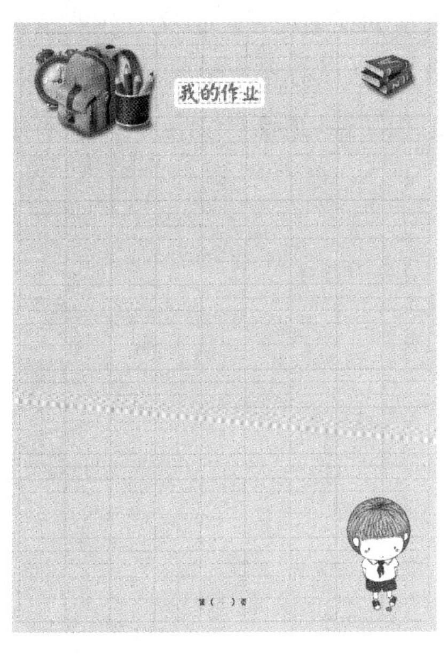

“我的表现怎么样”作为评价资源的征集部分，是评价的最关键环节之一。它按本人、同伴和家长三个评价主体来征集，分别是“我对自己这么看”“我的好朋友对我的评价”“爸爸妈妈对我的评价”。

“我真棒”是老师的评价和学业成绩部分。“老师的话”分两段，是班主任与其他学科老师的评语。下面有语文和数学的成绩记录。语文分作业情况、表达(口语表达和写话)、阅读,以及综合评定,数学分作业情况、知识技能、思维能力、应用能力及综合评定。另外还有思想品德(道德与法治)、体育、音乐、美术、英语、科学、特长(自评)的成绩情况。

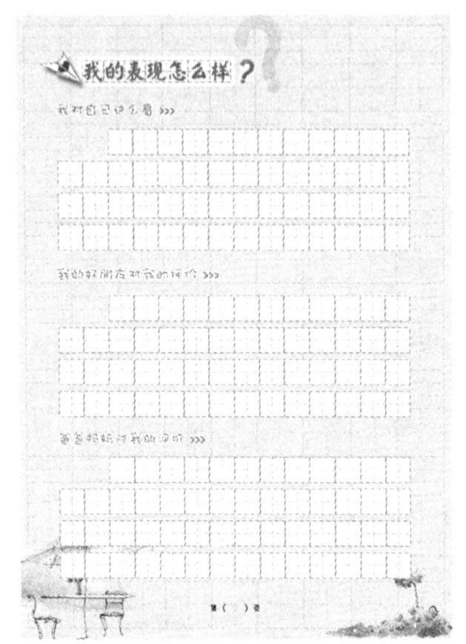

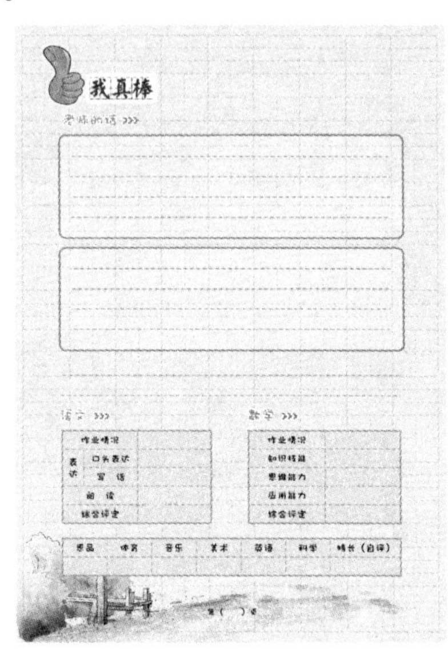

二、使用操作要点分析

根据现代评价理论,从评价在实践层面对学生所能够发挥出的功能来考虑,对学生的评价,一般有两种类型:一是奖惩性评价,一是发展性评价。所谓奖惩性评价,就是以奖惩为目的的评价,它突出评价的检查、甄别、选拔功能,注重评价结果,以老师、家长等他评为主。而发展性评价,就是以促进学生发展为目的的评价,它突出评价的诊断、反馈、激励功能,注重评价的过程,以学生本人自评为主,同时兼顾老师、同学、家长及社区等多元主体。“学生学的课堂”凸显学生的课堂主体,学生学的状态、学的过程、学的成效,发展评价是最适合于他的评价方式。西安育英小学的《学生成长记录册》就是发展性评价思想的具体体现。

1. 被评学生是评价活动的主体

信息档案以被评为主角。“我的小档案”“我的班级”“我的老师”“我的家庭”，这些信息和成长环境，都是以被评学生本人（“我的”）为中心的。在每一页的内容中，除了集体合影外，还有一段介绍文字。这段介绍文字，必须由学生本人填写，哪怕是用拼音拼写。这段学生以第一人称写出来的介绍，本身就带有评价主体对本人及学习生活环境的第一印象感知在里面。

发展目标的设定，也是学生自己完成的。评价对象，一般是针对发展结果，这个结果一定要与评价起始阶段的目标设定相统一。西安育英小学的学生“成长目标”，在品质、学习、生活、艺术（含体育）等四个方面均有科学具体的指标提示，供学生选择。既是学期初孩子对自己新学期的憧憬和期望、规划和设想，也是学校依据孩子学段特点，提出的孩子发展指标。在这些具体的目标之下，有一空行，留给学生自主设定相关的内容。这样就达到了科学设定与自主设定的有机结合，凸显了评价主体参与评价目标的自我设定过程。

评价过程，以自我评价为第一。“我的表现怎么样”，是评价的核心环节。“我对自己这么看”排在“我的好朋友对我的评价”“爸爸妈妈对我的评价”以及老师评价之前。“我对自己这么看”可不简单，那几行字，凝结了被评一学期的成长经历，怎么落笔，被评一定要全面思考、有根有据，肯定成绩，点出不足。这个反思总结的过程，就是自我评价的过程。这个评价，是围绕着总结成绩和点出不足来做的，其目的却是朝着下阶段更好的发展去的。

评价资料的搜集过程，全由被评自己完成。“我的作业”“我读过的书”“我的作品”“我的收获”“愉快的校园生活”“多彩的校外生活”都是被评对自己本学期成长过程的一种记录。“我的”这个定语，强化了被评在评价过程中的主体地位和主体意识。这些资料的叙写、拍摄、原件搜集、登记留存，全由学生个人选择、自己做主。即使家长帮忙，仍然要按照学生本人的意愿来整理。

2.评价的目的是促进学生的发展

“西安育英小学学生成长记录册”，是真实的成长记录，体现出被评价者本人所有新的成长。我们强调“成长记录”，不强调“评价”，就是为突出促进发展的评价特质。这完全不同于“百分卷”里以学业情况某一横截面来定位被评，以该定位作为被评学生品质的评价依据，给予被评奖惩结果。而奖惩结果出来后，就没有了下文，无论是“优秀”“良好”“合格”“不合格”，除了兑现“优秀”的奖品、奖状，取消“不合格”人员“评选班干部”资格等外，对学生暴露问题的解决,对学生发展方向的调整,对学生进一步发展的精神激励等一般都不再提及。奖惩性评价的弊端就是以偏概全,以奖惩为目的维持一种治理秩序,而非以促进个体发展为目的,强调评价的行政性和社会性。

学生自己的"成长目标",是学生个体的规划和设想。这个设想中"见了老师敬个礼,见了同学问声好。做错事情要承担,勇于改正我真棒"和"我会上课专心听讲;我能开动脑筋,大声说出自己的想法;我能认真完成作业"的承诺,以及"本学期读( )本书,认识( )个字""一分钟我能跳50个小绳;我会唱( )首歌曲;我会画( )幅画"的目标设定,都是在谋划自身发展。而"我的作业""我读过的书""我的作品""我的收获",都是个体成长、有序发展的过程记录和成果展现。"我的小档案"里,个人照片、身高、体重等信息,是真实的个人成长数据。"我的表现怎么样""我真棒",是学生对自己当初承诺完成情况的自我回顾,是同伴、家长、老师等多元主体对其发展情况的具体评价,是各科学业成绩的具体呈现。这些无不体现着促进个体发展的思想。

3. 注重过程性资料积累及评价

"我读过的书",在成长记录册中可能只有一个名字,或一张照片。但其背后往往是孩子捧着书本,如饥似渴地阅读,在书籍的海洋中任意徜徉,或抚书遐思。也可能是孩子与父母亲子阅读,相互讲解、描述,其乐融融。这本书,可能极大地丰富了他的内心世界,冲击着他的心灵,让他浑身充满力量;也许通过这一本书的阅读,他的识字量一举增加二三十个,他具备了阅读更多书籍的激情和能力;也许这本书让他树立了立志探索太空世界的梦想,成为下一个飞向更远星河的中国人。一幅收入成长记录册里的硬笔书法作品,是孩子个人成长里程碑式的成就,往往是孩子经过无数次练习后获得的。这本成长记录册,也成为促进孩子们不断进步的阶梯,这也正是它存在的价值,也是我们评价的目的。

这个成长发展过程,不仅是学业的发展,也不局限于品质、学习、生活、艺术(含体育)等方面,"愉快的校园生活""多彩的校外生活"让孩子们把校园内外所有丰富多彩的学习生活都囊括在内。作为学习发展的主体,在这广阔的现代化社会生活中,孩子们完全可以自主选择学习领域,任何一个富有挑战、健康有益的方向,都可能是他选择的方向。促进每个个体积极主动、创新创造、个性化地发展,本就是评价的终极目标。

第三节　科学的评价观是教师素养的重要构成

北疆清晨的凉风中，喀纳斯草原的东方已出现了鱼肚白，西边的天空一片澄碧。突然发现，院子里几朵紫红色的格桑花迎风轻舞，走近看叶子和花瓣上湿漉漉的，娇美欲滴。突然，一种异样的感觉敲打在我的心上，不禁打了个冷战。昨天夜里，房间里空调开着热风，我用厚厚的被子把身子裹得紧紧的，仍觉得这里的夜晚非常冷。而这花儿，植根在这院子里，无法自己躲进房间，在这寒冷的夜里，它经历过多么严酷的考验！站在院子中间的我和它，谁才是娇气柔弱的一个？要知道，我是昨天刚到这里的，而它在这里坚守了多少个日日夜夜。早知道格桑花是西部高原上的英雄花，可我们总被它的外表所蒙蔽，觉得它娇弱，应该被我们保护！与其说是格桑花的外表蒙蔽了我，不如说是我脱离了现实！与格桑花所处的大自然相比，自以为都市生活环境是天地正统的我，无数次证明是科学理性的价值判断，现在看来是多么的靠不住。都市生活限制了我的客观观察和价值判断，我需要让自己脱离主观的约束，把自己拉回到眼前格桑花呆了几万年的现实世界，在一个更加真实的世界里重新认识自己，构建自己的逻辑体系。

一、避免“先入为主”是客观评价的前提

我打小膝盖就有问题，走路多了就容易疼。这让我造成了一种错觉，认为世上每个人的膝盖都有问题，只是大小而已。看到有的人飞一般跑，不认为人家健康、有特长，而是认为他很勇敢，能突破疼痛的局限，甚至认为自己如果好

好锻炼,也能克服疼痛像他那样,他就是我的样板。直到有一天,我初中所在的班级来了一位体育特长生,他个子也并非特别高,跑步也并不突出。有一天体育课练习投掷,轮到他投手榴弹时,他让操场上的人都让开,我们班的同学让开还不行,让操场另一头的那个班也让开。操场上基本都没有人,整个操场都成为投掷区,他才轻松地助跑几步,随手一挥,手榴弹凌空飞起,划了一个巨大的弧线,跃过操场,砸中操场边的土墙。全场欢呼惊叹。原来特长生就这么厉害!成为他好朋友的我,有一天问他跑步时腿疼不,他说不疼。看我不相信,他特别肯定地告诉我:"怎么会疼呢?又没受伤!"说着,转身表演了一个凌空飞脚!轻松洒脱、落地无声。直到这时我才知道,在这个世界里,我只是世间万物中极其普通的一员。我遇到的情况并不是每个人都必须遇到,而我要接受一个事实,我不是评判标准,别人也不是,那个评判标准在你我之外。

当看到有老师粗暴地指责学生的时候,我会有同样的感觉。先不论你指责的事情对与错,单就这个声调、语气与态度,已经不像一个有涵养的老师形象了。这样的人怎么能成为学生的标准呢?我们来到学校,不是为了以己度人、改造别人的,而是和学生一起寻求发展、改变自己的。老师们现在最大的问题,就是没有意识到自身的不足,没有意识到自己需要改变,特别是坚定地认为自己不这样大声地批评学生纠正学生就是对学生的极端不负责任,谁不让我这样做就是干扰了我的正常工作。"你不让我这样做,要我怎样做?"

在孩子成长的过程中,自有其规律,这个规律是师生都必须遵循的。就如喀纳斯草原上的格桑花,它适宜这里的环境,这里的特殊土壤和气候就适合它的生长。这个规律,是客观存在的。不以它娇艳的外表,就认为它耐不了寒;不以它是花儿,就一定需要人类特殊的呵护。学生成长的规律,是老师必须仔细观察、认真研究的。学生成长的规律,有其身体健康成长的生物学规律,有认知科学发展的心理学规律,也有其家庭教育因素影响的社会学规律等。学生不依这个规律成长,会非常痛苦,老师不依这些规律施教,也会非常痛苦。

二、促进学生发展是评价的根本目的

庄稼长在地里,农民不懂庄稼,可以通过自己去田地里观察庄稼成长,来了解庄稼生长的规律。农民对庄稼长势的评价,不是为了别的,只是为了了解庄稼这个节气里缺什么,补些什么才能长得更好,从而决定自己该进一步做什么。为了发展而评价,是评价的根本意义。学生的发展,往往也会出现这样那样的问题。教师通过自己的专业知识进行诊断,从而了解学生发展的问题症结所在,施加科学的影响,问题解决了,孩子就能更好地进步和成长。对没有明显问题的成长者,更需认真对待,从长期趋势、横向比较等角度来考察,反馈其发展中的利害得失,明确其下一步的发展规划,促进其实现全新的突破,这也是评价的重要作用。无论是优秀学生,还是困难学生,每一个成长发展的主体,都需要得到及时有效的专业指导和精神激励。特别是成绩肯定和精神激励,对明确方向、创新方法、下定决心,有极其重要的作用。方向明、方法对、决心大,还有什么事情干不成。基于学生发展,发挥评价的诊断、反馈、激励功能,促进学生主体学习的意愿和主体发展的素养和能力,是评价的全部价值所在。

那些旨在给庄稼贴标签,你优我劣,给优秀者添水加肥以示奖励,给低劣者缺水减肥以示惩罚,也不论优秀者水满肥足增之过犹不及,也不论低劣者缺水短肥面临生存压力,只管一味做下去。不期望优秀的保持优势努力导向成功,或居安思危提前谋划以期实现更大突破;也不期望低劣者精准扶贫扶志扶智实现追赶超越,却以失败者的标签固定其失败地位使其永世不得超生。这种评价是对目前现状的强化和肯定,是对各方面存在问题的遮盖,营造的环境十分不利于被评者的发展。以检查、甄别和选拔功能为主的奖惩性评价,不再适应今天的教育发展形势,也不适应今天的学生,是落后的评价理论和实践。坚持这种评价思想,非常不利于庄稼的成长,也将把农民的行为指向错误的方向。

三、多元评价是教学评价的基本要求

唐僧师徒四人西天取经,一路行走,一路降妖除魔。有一个细节,总让人印象深刻,那就是行走间,总能听到唐僧问:“悟空,我们现在走到哪里了?”悟空也总是一个筋斗翻上山头,手搭凉棚放眼观瞧,然后下来汇报:“师父,翻过这座山,我们就到朱紫国了。前边不远有个庄子,我们快赶几步,去讨点儿吃的!”唐僧为什么总要问“我们现在到了哪里了?”这是一个非常重要的现象。

就是“公路侠”们为避免误入歧途，多走冤枉路，时常进行的路线校正，或者说是行走路线的定期评估。这种工作中随时进行的“路线校正”或“工作评估”，就是评价。它回答的是我们现在到哪里啦，离目的地近了还是远了，现行路线是否正确，下一步该怎么走等一系列问题。

孩子们在学习过程中，也会出现同样的情景。比如他遇到一个问题：“1斤铁和1斤棉花，哪个重?”他自己尝试解决了之后，认为应该是“铁重”。这时他往往并不因为问题有了答案就放手，总发现他急着找同学去问一问：“你认为哪一个更重?”。同学的答案，就是对他本人思维的一种校正，“是的，我也认为是铁重。”“应该棉花重。你想那要多大一堆棉花呀!”“当然一样重了，都是一斤嘛!”所谓评价，是学习者学习过程中的自然心理需要，是对自己思维结果的客观比对和思维进程的有效评估。

1. 评价，首先基于被评者自身的主体需要。

“一斤铁和一斤棉花，哪个重?”学生做完这道题去找同学，他想要达到什么目的？一是你的想法是什么，寻找一个思维参照点。二是这道题的正确答案是什么，确定一下自己的位置。三是总觉得这道题哪里有些奇怪，想弄明白这个奇怪点到底是什么，弄明白一个道理。寻找同学定位自身，明显是同学给出的结果，为什么说是被评自己完成的？首先，是被评主动去找的同学；其次，得到同学答案后，被评自己在进行结果比对和思维修正；最后，他对自己的思维局限，一定会做出评判反馈。“是啊，都是1斤，当然一样重了！我怎么没想到!”“1斤棉花肯定会很多很多，因为它轻呀。你想一想，天平上，一边是1斤的一个铁块，另一边是老大一包棉花！太好玩了”。

学习是学习者的主体行为，是对学习内容的自我认识建构，实现的不是“求同”，是“固异”，是对自己个体认知的修正。

2. 评价主体，一定是两人以上，是多元主体评价。

一个人对自己的评价，是无法真正完成的。反思，是主体评价的重要方式和内容，但反思是因为不同参照物引起的。不同评价主体，对被评的行为提出了不同的认识意见，为被评提供了反思自身得失的多种思维参照点。这是多元评价主体存在的基本价值。同时多元评价主体之间，因为各自不同的认知建构，促成了他们之间的意见分歧，为他们之间辩解争论提供了可能，使得深层学习成为可能。“1 斤铁和 1 斤棉花,哪个重?”甲的想法是“铁重”,因为同样体积的铁比同样体积的棉花重多了;乙认为“棉花重”,因为同样 1 斤重的棉花和铁,棉花体积将比铁大得多;丙则认为“一样重”,因为都是 1 斤。经过辩论,甲和乙都会同意丙的说法,因为甲认为“铁重”的前提是同样体积的铁与同样体积的棉花比,现在的情况是 1 斤铁和 1 斤棉花比;乙认为“棉花重”,是因为同样 1 斤重的棉花和铁,棉花体积将比铁大得多。可体积的大小与重量的多少有什么关系呢? 丙清楚地看准了重量都是 1 斤这个关键点,“一样重”当然是对的了。

3. 评价,从来都是在宽松的环境下实现的。

被评之外的评价者,对被评只提供自己的意见和建议,只提供被评思维的参照点,只提供辩论伙伴的角色,绝没有对被评进行语言歧视、人格侮辱,甚至人身攻击的权利,特别是老师。学生认识上的偏差,与人的品质好坏之间没有任何关系,也不能建立任何泛化的联系。对被评的评价,无论是知识认知上,还是品德行为上,都要看成是发展中的正常现象,需要指出来让被评去认识,去自我修正。特别是品德行为,约束它的唯一途径和方法就是社会舆论。道德是一定人群共同认可并共同遵守的目标方向和行为准则。如果大家对一个学生的不良行为,形不成社会舆论的影响力和威慑力,就是群体道德的缺失。如果一个群体形成了群体道德机制,那么大家都亮明观点,失德者就会依照道德进行自省和自纠。这个过程,有时会比较激烈,形成舆论谴责氛围,这都是正常的。但脱离道德准则的语言歧视、人格侮辱,甚至违法的人身攻击,则是十分不应该的。

第四节 协商式评价是助推专业发展的教师评价

教育部第六期全国优秀小学校长高级研究班学习期间(2013.9—2015.3),在褚宏启教授指导下,我选择了"协商式教师评价"的改革实验课题。"协商式教师评价"是受王斌华《教师评价模式:合同计划法》一文中美国康涅狄格大学教育学院的爱德华·伊沃尼克教授的合同计划法的启发而提出来的①。合同计划法,在学校组织与教师本人主动性结合,评价目标的激励作用、难度、明确度的设定,以及教师自我评价为主要评价方式等方面,充分体现了发展性教师评价的特征,尊重教师的利益,注重教师的专业发展,努力实现教师个人与学校的共同发展,很符合我校的现状。于是从当年起,我就在本校开展了"协商式教师评价"的改革试点工作。

一、"协商式教师评价"是教师评价的重要方式

所谓"协商式教师评价",就是以被评自我设定、行动和评估为主,评价主体之间以协商的态度就教师发展方向、发展内容和标准、发展节点设定,以及发展过程、发展结果等达成一致意见。各评主体,特别是首席专家对被评发展各阶段予以关注,提供意见,监控和收集学生、家长和其他教师的反馈意见,为被评提供专业指导,凸显诊断、反馈、激励等功能,促进被评工作素养的提升和工作绩效的优化。

---

① 王斌华. 教师评价模式:合同计划法[J]. 当代教育论坛,2003,(5).

爱德华·伊沃尼克教授的“合同计划法”,是主评与被评就发展目标进行科学测评,商定“表现合同”,监控教师进步和评价教师表现。更多是体现一种公平的契约精神。我为你提供帮助,你通过你的能力发展提升工作效能,双方都严格履行义务,同时也承担相应的违约责任。它分为前期准备、起草和商定“表现合同”、监控教师进步、评价教师表现几个阶段。前期准备阶段,主要做好确定评价目的、制定岗位介绍、建立教师评价小组。起草和商定“表现合同”阶段,先由教师依据岗位介绍,开展自我评价,确定专业发展的重点并起草“表现合同”,评价者在充分尊重教师的前提下,与被评教师共同商定“表现合同”。监控教师进步阶段,评价者通过正式或非正式观察的方式监控教师的进步,及时与老师进行面谈,对教师的努力和进步给予鼓励和肯定,并形成书面报告。评价教师表现阶段,评价者与被评教师进行面谈,确定教师是否已经实现“表现目标”及实现程度。无论结果如何,教师的努力和进步都会得到肯定和表扬。

“协商式教师评价”与“合同计划法”,相同点是评价者与被评在任何阶段都积极地沟通,确保协商一致;都有一定的发展协议或合同;对发展过程都有严格的监控和记录,评价尽量客观公正。与“合同计划法”不同的是,“协商式教师评价”中突出被评的主体地位,评价者只是辅助角色,没有公平契约中平等的双方,双方的权利义务也没有上升到法律的严肃层面;协议的内容根据情势发展适度调整不算违约;被评作为评价主体,根据商定标准,对自己的表现进行打分定级,评价者只给予同意或不同意的意见;教师发展与评价者之间没有利益交换,都只是完成学校的专项任务、促进教师专业发展而已。

二、“协商式教师评价”的操作策略

(一)教师自评,与评价者协商发展方向

1. 教师自我陈述,与评价者协商发展方向

2. 对照“岗位介绍”(教育部《小学教师专业标准》),列出发展内容

3. 确定具体评价项目

(二)签订发展协议

1. 确定发展项目
2. 对发展项目的评价标准进行商定
3. 约定进步监控方法和程序安排

(三)履行发展协议

1. 活动前制定活动方案,并征求评价者意见
2. 活动中密切监控,尽量收集活动资料信息
3. 活动后交换意见,提出反思整改方案,并进行第二次、第三次改进

(四)评价

1. 对个人发展和工作成效进行资料搜集,写出简单的发展过程小结
2. 对照评价标准进行自我打分定级,填写自评表
3. 评价者签署意见,提供评价结论和过程资料
4. 对评价过程和评价者的工作进行评价
5. 提出下一轮发展建议

三、"协商式教师评价"的应用(案例)

(一)教师自评,与评价者协商发展方向

1. 被评价教师概况

赵某,三年级五班班主任,1973 年 8 月生,陕西西安人,中共党员,西安师范学校毕业,本科学历,汉语言文学专业。1994 年 7 月参加工作,一级教师。西安市中小学学科带头人。

2. 教师自评

参加工作 20 年来,一直担任语文教学和班主任工作,兢兢业业、任劳任怨。爱钻研语文教学业务,喜爱写作,曾发表专业论文近 100 篇。困惑是因为

本人与其他同志相比性格偏内向，个别家长私底下议论，说我只善于写作，语言表达能力不行，满肚子花蝴蝶飞不出来，与孩子长期相处会影响孩子性格。

3. 确定方向

我们协商认为，对于这名资深老师来讲，目前群众的意见就是我们最突出的问题，补性格短板，改变自己的对外形象，扭转家长对老师的成见，就是我们最大的进步。所以该同志的发展方向就是有意识改变个人刻板形象，喜悦开朗一些，增强沟通意识和沟通能力，强化学生口语交际训练，增强在较大场面把控局势的能力。

（二）签订发展协议

1. 对照《小学教师专业标准》确定发展项目

（1）《小学教师专业标准》里与被评相关的内容：

个人修为方面——充分发扬自己富有爱心、责任心，耐心和细心的优势，善于调节情绪，勤于学习，让自己乐观向上，热情开朗，有亲和力；

组织与实施能力方面——较好使用口头语言、肢体语言与书面语言，妥善应对突发事件；创设适宜的教学情境，灵活运用启发式、探究式、讨论式、参与式等教学方式，调动小学生学习积极性。

沟通与合作能力方面——使用符合小学生特点的语言进行教育教学工作；善于倾听，和蔼可亲，与小学生、同事、家长有效沟通合作，分享经验和资源；协助小学与社会建立合作互助的良好关系。

（2）学校教师评价工作小组对该同志 2014—2015 年度评价工作的重点是：语文课口语交际教学，组内教学研讨主持工作，每学期两次的家长会和家长开放日活动。

2. 对发展项目的评价标准进行商定

（1）语文课口语交际教学。

优秀：情境设计独特，学生对话题兴趣浓；教师语言简练有风格、启发评价得当；学生思想表达准确充分、语言流畅、用词优美。

良好：情境设计合理，学生有话可说；教师语言简练扼要、启发评价得当；学生意思表达清晰、语言流畅。

合格：课堂结构合理、情境设计规范；教师语言表达清晰、启发及时，评价得当;学生意思表达清晰、语言流畅。

不合格:课堂结构紊乱、照本宣科;教师一言堂,组织形式老套,评价没有激励性;学生发言机会少,意思表达不清、语言干涩(有以上情况之一者)。

(2)组内教学研讨主持工作。

优秀:有完备的活动设计方案,主题明确、课堂教学实用性强;组织语言简练有风格;成员能结合教学实际从正反两方面积极参与意见,扎实深入。

良好:有完整的活动方案,主题明确、课堂教学实用性强;语言组织简练有序;成员能结合教学实际积极参与意见,教研氛围浓。

合格:有活动设计方案,主题明确、课堂教学实用性强;语言组织清楚明白;成员能积极参与意见,教研活动正常开展。

不合格:活动方案不明确,没主题或主题不明确、课堂教学实用性不强;语言组织拖沓或不清楚;成员意见跑题,教研氛围冷淡(有以上情况之一者)。

(3)每学期两次的家长会和家长开放日活动。

优秀:有完备的活动设计方案,精心筹备,活动内容充分展示班级风采,有教师个人风格;活动组织务实,细节考虑周全,家长与教师、学生之间有充分的互动交流;教师语言准确简练,态度诚恳友善;能主动征求家长意见建议。

良好:有完整的活动方案和筹备工作,活动内容安排细致;活动组织务实,家长与教师、学生之间有专门的互动交流时间;教师语言准确简练,态度诚恳友善;能主动征求家长意见建议。

合格:有活动设计方案和筹备工作,活动内容安排充分合理;活动组织周全,家长与教师、学生之间有互动交流;教师普通话标准,态度诚恳友善。

不合格:没有活动方案或方案不明,筹备不充分,活动内容按部就班,没有班级特色;活动组织华而不实,细节考虑不周,家长与教师、学生之间互动交流不充分;教师语言生涩,对家长、学生态度傲慢冷淡(有以上情况之一者)。

3. 约定进步监控方法和程序安排

在每项活动开展前5天内与评价专家进行一次沟通(提供学科教案和活动设计方案),评价人员通过现场观摩或活动后与被评面谈,查看作业,问卷,座谈等方式了解实际效果。

评价程序:每次活动结束,被评与专家面谈,充分表达意见,结合《小学教师专业标准》及与家长、学生等交流,写出自评意见;专家结合活动前后被评的准备情况和实施效能,结合《小学教师专业标准》对被评的自评意见给予同意或不同意的鉴定。

(三)履行发展协议

1. 活动前制定活动方案,并征求专家意见(以家长会前的筹备沟通为例)。

评价者:赵老师,你的家长会“活动组织方案”和PPT课件我都看过了。非常好!你能谈谈这样设想的意图是什么?

赵:我觉得我必须较全面地展示我这段时间和孩子们在一起的工作情况,让家长全面了解我这个人。所以我把我本学期的工作和孩子们的表现都拍下来,制作了一个10分钟PPT课件,并让电教组同志帮我完善了一下,效果我还挺满意的。家长可以直观地了解我的工作,比我自己说效果可能要好得多。

评价者:扬长避短。非常好。你怎么向家长展示语文课成绩呢?

赵:(笑)我展示了两份特别优秀的作文和一段精彩的汉字拼写大赛现场录像,将本学期各项活动的优秀率和优秀名单做了公示。没有排名。您放心。

评价者:你得和数学老师沟通一下用时情况。我建议你把时间再算算。还有什么细节没注意到吗?

赵:细节上我挨个过了一遍,应该没有什么了,时间上我再算算。

评价者:吴老师,你认为你的初衷达成了吗?

赵:我觉得基本达到了。大家主要对我课堂表达能力产生疑虑。所以我刻意把要表达的意思一句一句写出来,练习了两天。我不能说得太多,因此,我制作了PPT、安排了学生展演,既能展示成绩,也丰富了形式。有数学老师调节,我更有自信了。

评价者:好,你的安排很精彩,也很详尽,我期待着你的成功表现。

2. 活动中密切监控,尽量收集活动资料信息(以家长会前的筹备沟通为例)。

(1)相关班的家长会在录播室召开,全程录像。

(2)家长会前了解家长信息,会后找个别家长了解家长会的实际感受,重点放在对老师语言表达和沟通能力方面的意见。

评价者:刘老师,听说你昨天给孩子开家长会了?

家长:是啊!

评价者:怎么没来办公室里坐一坐?

家长:昨天那么多家长,您还讲话了,太忙了!没敢打扰你!

评价者:昨天家长会开得怎么样?听说那位老师语言表达能力不行……

家长:谁说的?老师好得很,一点问题都没有!我告诉您,校长。……

(略)

(3)第二天随机"碰见"几名同学,聊天录音。

评价者:昨天是爸爸还是妈妈来开家长会?

学生:爸爸!

评价者:你紧张吗?

学生:有点。

评价者:开完家长会,爸爸妈妈肯定说了不少事儿。怎么说的你们老师?

学生:他说老师今天讲得可好了。把我们每个人的照片都在电脑上播放,表扬我们呢。

评价者:怎么表扬的你?

学生:有我作文获奖的那张照片,还有运动会上做"啦啦队员"的镜头。

评价者:你们老师对你严厉吗?

学生:嗯!挺严厉的。不过很关心我们!

评价者:你喜欢你们老师吗?

学生:喜欢!

3. 活动后交换意见,提出反思整改方案,并进行第二次、第三次改进。

第二天,该老师来找我,将她开完家长会的感受说给我听。很明显,她对这次活动总体上还是很满意的。我把录像和录音资料交给她,让她自己再感受一下(因为都是家长肯定的语言,对她来讲是一种激励,故大胆给她)。

看完录像,她来找我,提到了她语言中有不少口头禅,说话急了不太利落;另外同志们认为她的衣服样式有些老气,建议好好设计一下。

(四)评价

对照评价标准进行自我打分定级时,她给自己打了个“合格”,我认为打低了,应该打“优秀”。后来她自己改打“良好”,我仍然表示不同意,双方按标准达成共识,确定为优秀。同时我建议我们把协议内容修订一下:从补短板、改形象,变为扬长处、做示范,鼓励她认真准备,给全校做一下规范开好家长会的示范引领,这次她的身份是专家。

第二次家长会,有同事从视频里认不出是她了,认为从外在形象和内在气质上,都完全是一位名师专家了。没有奖金奖品奖状,不求功利的提拔任用,却有一个普通老师卓越的跨越,这就是发展性教师评价,是基于教师专业发展的协商式评价。

四、“协商式教师评价”的应用反思

(一)帮助教师树立全新的评价观

这次冒“业务提升工程”之名开展的评价活动,是一场十分有趣的事情。也就是大家虽然对专业发展存在内在需求,但对“评价”这个概念的理解,仍然处在传统奖惩性评价阶段。责任心差的教师,仍把这项工作理解为领导分摊下来的任务,认为本人又不增加课时费,又不与任何奖惩挂钩,参与的积极性明显不足。所以我们要抓住大家对“业务提升工程”逐步认可的机会,向大家做好“协商式教师评价”的宣传讲解,让大家知道还有一种完全不同于“奖惩性教师评价”的评价,帮助教师树立全新的评价观,帮助教师把促进专业发展当作是人生最有价值的追求。

(二)对教师要加强相关评价工作的规范培训

学校35%左右的老师,把这作为业务提升的机会,与专家深入讨论,确定目标重点能结合个人实际,务实慎重,思路开阔,活动设计有思路,措施得力、安排细致、效果明显。而大部分老师,对评价工作的规范掌握不准,目标重点的概念都弄不明白,评价标准、方法、程序等都无法自己独立完成,要评价者代劳,这样就不易发挥教师主体作用。所以加强教师相关业务的专业化规范培训,显得十分迫切。

(三)对评价小组专家要进行精心甄别和选拔

整个教师队伍评价改进明显不平衡。10 名专家干部只有 3 ~ 5 个小组推行得较为扎实细致;大部分小组程序都有,深度参差不齐;个别小组目前推动不力,实效性弱。所以,在试点初期,评价者队伍的组建,还是要进行精心甄别和选拔,队伍要精干,宁缺毋滥。特别要注意专家的专业性和责任心。

(四)评价协议应允许适时适度做一些调整

一些教师在选择目标重点时没有经过认真思考;或有的教师贪大求多,指导专家如果没有及时纠正调整,这些同志在后半段的精神压力非常大。所以建议在指导过程中,可以允许个别老师申请,在双方同意的情况及时修正目标和重点。

(五)鼓励目标达成优秀的教师做中长期职业生涯规划

我一直反对学校让教师做长期的职业生涯规划,因为在没有发展性教师评价机制、教师没有健康的专业发展环境的情况下,让他凭空确定今后 20 年或 30 年不变的规划是没有意义的。但我坚定地认为,如果学校以协商的形式建立了科学的发展性教师评价机制,逐步形成了健康成熟的专业发展环境,教师经过努力有了一定成功的专业成长体验之后,是可以在自己优势和特长项目发挥的基础上开始构想个人中长期职业规划的。

第八章 ▼▼ 教学设计篇

一把带鞘的匕首,有刀身和刀鞘。刀身又分为刀刃和刀柄。锋芒毕露的刀身,与隐机藏锋的刀鞘,性质迥异又珠联璧合,是一对相互依存的矛盾体。刀刃和刀柄,一个用于伤害,一个重在防护,功能不同却浑然一体。我们把刀刃、刀柄、刀鞘拿出来分别讲,三者合起来,又是一把完整的匕首。

我们的教材都是按单元(组)编排的,每一节课都属于一个单元,就像组成匕首特色鲜明的各部分。单元整体设计就是先有锋利俏美的匕首,然后带着整体感知去认识功能突出的各部分。

第一节　单元整体设计是新课程教学的基本要求

目前,国家义务教育阶段的课程标准是以学段分层要求的,学科教材是以单元为单位编写的,教师的教学工作就应该与之对应起来,实施单元整体教学,学生的学习相应成为单元整体学习,而不是只见课次不见单元,一个模式走下去。“教学变革要从教案开始,教案不变,课堂就不会变!教案变革的方向是把深层学习设计出来,让真实学习真正发生。”[①]单元整体学习,是深化课堂教学改革、实现“教师教的课堂”向“学生学的课堂”转变的核心内容,而实现单元整体学习,要从单元整体设计开始。

一、单元整体设计的内涵

教学设计就是备课,其成果即教学教案。学生是学习的主人,教师是学习活动的组织者和引导者。教案不是教师提供给自己表演的剧本,因为课堂不是剧场,甚至不是教室,而应为学堂,是学生自主学习的神圣殿堂;这儿的主角是学生,老师是“助学士”。教案是教师构建“学生学的课堂”的图纸,是教师开给学生的“学习处方”,是教师组织、引导学习活动的计划,是师生共同完成课程标准和教科书教学任务、解决学生学习问题的方案。

教学设计,既不单纯是教师怎么教的方案,也不单是学生学习的任务单,它应该是以学生的学为基础的学生学习方案和教师教学方案的结合体。是教

---

① 崔允漷教授语录3。

师在对教学内容的深刻把握和对学情的准确分析的基础上，与学生共同找到学生完成课程标准规定的内容和教科书上教学任务时所遇到的障碍和困难；围绕这些障碍和困难的产生和解决，设计出学生自主合作探究与适度接受性学习融合的学习过程和教师组织、引导过程的教学方案。

我们以前的备课是一课一课的备课，单元整体设计，就是一个单元一个单元地备课。我们把整单元的备课，就叫单元整体设计。

二、单元整体设计的目的

我们平时上的每一课，都不是孤立存在的，它往往是一组语文课文中的一篇，或"两位数乘法""分数的认识""三角形"等几个数学单元中的一课。也就是说，它们分别隶属于教材的某个单元，整册教材其实就是由一个个独立的单元构成的。教科书编写应依据课程标准，全面有序地安排教学内容，设计教学活动，并注意体现基础性和阶段性，关注各学段之间的衔接。[①] 数学中的一些重要的内容、方法、思想，需要学生经历较长的认识过程逐步理解和掌握。因此，教材在呈现相应的数学内容与思想方法时，应根据学生的年龄特征与知识积累，在遵循科学性的前提下，逐级递进、螺旋上升。螺旋上升是指在深度、广度等方面都要有实质性的变化，即体现出明显的阶段性要求。[②] 教科书是依课程标准的原则编写的，要把课程标准对学生发展的目标任务落实到各学段、落实到各章节，每一册教材就要包含不同的教学内容，如语文中的"童年往事""走近中国古典名著""责任""思维的火花""世界各地""风趣与幽默"等，[③]数学各册中的加减法、图形、方位等。不同的内容，构成教科书的不同学习单元。而每项教学内容，又往往在低中高段分别安排，由简入深、由易到难，形成螺旋上升状态。如"数的认识"。一年级上册是十以内数字的认识及加减法，下册是 20 以内数字的认识及加减法，二年级上册是 100 以内的数字，从简单加减

---

① 2019 年《全日制义务教育语文课程标准》"三、教科书编写建议"第一条。

② 2019 年《全日制义务教育数学课程标准》"三、教科书编写建议"第 2 条教材编写应体现整体性第 3 款重要的数学概念与数学思想要体现螺旋上升的原则。

③ 部编版《语文教师教学用书》五年级下册"编写说明"第 2 页。

法到混合运算,由易到难分配到不同学段的教材里。这样编排的意义:一是每册教材让该学段孩子相关学科素养实现综合发展;二是同一板块内容按难易编排,随着学生年龄增长,得到持续发展,不断深化不断进步;三是不同学习内容在教材里的区隔转换,有利于增强孩子学习的新鲜感和趣味性。

既然教科书是以单元为板块来编写的,教师在教学前,就必须整体全面地了解教科书框架和编者意图,对照课程标准系统分解一下教学目标和教学任务。教科书编写者其实早已对单元教学目标做了分解,并在教师用书中做了说明和列举。教师的首要任务,就是研读学习这些内容,弄明白、搞清楚教材中已明确的东西,而不是不管不顾、另搞一套。这些目标不仅有听说读写、字词句篇,概念书写运算等知识与能力目标,也有如何学习、怎样提高有效性的过程与方法目标,课文和教学过程中含有的科学理性(真)、道德品质(善)及审美情感(美)的情感态度价值观目标。全面深入了解把握课程标准的基本要求和教科书的编写意图,以及授课建议,对老师明了学生"学什么"这个基本点,显得十分重要。更重要的,是我们得关照学习主体——学生本人,了解他们学段特点、实际的知识基础、兴趣点、困惑点以及易错题、易错点、易错人,以便在教学设计中真正做到"因材施教",有针对性地引导他们、帮助他们。

三、单元整体设计应注意的几个问题

1. 单元整体设计,要求教师做国家教育要求和学科教材的专业解读者。单元整体设计要从本单元学生究竟"学什么",教师究竟"教什么"的问题入手,从全面研读和准确把握课程标准和教材入手,明白本单元教材致力于指向课程标准哪些具体目标,本单元教学内容在全册教材中承担什么样的任务,才好着手设计教学。这就要求教师在备课之前,要有系统深入学习、全面准确把握课程标准和教材的过程,全面了解本学段学生学情的过程。对国家教育要求和教材内容的深入学习,是教师必须具备的专业素养。教师必要时不仅要全面深入研究课程标准,还要研究核心素养和关键能力;不仅要全面了解本册教材全部篇目甚至教学用书的"说明""后记",而且要对学生已经学过和将来要学的小学阶段全部教材进行全面系统的了解。知道总目标、总要求,了解具体目标和具体要求,全面了解教材的编写内容和框架思路,了解学生的已知未知及未来的成长方向,对照教材具体内容能看懂悟透具体知识点和任务点。这样的教师,不仅有某节课某个学生的具体教学技术要求,而且具有全局性的战略判断和战略思维。

2. 单元整体设计,要求教师做教学目标和教学任务的有力分解者。编者已经按单元(组)对教学内容进行了科学编排,但如果不联系课程标准,对教材中的“三维目标”(语文)或“四基”(数学)进行具体设定,有可能只完成了较低端的知识与能力目标,或计算能力训练,对过程与方法目标,特别是情感态度价值观目标,学生的品行修养、思维品质、行为习惯等教育目标予以忽视。因此联系实际,对单元目标整体任务做科学合理和准确果断的分解,让每一节课分别承担单元整体任务中的一个部分,突出教学重点和课例特点,有力推进整体目标的逐步实现。

3. 单元整体设计,要求教师做以小见大、见微知著的说理者。课程标准规范的教学目标全面又抽象,教材编写内容丰富而精彩,教师极容易形成两极分化,或形而上者以抽象概念为中心,把小学生当大学生教;或抓住一枝、偏离主题,无法完成课程目标。如何应用好教材范例完成教学目标,既清楚明白又不加重学生负担?单元内的每个课例承担了具体的发展目标,每个节次的教学任务都有具体的文本内容来体现,教师要把学习任务与具体问题的解决结合起来,当相关具体问题解决了,学生发展的障碍和困惑也随之解决了,一个更广大的世界也随之打开,他们可以重构自己的认知结构、能力体系和思想境界。世界上知识浩如烟海,但我们每年几本书的学习就可以知其大要,为什么呢?因其选取题材的典型性、普遍性和全面性,也因其学段适应性和循序渐进性使然。因此,在教材使用上,老师要善于抓住教学内容的核心词句,学生思想的关键点,以小见大、见微知著,以一颗露珠折射出太阳的光辉。

第二节　了解教材是单元整体设计的前提

单元整体设计,是为了单元整体学习做准备的,而要做好单元整体设计,必须先开展基础性、系统性、实践性的课程标准学习和教材学习。全面了解、深刻把握课程标准对学生学段发展目标的设定,以及教学建议;系统深入地研读教材及教师教学用书,不仅关注课文内容及课后作业,更应关注前面的教材说明和单元提示,全面了解教材的设计架构、编写意图和任务分解原则。

一、了解课程标准

《中华人民共和国义务教育法》规定:"教科书根据国家教育方针和课程标准编写,内容力求精简,精选必备的基础知识、基本技能,经济实用,保证质量。"[①]这从法律的角度明确了课程标准与教科书的关系。课程标准作为国家对基础教育相应课程的基本规范和要求,是国家对学生发展期待结果的具体描述,是国家教育质量在特定教育阶段应达到的具体指标,是国民素质的目标要求和各学科应达到的基本标准。课程标准对每一学科课程的性质、价值与功能做了定性描述,阐述了本课程领域改革的基本理念,并对课程标准设计的思路做了详细的说明,便于教师整体把握课程。既然课程标准是更权威的教育指南,老师就不能只靠一本教科书打天下,要更加全面系统、深入细致地把

① 《中华人民共和国义务教育法》(2018 年 12 月 29 日修正版)第五章第三十八条。

握课程标准的具体要求。

课程标准从课程目标、内容标准和实施建议等方面全面体现知识与技能、过程与方法、情感态度价值观三位一体的课程功能。它主要有以下几个特征：一是按门类制定；二是规定本门课程的性质、目标、内容框架；三是提出了指导性的教学原则和评价建议；四是不包括教学重点、难点、时间分配等具体内容；五是它规定了不同阶段学生在知识与技能、过程与方法、情感态度与价值观等方面所应达到的基本要求。在学习时，不仅要关注学段具体目标，还要关注总目标，不仅关注教学目标，更要对学科性质、实施建议等基础内容有更深刻的理解和更准确的把握。

二、吃透教材及教师用书

1. 了解教材整体结构框架。打开教科书“目录”，就能明确教材分了几个单元(组)。教师教学用书前面的编写说明，对单元设置情况做了更加明确的解释。“本册教科书安排了八个单元，其中六个单元是以人文主题和语文要素双线结构组成的单元，其人文主题分别是“自然之美”“连续观察”“神话故事”“成长故事”“家国情怀”“历史传说故事”；另外两个单元比较特殊：第二单元‘提问’是一个阅读策略单元，是围绕阅读策略的学习编排的；第五单元‘把一件事情写清楚’是一个习作单元，是围绕习作能力的培养编排的。”①

教材是依据课程标准编写的，要具体细致而又全面准确地落实课程标准设定的语文素养要求。因此，要做一个明白的语文教师，就要读懂教师教学用书；要读懂教师教学用书，就一定要结合课程标准来读。比如课程标准“具体目标”第二学段(3～4 年级)对“识字与写字”的要求有四点：“①对学习汉字有浓厚的兴趣，养成主动识字的习惯；②累计认识常用汉字 2500 个左右，其中 1800 个左右会写；③有初步的独立识字能力。会运用音序检字法和部首检字法查字典、词典；④能使用硬笔熟练地书写正楷字，做到规范、端正、整洁。用毛笔临摹正楷字帖。(有条件的地方，可学习使用键盘输入汉字)”。与之对

① 部编版小学语文《教师教学用书》四年级上册。

应的人教版语文四年级上册教师教学用书，对“识字与写字”是这样说明的：“本册要求认识200字，会写200字。要求认识的字分散安排在精读课文和略读课文中，在课后生字条里列出；要求会写的字只在精读课文中安排，列在课后的方格里。教材后面附有两个生字表，‘生字表1’是要求认识的字，‘生字表2’是要求会写的字。每组课文后有‘词语盘点’，分‘读读写写’与‘读读记记’两栏。‘读读写写’中列的是本组精读课文中出现的由会读会写的字组成的词语，‘读读记记’中列的是由要求认识的字组成的词语，略读课文中出现的由会读会写的字组成的词语，也列在‘读读记记’中。”如果不信，你可以翻开课本，一一对照。这样，不仅落实了课文中的400个会认会写的字，而且将课文与课后“生字条”、书后“生字表”“语文园地”全部统一起来了。我们就会明白“读读写写”与“读读记记”里的词语，原来是这样区分的。我们在复习精读课文中出现的会读会写的字时，就可以有针对性利用“读读写写”里的词语，或在学习“读读写写”时结合精读课文里的句子和语境进行学习。

2. 了解每组课文的主题和训练重点。“本课是本册书第四组的一篇讲读课文。本组的主题是‘生活的启示’。本组的训练重点是……”。西安育英小学说课比赛中常用的这句话，其实对教师深入研读教材非常有用。每一组课文的导语部分，就已经把主题和训练重点说得明明白白。主题“字里行间众生相，大千世界你我他”。训练重点“一、学习描写人物的基本方法。二、初步运用描写人物的基本方法具体地表现一个人的特点”。① 还有课后的生字表、练习题，把本课会认会写的重点字都列出来了。练习题往往是训练重点的具体化，也往往是课文学习的重点和难点。

与课程标准对应，教师教学用书在具体教学内容及教学建议里，从识字写字、阅读、口语交际、习作、综合性学习五个方面，给出了更为精准的教材分析和科学的教学建议。如《语文教师教学用书》五年级上册在阅读教材与教学中说，“本册阅读策略单元的识字写字教学，应有别于常规单元，以确保学习方法的整体性和流畅性。在本单元之中，阅读时遇到不懂的字词，正是学生提高阅读速度的障碍，是本单元学生要自己面对解决的问题。在学生初读课文的环

---

① 部编版《语文》五年级下册第五单元69页

节，教师要提醒学生遇到不懂的词语，不必停留太久，不要反复回读。在学生完成阅读方法的学习交流之后，再进行识字写字的学习”。[①] 这一学段的课程标准要求“默读有一定速度，默读一般读物每分钟不少于300字。学习浏览，扩大知识面，根据需要搜集信息。”[②]“阅读策略单元……，不以双线结构的方法来编排，而完全以阅读策略为主线进行编排。”“安排四篇课文，将文前的学习提示与课后题相结合，展示了提高阅读速度的基本方法，引导学生学习这一策略。……如《搭石》训练的是‘集中注意力阅读’，《将相和》训练的是‘尽量连词成句地读，不要一个字一个字地读’，《什么比猎豹的速度更快》训练的是借助关键词句提高阅读速度的方法，《冀中的地道战》训练的是带着问题读从而提高速度的方法。”……单元的‘交流平台’还引导学生回顾学习收获，对阅读方法进行梳理总结，进一步强化语文要素，提炼学习方法。[③]

3. 本课在本组主题中的位置和作用。小学语文五年级下册第四单元的主题是“爱国情怀”。本单元编排了精读课文《古诗三首》(《示儿》《题临安邸》《己亥杂诗》)《少年中国说(节选)》《圆明园的毁灭》和略读课文《小岛》，那么《圆明园的毁灭》在本单元中存在的意义的价值是什么？它跟其他入选课文之间的关系是怎样的呢？这是决定我们上好这节课的前提。“本单元的语文要素是结合资料，体会课文表达的思想感情。”《古诗三首》引导学生结合注释和相关资料理解诗句的意思，体会诗人的情感；《少年中国说(节选)》引导学生结合写作背景，理解课文意思，并通过查资料，了解百年来为国家富强而奋斗的杰出人物的故事，了解中国人的强国梦；《圆明园的毁灭》则通过查资料，引导学生深入了解圆明园的历史，文化价值，感受作者的痛惜之情；《小岛》结合资料了解守岛战士的生活，感受海防战士的爱国情怀。四篇课文所涉及的年代、人物、事件各异，贯穿其中的是中国人代代相传的爱国情怀，表现了中国人“天下兴亡，匹夫有责”的责任感。如果说《古诗三首》是事，《小岛》说人，《圆明园的毁灭》是说物，以对圆明园这种万园之园的皇家园林的资料收集，看历史变迁升腾起“牢记耻辱振兴中华”的爱国情感。

---

① 人民教育出版社出版的新编小学教材《语文教师教学用书》四年级上册第6页。

② 《全日制义务教育语文课程标准》。

③ 《语文教师教学用书》五年级上册，“编写说明”，第2-3页。

三、领悟编者的编写思路

如果说课程标准、教材与教师教学用书是权威的政策和成果,那么编写者的编写思路解读则更具参考性。因为对《中共中央国务院关于深化教育改革全面推进素质教育的决定》和课程标准的解读和把握,谁也没有编写组专家更为深刻,他们不仅有自己的独到理解和权威论述,而且有编写过程中专家团队的反复推敲论证,有一线教师的意见反馈,有国家和社会的广泛参与。这个心路历程,本身就是宝贵的经验资源,也是对教材编写最终成果的权威解读。

部编教材主任编委温儒敏对新教材编写思路的意见,已经成为一线教研员和一线老师理解和把握新教材的权威论述。比如关于"一年级为何要改为先认字,再学拼音?",他是这么说的:"把拼音学习推后个把月,先认一些汉字,再学拼音,而且边学拼音边认字。这个改变体现一种更切实的教学理念。其实,传统的语文教育都是从认字开始,是在没有注音帮助的情况下进行的。以前蒙学的办法,就是让孩子反复诵读,慢慢就会认字了。部编本多少有点回归传统。入学教育以后,第一篇识字课文,就是'天、地、人、你 我、他',六个大的楷体字扑面而来,会给刚上学的孩子留下深的印象,可能是一辈子的印象。接下来是'金、木、水、火、土','云对雨 ,雪对风',很传统,也很有趣。为什么这样安排? 要的是孩子们对汉字的原初感觉。第一印象不是字母 abc,而是汉字'天地人',这个顺序的改变是别有意味的:把汉语、汉字摆回到第一位,而拼音只是辅助学汉字的工具,不是目的。"你看,多清楚。但不听编写者的解读,仅从教材上我们怎么会有这样简洁明晰的理解呢?

第三节 单元整体设计的操作策略

学习,让老师对课程标准和教科书的内容和编写体例有了一定了解,对学生“学什么”的情况有了充分掌握。但在“怎么学”这一问题上,每个老师的思路和想法都会有极大差别。这个差别,可能是在对课程标准和教科书相关标准和理念的理解上,也可能是因为个人教学的风格上,也可能是学情上。在教学这个问题上,我们强调教师的主体性,它是教师的个体行为,是独立施行的,但决不否定集体智慧对个体行为的帮助。也就是在备课过程中,同一教研组的同志们谈谈对教学内容的理解、对教学目标的设定、对学情的分析、对教学策略的设计等,大家各抒己见、碰撞磨合、求同存异,判断观点的标准,就是课堂实践的实际效果。这样,大家对课程标准和教科书的理解更加深刻,对学情的分析更加准确,对目标的设定更加合理,对教学策略的设计更有成效。

一、教学研讨是单元整体设计的组织形式

教学研讨的根本目标是研讨如何构建“学生学的课堂”。老师们在一起,不能只研究“这课怎么教”,而忽视了“学生怎么学”。构建“学生学的课堂”,是按照“以学定教”的原则,以学生作为学习主体的地位是否充分体现,学生自主学习的积极性主动性是否充分发挥;学习内容是否围绕学生的学习问题展开;学生的学习过程是否得到充分保证;学生在课堂上的意见表达是否得到充分尊重;学生的学习愿望和能力是否得到充分信任等来体现。老师的角色定位,应该是学习活动的组织者、引导者和参与者。凸显学生学习主体地位,老

师就要学会主动退位。为什么退位,怎么退位,退到什么程度,这些问题的争论将一直陪伴着老师群体;要不要介入,什么情况下介入,介入的时机方法和程度界限,也一直是老师争论的主题;学生课堂“学的规则”,由所在班的学生自己构建,老师以什么样的思想理念和方法态度引导学生建立起具有本班特色的学习规则,也是教师必须共同研讨的话题。学生学的课堂,应该是基于一般人的学习原理,以“问题—思考—分享”为单元的学习,这样的学习结构,应该有什么样的共同原则,有什么样的共性经验,这些也必须在长期的实践探索和交流研讨中逐渐形成和明晰。

教学研讨有一个核心任务,就是确定“学什么”。它要从对课程标准和教科书的理解和分析入手,从学生目前的具体学情入手,帮助学生发现自己学习过程中存在的障碍和困惑。突破的这些障碍、消除的这些困惑,就是真正的学习任务。学生的学习障碍和困惑,不是随心所欲、凭空而来的,是从课程标准和教科书确定的教学目标和具体任务中来的,是教科书教学内容中包含着的。它们是学生学习成长和认知发展中必然存在的问题和困难,是学生成长中必然要突破的认知局限,也是教学活动的重点和难点。学生的学习障碍和困惑,也存在于不同的学情之中。大多数学生的学习障碍和困惑是“跳一跳,够得着”的认知问题,需要学生充分调动现有一切知识储备和思维能力,自主思考、合作探究,做出积极的努力,最终得到有效解决,达到学会和会用的目的。还有一部分学生的学习障碍和困惑,是学习品质和学习习惯问题。如审题不严谨,理解能力有限,粗心大意,导致解题思路偏差,作业错误过多等。还有人的学习障碍和困惑,是心理问题或人际交往问题。比如最近他被老师严厉批评或处罚过,被误解和冤枉过,目前情绪处于逆反期或低潮期,不喜欢这个老师,讨厌上这门课;或者是本人不善交往,语言表达能力受限,心理自卑,不敢也不愿与人交流,本人长期孤独存在,在学习过程中特别是小组合作学习中处于“门外人”状态等。本节课的教学目标,不仅在于完成“知识与能力”目标,还要注重学生学力成长的“过程与方法”目标,要注重思想行为矫正的“情感态度价值观”目标。这些目标的设定,就是教学任务的明确,就是完成本节课“学什么”的根本问题。

二、单元整体设计的基本架构

1. 细化目标、分解任务,整体安排、分步实施

既然教科书的编写,是以单元为单位来设定的。教学设计,就要以单元为单位来设计和策划。同一教研组的同志,经过深入学习和讨论,在“学什么”的问题统一下来之后,一个重要的工作,就是细化目标、分解任务,整体安排、分步实施。如果把一把匕首比做一个单元,整体看是一把带鞘的匕首,分开看有刀身和刀鞘。刀身又分为刀刃和刀柄。锋芒毕露的刀身,与隐机藏锋的刀鞘,性质迥异又珠联璧合,是一对相互依存的矛盾体。刀刃和刀柄,一个用于伤害,一个重在防护,功能不同却浑然一体。如果要向别人详细介绍匕首,不能只是笼统讲匕首,或只讲刀刃。要把刀刃、刀柄、刀鞘拿出来分别讲,三者合起来,又是一把完整的匕首。一个单元是一个有机完整的任务体,认真研读它,结合学生的特点,把它分解成特色的“刀刃、刀柄、刀鞘”,就是任务的分解。怎么分解比较合理呢? 得几个人一起说一说,讨论的过程,就是每一个人的认识不断深入的过程,也是每一个人的设计思路和备课方案不断完备的过程,是群体智慧融通个体思维的过程。

2. 结合学情、抓住关键,围绕问题、设计课程

讨论单元整体学习,关键是给每一节课的学习任务要明确,它既是一节特色鲜明的具体的课,也是单元整体的有机组成部分。对这部分的讨论,对备课人准确把握备课方向有绝对重要的帮助。单元里的每一节课,如同“匕首”里的“刀鞘”一样有自己专有的功用和特色,它承担着单元“匕首”的重要任务。“刀鞘”关键的地方,不在它皮包铁的精美材质,也不是它多变的曼妙身材,而是它能拔插自如,却不会轻易自行脱出的精巧机关。围绕“为什么匕首能拔插自如,却不会轻易自行脱出?”这个核心问题展开教学,就能把“刀鞘”文化的核心问题学明白。这是老师的问题,还是学生的问题? 它首先是课程标准和教科书要求完成的教学目标和任务,也必然是学生的学习问题。既然是这样,教师的教就必然围绕它来进行——它也必然是教师的问题——教师教的问题。如何让学习内容和教学任务,变成学生的“问题”,是老师发挥“组织者、引导者”作用的关键。“关于‘刀鞘’你们最想了解些什么? 为什么?”只要相

信，真的问题就是存在于教学任务之中，真的问题就是孩子的关注点，“为什么匕首能拔插自如，却不会轻易自行脱出?”这个问题学生就一定会提出来。不信? 只要反复熟练示范拔插动作，插上之后却怎么甩也甩不出来，再看看学生的眼神就知道了。

3. 综合各点、突出主题，回顾拓展，举一反三

人的认知是有规律的。目标的确定和任务的分解，是由教师完成的，逐课学习落实是在老师主导下进行的，看不到学生单元整体学习的影子。单元各课完成之后，应该由学生对本单元学习内容进行一个总结回顾，结合各课具体特点，联系生活中的同类事物，加深对主题的认识。特别是在“语文园地”的综合学习阶段。“读读写写”“读读记记”是本单元生字词的一个整体回顾，这些词是本单元会写会认的字组成的。作为重点词语，读记读写既增强词语积累，更是为了学以致用——“会用”。它们与“日积月累”一起构成了小学阶段“强基础”的基础认知功能。“习作”最能体现整体学习功能。比如“本单元学习的几篇课文都是虚构和故事，读起来却像在生活中发生过一样，因为这些故事都能在生活中找到影子。……虚构和故事往往情节曲折，有较鲜明的人物形象，读起来比较吸引人。从下面提供的一组环境和人物中，展开丰富的想象，创编故事。环境:开满丁香的校园。人物:淘气的张明，雷厉风行的班长王寒冰，充满活力的班主任李军。写的时候注意:①故事要围绕主要人物展开;②把故事写完整，情节尽可能吸引人;③试着写出故事发生的环境，还可以写一写人物的心理活动。”①，通过“抛砖引玉”，设置情境，让学生对本组一个重要内容——情感的表达方法进行讨论。这个讨论，就把本组课文中各种不同的表达方法，以实例形式让孩子找出来，讲出来，加深学习认知的程度。

三、将集体智慧与个人特色有机融入单元整体设计中

1. 统一认识，分工备课

为了提高备课质量和效率，在统一认识、明确分工的基础上，由同教研组的成员分别完成单元的分节任务，是允许的。诚然，备课是上课教师个体的行

① 部编版小学《语文》六年级上册 88 页。

为,应该是具有个性化的特色。但在统一的课程标准下,针对统一教材,同一教研组的同志,在目标任务达成高度一致的情况下,分工协作完成教学设计,是现代社会集约化的表现。在备课之前,除了深入学习和统一认识之外,还要在教案的框架、体例、格式等方面达成共识。每个人按本班学生现有实际和本人的教学经验,在设计中可以尽显个人的教学理念、设计思想、教学特点。对每位老师的教学设计,教研组同志结合前期的共识,从整体结构和设计细节上进行论证,不断修订完善,形成兼具设计者个性特色和集体意志的方案来。

2. 基础设计,个性创新

经过大家共同讨论修订的教案,是教研组集体智慧的成果,但它的作用也就到此为止。它的意义在于,打破了我们教师个体对课程标准和教材理解上的局限,加深了对学科知识、学生情况的认知,让我知道本校同行的思路和想法、经验和特色。作为课堂教学的组织引导方案,它一定要具有具体的班级适应性和教师个性风格。形成共识的成熟设计,虽然具备设计教师个人风格,但对其他使用者来讲,却未必完全适用。作为大家集体智慧结晶的基础设计,并不是一成不变的,它仅仅是一个基础蓝本。在正式投入使用之前,教师要按照自己的真实想法,在这个蓝本基础上要进行大刀阔斧的改造,让它变成“我”的教学设计,“我班”学生的现时学习方案。这就体现了教师工作的个性化,体现了教师工作的主体性,集体研讨仅仅是为个体工作提供了参考和帮助。在共性基础上的个性化教案改造,是教师工作的原本状态,是个体教学的权利和责任。学校不能以“求同求统”思维强行要求教师,也不能因此责怪误解教师。

3. 集体个人,各成体系

对于本教研组研究制定的共性设计,我们要留存,与全校同学科各学段设计成为一个完整的基础校本教学设计体系。这样低段年级教师来年在设计时,就可以此为基础,参考学习、修订提高,少走弯路。在教学研讨时,两个学段教师也可以共同讨论,吸取上学段同志设计经验和使用反馈,听取下学段同志的创新思路。同时,每位教师也应该将自己的个性教学设计,结合课后反思修订过程保留下,逐年积累,集结成册,形成极具教师个性特色的成套完整教学设计集。在第二轮教学中,通过对课程标准和教材认识的深入,对学情全面深刻的把握,旧的教学设计将成为自己创新工作的新起点。

四、单元整体设计的反思

1. 以学情为基础、以课程标准为目标、以教材为经典范例

我们手里的教材,很多学科都不是教育部统一编写的。它们分别有人教版、北师大版、苏教版等不同版本的教材。至于教师教学用书,也不是国家统一编制的。只有课程标准,是教育部代表国家给我们提出的唯一要求。因此,联系教材和教师教学用书,学习掌握课程标准,是我们教师开展教学研讨的前提和基础。全面准确地掌握课程标准,是我们上好课、备好课的基本保障。

教材是什么?是为了把眼前的学生引领到课程标准所指方向的"桥梁",是承载课程标准发展目标的课例范本。不同版本的教材能达成同一目标,也就是范例具有代表性,同时也具有多样性的特点。最关键的是教师要把教材案例同眼前孩子的兴趣点结合起来,从孩子现有学情出发开展教育,教材才能发挥最大的效益。学生现有学情,是开展教育的基础。学情有多方面,包括以前关联知识掌握情况,学生本节课对教师是否排斥,前期因病缺课等类似情况。对老师是否欢迎、对本学科是否热爱,是最大的学情。如有这样的情况存在,本节课对这个学生兴趣的激发引导、对其表现的关注激赏,将是一个重要的工作内容。

2. 以学定教,围绕学生学的"问题"展开设计,形成"问题—思考—分享"的学习结构

我们一切是为了课堂学习。学生在本节课中的学习任务,是完成课程标准和教材目标任务时孩子的学习障碍和困惑,即孩子的"问题"。其中核心问题,就是本次教学的重点和难点。学生的"问题"体现了学情,是重难点的具体体现。围绕"问题"的学习,存在"问题—思考—分享"的过程结构,是被实践证明了的有效学习方式。从这个意义上来讲,学习就是提出问题、探究思考问题、分享质疑问题的过程,是一个从不会到会、不懂到懂、不通到通、不会用到会用、不喜欢用到喜欢用的过程。有问题即有学习,无问题即无学习,因此围绕"问题"的学习,是针对性很强的有效学习。

每节课只有一个重点、一个难点。所以不怕时间不够,不怕任务完不成。这个任务不再是老师自己设想的任务,而是学生课堂上真正的学习任务。要在“思考”和“分享”环节给孩子留足时间。特别是独立思考、合作探究阶段。这本身就是学习。

3.“学以致用”,加大“学会”基础上的“会用”训练时间

学习的目的是为了用。课堂结构一定要有“弄懂”和“学会”两个过程,一定要给学生留足练习的时间,即学以致用的时间。一节课,往往要体现“三主”原则,即学生为主体、教师为主导、训练为主线。要突出课堂练习这个主线。一些挑战性的易错题,就是增强学生课堂应用能力、思辨能力的有效资源,是提高学生原理应用能力、拓展认知领域、巩固学习成效的良好平台。这个资源的准备,是教学设计的重要内容。“学会”与“弄懂”的占比,至少也得4:6,5:5或者6:4都是合理的。

4.积极开展综合性学习,加强学生多学科应用能力锻炼

综合性学习是方向,能体现自主合作探究性学习方式,能体现学生的实践性和创造性。一部电影,综合了文学、美术、音乐、舞蹈等多种艺术形式。一节课,也可以融入多种内容形式。如书法课,你以雷锋的名言作贴,就把书法和思想品德教育结合在一起了。综合课的植物栽培课,栽培、观察日记、网上查阅资料、过程绘图摄影、心得感想等,一门课,就融入了很多的教学内容。如果语文老师正好有相关教学内容,甚至可以和科学老师利用同一教学内容一起上。这就是综合性学习,我们教师应该充分展示自己主导能力,充分发挥学生自主合作探究性学习的积极性和创造性。

第四节　单元整体设计案例一

——《这节课为什么这样上?》

为说明单元整体设计,我选择小学语文部编版教材六年级下册第四单元第二课《十六年前的回忆》,在示范教学之后,做了一个题为《这节课为什么这样上?》的报告。

课是这样上的

首先出示“阅读链接”《囚歌》,请同学们朗读一遍,说说《囚歌》中的“我”是个什么样的人。然后请同学们默读课文《十六年前的回忆》,完成以下任务:①默读课文,将不明白或读不准的字划出来;②课文按时间顺序写了哪些事情,哪件事给你印象最深?③联系《囚歌》,说说李大钊是个什么样的人,从哪些地方可以看出来?在迅速完成前两个任务之后,重点放在第3点,让孩子们在课文中找出相关的句子,并按自己的理解把相关意思读出来。重点落在以下几个句子:我看到了他那乱蓬蓬的长头发下面的平静而慈祥的脸。/父亲坚决地对母亲说:“不是常对你说吗?我是不能轻易离开北京的。你要知道现在是什么时候,这里的工作多么重要。我哪能离开呢?”/父亲不慌不忙地向外走去。

到了讨论交流阶段,提出两个问题:1. 父亲被害是哪一天?从哪里可以看出来?2. 文章写作的顺序结构有什么特点?这样有什么好处?明晰了文章写作结构之后,鼓励孩子们在作文中大胆运用。

再次回到《囚歌》,以李大钊的心声激情朗诵,感受其视死如归的坚定革命意志。

最后布置作业:查找资料,了解李大钊、刘胡兰、董存瑞、黄继光等先烈的革命事迹,和同学们交流。

这节课为什么这样上?

一、教材上是这样编写的

在部编教材下册《语文教师教学用书》小学六年级下册的“编写说明”里,有这么一段话:“每个单元设有导语,明确语文要素;单元中的课文落实语文要素,贯穿方法的学习与运用;在语文园地中安排‘交流平台’栏目,进一步强化语文要素,梳理、总结、提炼学习方法;一些单元的‘词句段运用’和‘习作’还引导学生实践运用本单元学习的方法。”这是“双线组织单元,加强单元整合”编写思路中关于“语文要素”在每个单元如何安排的一个说明。“编写说明”里还说:“本书按照教科书的编排体例,在每组前面编排了一个单元说明,介绍每组的主要内容及其内在联系,对教师理解每组内容和进行教学整体设计有所帮助。”教师备课前,对照教材系统研读一下相关的内容,就会明确教材是以单元为单位进行编写的,也知道了“课程标准”里语文的工具性和人文性是如何统一到单元各部分里的。

二、单元导语里的重要信息

打开教材,看一下单元导语,明确本单元的人文主题和语文要素。《十六年前的回忆》所在第四单元的导语,除了体现中国精神的“梅竹松”的外饰,文天祥的名句“人生自古谁无死,留取取丹心照汗青”占据中心位置,下面有几句话:“关注外貌、神态、言行的描写,体会人物品质;查阅相关资料,加深对课文的理解；习作时选择适合的方式进行表达。”

从这里，我们可以明确以下一些信息：

1. 人文主题。本单元主题是“理想和信念”，共有《古诗三首》（《马诗》《石灰吟》《竹石》）《十六年前的回忆》《为人民服务》《金色的鱼钩》4 篇课文。题材有古诗、回忆录、演讲稿和小说，从不同侧面展现了“人生自古谁无死，留取丹心照汗青”的英雄气节和民族精神。

2. 语文要素——关注外貌、神态、言行的描写，体会人物品质

我看到了他那乱蓬蓬的长头发下面的平静而慈祥的脸。/父亲坚决地对母亲说：“不是常对你说吗？我是不能轻易离开北京的。你要知道现在是什么时候，这里的工作多么重要。我哪能离开呢？”/父亲不慌不忙地向外走去。这些孩子们在课文中找到的句子，体现的就是这条语文要素。这也是本课的核心任务。

3. 语文要素——查阅相关资料，加深对课文的理解

一是“阅读链接”叶挺的《囚歌》；二是课后作业：查找资料，了解李大钊、

刘胡兰、董存瑞、黄继光等先烈的革命事迹,和同学们交流。

4. 语文要素——习作时选择适合的方式进行表达

本文的表达特点,一是通过外貌、神态、言行的描写表现人物品质,二是本文的写作顺序:现实—回忆,倒叙—时间顺序。

关于“语文要素”在单元内的分配,《教师教学用书》“单元说明”是这样说的:“本单元编排了两个语文要素,一个是‘关注外貌、神态、言行的描写,体会人物品质’,一个是‘查阅相关资料,加深对课文的理解’。……《十六年前的回忆》不仅可以借助言行体会人物品质,还能通过查找资料进一步了解先烈的革命事迹;《金色的鱼钩》引导学生从言行描写中体会老班长的可贵品质;《为人民服务》引导学生通过查阅资料,并借助‘阅读链接’,理解课文的关键语句;语文园地‘词句段运用’栏目要求学生能品读语句,通过外貌和神态描写体会人物品质。”“《十六年前的回忆》不仅可以借助言行体会人物品质,还能通过查找资料进一步了解先烈的革命事迹”,显示本课要承担两项任务。

三、课堂回顾

1. 阅读链接《囚歌》。把查阅资料做了分工,《囚歌》在课堂上进行,作业“查找资料,了解李大钊、刘胡兰、董存瑞、黄继光等先烈的革命事迹,和同学们交流”在课后。《囚歌》是叶挺将军的心声,也是所有革命志士共同的生死抉择。《十六年前的回忆》重在外貌、神态和言行,却没有李大钊内心直观的表达。我们以《囚歌》入课,就是充分体现“资料运用”的作用,弥补这一缺陷,由内而外全面深刻地立体感知李大钊烈士的高大形象。

2. 自学体验。“学生学的课堂”,要充分体现学生的学习过程。我们通过学生默读课文,完成几项任务:1. 将不明白或读不准的字划出来;2. 说说课文按时间顺序写了哪些事情,哪件事给你印象最深? 3. 联系《囚歌》,说说李大钊是个什么样的人,从哪些地方可以看出来?

不明白或读不准的字,是学生自学过程中必然遇到的问题。因为即便六年级学生,“识字写字”仍然是其基本的学习任务。教材编写者按课程标准要求,将“稚、避、峻、啪、瞪、僻、瞅、靴、魔、刑、哼、绑、啃、袍、执”等字安排在本课里。孩子们必然会遇到这些字,必然要学习这些字。不过,六年级孩子学习这些字,就比中低年级要快多了。找出来、写一写,通过联系上下文、查字典等方式,比较认读,很快就能记下来。

“说说课文写了哪些事情,哪件事给你印象最深?”这个任务对六年级孩子来讲也不是很难。通读后,很容易找出来,也能讲出原因来。

“联系《囚歌》,说说李大钊是个什么样的人,从哪些地方可以看出来?”是要认真去找找的。因为本文是个叙述文,大量文字以白描手法叙事,作者自己的话和体会很少,学生传统的找名言警句的方法不太灵了,必须从叙事和描述中去找。因此,像“我看到了他那乱蓬蓬的长头发下面的平静而慈祥的脸。”“父亲坚决地对母亲说:‘不是常对你说吗?我是不能轻易离开北京的。你要知道现在是什么时候,这里的工作多么重要。我哪能离开呢?’”“父亲不慌不忙地向外走去。”这样平实的句子,得让孩子们在慢慢体味中找出来。然后,让他们体会着说出来、体验着读出来。

3. 叙事结构。在表达方式上,本文真的很有特色,除第一段外,后面全是按时间顺序写的。

为了引导学生关注到这一点,我提出一个问题:父亲被害是哪一天?从哪里可以看出来?在文中有两处描写,说到了父亲被害的日子:“1927 年 4 月 28 日,我永远忘不了那一天,那是我父亲的被难日,离现在已经十六年了。”(第一段)“过了好半天,母亲醒过来了,她低声问我:‘昨天是几号?记住,昨天是你爹爹被害的日子。’/我又哭了,从地上捡起那张报纸,咬紧牙,又勉强看了一遍,低声对母亲说:‘妈昨天是 4 月 28 日。’”(末两段)。孩子们认真读文,找出这两处不是太难。关键是要让孩子们看到这种结构,体会它的好处。即第二个问题:“文章写作的顺序结构有什么特点?这样有什么好处?”明晰了文章写作结构之后,鼓励孩子们在作文中大胆运用,这样,本文在教学中“听”(听老师范读《囚歌》、听同学的讨论)、“说”(谈体会)、“读”(读《囚歌》、读相关句子,体会李大钊的心情)、“写”(写生字、运用表达方式写作文)的学习任务都体现到了。

4. 再读《囚歌》。如果说,先读《囚歌》是以叶挺的心声体会李大钊的心声,再读《囚歌》,则是通过外表和言语描述的那个更加具象的革命先行者内心深处的浩荡表白,升华我们像他们那样为共产主义信仰舍生取义、视死如归的革命情感。

附：

⑪ 十六年前的回忆

1927年4月28日，我永远忘不了那一天。那是父亲的被难日，离现在已经十六年了。

那年春天，父亲每天夜里回来得很晚。每天早晨，不知道什么时候他又出去了。有时候他留在家里，埋头整理书籍和文件。我蹲在旁边，看他把书和有字的纸片投到火炉里去。

我奇怪地问他："爹，为什么要烧掉呢？怪可惜的。"

待了一会儿，父亲才回答："不要了就烧掉。你小孩子家知道什么！"

父亲一向是慈祥的，从没有骂过我们，更没有打过我们。我总爱向父亲问许多幼稚可笑的问题。他不论多忙，对我的问题总是很感兴趣，总是耐心地讲给我听。这一次不知道为什么，父亲竟这样含糊地回答我。

后来听母亲说，军阀张作霖要派人来检查。为了避免党组织被破坏，父亲只好把一些书籍和文件烧掉。才过了两天，果然出事

本文作者李星华，选作课文时有改动。

58

了。工友阎振三一早上街买东西，直到夜里还不见回来。第二天，父亲才知道他被抓到警察厅里去了。我们心里都很不安，为这位工友着急。

局势越来越严峻，父亲的工作也越来越紧张。他的朋友劝他离开北京，母亲也几次劝他。父亲坚决地对母亲说："不是常对你说吗？我是不能轻易离开北京的。你要知道现在是什么时候，这里的工作多么重要。我哪能离开呢？"母亲只好不再说什么了。

可怕的一天果然来了。4月6日的早晨，妹妹换上了新夹衣，母亲带她到儿童娱乐场去散步了。父亲在里间屋里写字，我坐在外间的长木椅上看报。短短的一段新闻还没看完，就听见啪，啪……几声尖锐的枪声，接着是一阵纷乱的喊叫。

"什么？爹！"我瞪着眼睛问父亲。

"没有什么，不要怕。星儿，跟我到外面看看去。"

父亲不慌不忙地向外走去。我紧跟在他身后，走出院子，暂时躲在一间僻静的小屋里。

一会儿，外面传来一阵沉重的皮鞋声。我的心剧烈地跳动起来，用恐惧的眼光瞅了瞅父亲。

"不要放走一个！"窗外响起粗暴的吼声。穿灰制服和长筒皮靴的宪兵，穿便衣的侦探，穿黑制服的警察，一拥而入，挤满了这间小屋。他们像一群魔鬼似的，把我们包围起来。他们每人拿着一支手枪，枪口对着父亲和我。在军警中间，我发现了前几天被捕的工友阎振三。他的胳膊上拴着绳子，被一个肥胖的便衣侦探拉着。

那个满脸横肉的便衣侦探指着父亲问阎振三："你认识他吗？"

阎振三摇了摇头。他那披散的长头发中间露出一张苍白的脸，

59

显然是受过苦刑了。

"哼！你不认识？我可认识他。"侦探冷笑着，又吩咐他手下的那一伙，"看好，别让他自杀！"

他们仔细地把父亲全身搜了一遍。父亲保持着他那惯有的严峻态度，没有向他们讲任何道理。因为他明白，对他们是没有道理可讲的。

残暴的匪徒把父亲绑起来，拖走了。我也被他们带走了。在高高的砖墙围起来的警察厅的院子里，我看见母亲和妹妹也都被带来了。我们被关在女拘留所里。

十几天过去了，我们始终没看见父亲。有一天，我们正在啃手里的窝窝头，听见警察喊我们母女的名字，说是提审。

在法庭上，我们跟父亲见了面。父亲仍旧穿着他那件灰布旧棉袍，可是没戴眼镜。我看到了他那乱蓬蓬的长头发下面的平静而慈祥的脸。

"爹！"我忍不住喊出声来。母亲哭了，妹妹也跟着哭起来了。

"不许乱喊！"法官拿起惊堂木重重地在桌子上拍了一下。

父亲瞅了瞅我们，没有说一句话。他的神情非常安定，非常沉着。他的心被一种伟大的力量占据着。这个力量就是他平日对我们讲的——他对于革命事业的信心。

"这是我的妻子。"他指着母亲说。接着他又指了一下我和妹妹："这是我的两个孩子。"

"她是你最大的孩子吗？"法官指着我问父亲。

"是的，我是最大的。"我怕父亲说出哥哥来，就这样抢着说了。我不知道当时哪里来的机智和勇敢。

"不要多嘴！"法官怒气冲冲的，又拿起他面前那块木板狠狠

60

地拍了几下。

父亲立刻就会意了，接着说："她是我最大的孩子。我的妻子是个乡下人，我的孩子年纪都还小，她们什么也不懂，一切都跟她们没有关系。"父亲说完了这段话，又望了望我们。

法官命令把我们押下去。我们就这样跟父亲见了一面，匆匆分别了。想不到这竟是我们最后一次见面。

28日黄昏，警察叫我们收拾行李出拘留所。

我们回到家里，天已经全黑了。第二天，舅老爷到街上去买报。他是哭着从街上回来的，手里无力地握着一份报。我看到报上用头号字登着"李大钊等昨已执行绞刑"，立刻感到眼前蒙了一团云雾，昏倒在床上了。母亲伤心过度，昏过去三次，每次都是刚刚叫醒又昏过去了。

过了好半天，母亲醒过来了，她低声问我："昨天是几号？记住，昨天是你爹被害的日子。"

我又哭了，从地上捡起那张报纸，咬紧牙，又勉强看了一遍，低声对母亲说："妈，昨天是4月28日。"

稚	避	峻	啪	瞪	僻	瞅	靴
魔	刑	哼	绑	啃	袍	执	

◎ 有感情地朗读课文。

◎ 默读课文，说说课文按照时间顺序写了哪些事情，给你印象最深的是哪件事。

61

- 下面的句子描写了李大钊的外貌、神态和言行，读一读，再找出类似的句子体会他的品格。
  - 我看到了他那乱蓬蓬的长头发下面的平静而慈祥的脸。
  - 父亲坚决地对母亲说："不是常对你说吗？我是不能轻易离开北京的。你要知道现在是什么时候，这里的工作多么重要。我哪能离开呢？"
  - 父亲不慌不忙地向外走去。
- 课文最后两个自然段与开头有什么联系？说说这样写有什么好处。
- 无数革命先烈为了民族解放和人民幸福，浴血奋战，前仆后继。李大钊、刘胡兰、董存瑞，还有飞夺泸定桥的红四团……他们在革命事业的道路上谱写了壮烈的篇章。查找资料，了解先烈的革命事迹，和同学交流。

阅读链接

囚歌

叶挺

为人进出的门紧锁着，
为狗爬出的洞敞开着，
一个声音高叫着：
——爬出来吧，给你自由！

我渴望自由，
但我深深地知道——
人的身躯怎能从狗洞子里爬出！

我希望有一天，
地下的烈火，
将我连这活棺材一齐烧掉，
我应该在烈火与热血中得到永生！

第五节 单元整体设计案例二

——西安育英小学郑玮的《桥》

《桥》是六年级上册第四单元“他们让我感动”中的一篇。选编这篇课文的目的,一是继续引导学生在感人的故事中感受到情感的熏陶,体会作者表达的思想感情;二是帮助学生在读书思考中领悟作者的表达方法。能联系上下文和自己的积累,推想课文中有关词句的意思,辨别词语的感情色彩,体会其表达效果;在阅读中了解文章的表达顺序,体会作者的思想感情,初步领悟文章的基本表达方法。在交流和讨论中,敢于提出看法,做出自己的判断;阅读叙事性作品,了解事件梗概,能简单描述自己印象最深的场景、人物、细节,说出自己的喜欢、憎恶、崇敬、向往、同情等感受。[①]《桥》在表达方法上有三个突出的特点:①构思新颖别致,设置悬念,前后照应。②本文多用简短的句、段来渲染紧张的气氛。③大量运用比喻、拟人等修辞方法,增强表现力。在阅读方面的重点还是引导学生抓住课文中令人感动的地方,感受老共产党员无私无畏、不徇私情、英勇献身的崇高精神。西安育英小学郑玮老师在《桥》这一课的设计讨论中,提出了抓住老支书的两声“吼”来理解人物性格的方案,受到了大家的广泛认可,在随后的课堂学习中也收到良好的教学效果。

郑玮是这样开课的:“今天这篇课文,讲了一个很感人的故事,突现了一个很伟大的人。请同学们通读一下课文,谈谈文中主人公的什么举动令人感

① 2019《义务教育语文课程标准》“具体目标”第三学段“阅读”3、4、5条。

动?”一组学生在汇报“老汉与青年的对话”时，找出一句:“小伙子推了老汉一把，说:‘你先走’。老汉吼道:‘少废话，快走。’他用力把小伙子推上木桥。”当孩子提出“吼”字，并把自己的看法完整说出来后，郑玮引导:“文中还有一处‘吼’，你们找出来，跟这句对照一下，看有什么不同?”孩子们很快就找到了——“水渐渐蹿上来，放肆地舔着人们的腰。老汉突然冲上前，从队伍里揪出一个小伙子，吼道:‘你还算个党员吗？排到后面去！’老汉凶得像只豹子。”两句一对照，孩子们很快就看出来了。前面这句话，表现的是老汉在危机时刻把每一位村民的生命安全放在心上，唯独没有他自己的高贵品质。前一句除“吼”外，还有一个“推”字，表达的是强烈的“爱”！后一句除“吼”外，还有一个“揪”字，表达的是强烈的“恨”！你看——两声“吼”放在一处对比，孩子的理解就一下子明确而且深刻多了。郑玮在这里解决了一个很重要的问题——在课堂上教师到底该如何介入才算好？教师在课堂上什么时候介入，怎么介入，特别关键。这篇写人的微型小说，主要人物是老支书。而描写老支书形象的核心内容就在这两部分情节里。郑玮抓住这两声“吼”，抓住了最能表现老支书语言和动作描写的地方，就抓住了该文的核心环节。对比学习，为学生提供了体会文意的新角度和新思路，加深了学生对文章的理解。老师备课最关键的环节，就是能关注到这两声“吼”，看到这两声“吼”在本章节和全文中的重要价值和意义。

课文结尾留下的悬念——“五天以后，洪水退了。一个老太太，被人搀扶着，来这里祭奠。她来祭奠两个人。她丈夫和她儿子。”，文章在这里戛然而止。这是文章“设置悬念，前后照应”的表达方法。读到这里，我们明白，这次洪灾牺牲的两个人——老支书和青年党员，是一对父子！这时候，郑玮做了更进一步的介入——“知道了这老汉与青年党员，是一对父子。让我们再回到他们生命最后一刻，听听老汉的那两声‘吼’，说说他当时是什么样的心情?”

为什么有这一问呢？因为这是文章写法——悬念带给我们的新线索，新角度，必然引发的新思考，带给我们更深的震撼和感动。

知道内情后的孩子们，重回到洪水最凶的那一段，看到了——“老支书对儿子作为一名党员贪生怕死，十分的失望”“老汉对儿子不能把群众放在前头，给党丢人，给自己丢人，无比生气”“在生命最后一刻，老汉看到儿子终于能像个党员,把生的希望留给群众,很欣慰,并想让儿子早些逃生”“老汉在生命最后一刻,看到群众都过桥了,让留在最后的儿子快点走”“在最危急时刻,老人把对儿子深沉的爱,用一声吼表达出来了”……这些都是教师引导学生可以达到的。

这时,高潮终于到了。“请你带着这份心情,读一下老汉的这声‘吼’!”

“老汉突然冲上前,从队伍里揪出一个小伙子,吼道:‘你还算个党员吗?排到后面去!’老汉凶得像只豹子。”

“小伙子推了老汉一把,说:‘你先走’。”老汉吼道:‘少废话,快走。’”

孩子们带着强烈的感情和深刻的理解读这两段,在大声的、有感情的朗读中体验老支书的崇高精神,体会老支书带给自己的那份感动!他们完全明白,作为父亲,老汉在两个不同情景下,是如何看待他的儿子的;看到父亲这个身份后面,一个老共产党员的大义凛然;看到一个人在生命最紧要关头表达出来的——最为复杂,又最为真切的情爱!这一句追问一声读,是对两声“吼”的更进一步体会,更深刻地理解了人物,全身心地、最大限度地感受到了人物的精神品质,也提高了学生的朗读水平。

一节课的时间有限,我们不可能面面俱到,解决所有的问题,要重点突出、特色鲜明,有核心问题、有学习过程。这一节课的设计,抓住两声“吼”,通过两声“吼”的对比和悬念带来人物关系转化后的新体验,反复读,突出了“读”的理解和体验。同时在读的过程中,对悬念的写法和短句语言的表达特点也有了深切的体会。

郑玮的方案成为该组本年度单元整体设计学习的基础方案。

第六节　单元整体设计案例三

——基于“真问题”的课堂设计

西安育英小学的张琦在数学课上展示了一张“学力单”①。这张“学力单”上有两道题(如下)。这节课是单元复习课,老师出示这样的“学力单”是出于什么目的?我正欲问,张琦示意我自然观察。

1. 笑笑一家,利用国庆假期去外地自驾游,出发前汽车里程表的读数是62千米。下面是笑笑记录的前六天每天晚上的里程表读数。(单位:千米)

第1天	第2天	第3天	第4天	第5天	第6天
344	451	535	627	828	982

(1)请把下面的示意图补充完整。

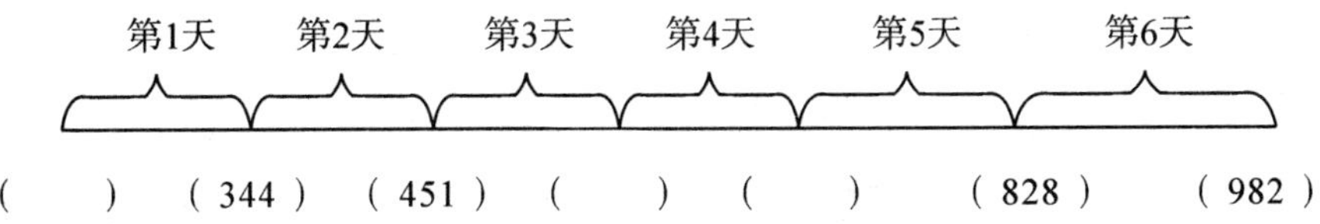

(2)分别算出笑笑家自驾游时,汽车每天行驶了多少千米。

2. 张阿姨每天开车上下班,星期六还要送孩子去学习舞蹈,她这一周每天的行驶里程如下:(单位:千米)

星期一	星期二	星期三	星期四	星期五	星期六	星期日
35	33	36	42	39	56	0

① 单元整体设计的组成部分,是学生当天学习的任务单。

(1)张阿姨,这周共开车行驶了多少千米?

(2)星期六晚上到家时里程表的读数是800千米。试着算一算,这周星期一上班前里程表的读数是多少千米?"

一、课堂观察

孩子们拿到"学力单",埋头算起来。第一道题算好后,观察发现有90%的孩子都做对了。做起第二道后,很快有人喊:"这题不够减!""老师,这道题出错了,不够减!"据观察,认为这道题有问题的学生占20%左右,还有相当一批人,坐起来露出迷茫状态——不表态。还有个别人在喊:"这道题好着哩。没问题!"教室里喊声很大。不少人在等待老师的判断,但老师也没有表态。

有人冲上讲台,用红笔在相应表格上圈出数字"35""33",表示数字不够减!还有人站起来,跑到前面跟他争执:"这个数字不是'读数',是'里程'!里程不用减!"

老师把学生分成两派,让各派选出代表,在上面进行辩论!很快大家安静下来,问题聚焦到"读数""里程"两个概念的理解上,聚焦到两个概念的关系上。很快部分孩子明白了:读数是一个即时的数字,是一个点,里程是相邻两个读数的差,是一个路程段。老师让这些同学,和前期本来就这样认知的同学一起,去给没弄明白的同学讲,目标是这些同学明白后再讲给他们听。

当同学们全弄明白后,张琦让初次做错的同学分析一下原因。"我把'里程'当成'读数'了。""我没有注意到'读数'变成'里程'了,还用后一个数字减前一个数字。""怪不得不够减,读数肯定越来越大,里程后面的可以比前一个小。"……

"同学们,最近我们大家作业中出现的问题很多,最重要的原因就是审题不认真,特别是不能仔细读题干。今天大家犯的错误,就是作业中经常犯的错误。大家说,以后我们应该怎么办?"

"认真读题!""一个字一个字地仔细读,特别是对'读数''里程'这样的词语变化。一旦看错,题肯定就错了。""多亏前两个数字不够减。不然,这道题错了我们都不知道!"

现在我终于明白了——这张“学力单”是老师专门用来“治”审题不严这个“毛病”的！

二、千金买来回头望

姓名：＿＿＿＿＿＿ 评价(打√)： 小学数学 三年级 上册 BSD

第6课时 里程表(二)

1. 笑笑一家利用国庆假期去外地自驾游，出发前汽车里程表的读数是62千米。下面是笑笑记录的前六天每天晚上的里程表读数。(单位：千米)

第一天	第二天	第三天	第四天	第五天	第六天
344	451	535	627	828	982

(1)请把下面的示意图补充完整。

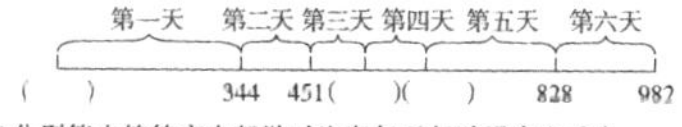

(2)分别算出笑笑家自驾游时汽车每天行驶了多少千米。

2. 张阿姨每天开车上下班，星期六还要送孩子去学习舞蹈，她这一周每天的行驶里程如下。(单位：千米)

星期一	星期二	星期三	星期四	星期五	星期六	星期日
35	33	36	42	39	56	0

(1)张阿姨这周共开车行驶了多少千米？

(2)星期六晚上到家时里程表的读数是800千米，试着算一算，这周星期一上班前里程表的读数是多少千米？

回头我们再重新审视一下张琦老师的这张“学力单”。

1. 从“学力单”上，可以看出老师的教学意图是什么。

学生审题能力欠缺，不能认真读题干，容易出错——教学目标：提升审题能力。

2. 从“学力单”上可以看出“真问题”(具体问题)——重难点——关键点。

重点：慎读题干，区分不同；

难点：什么是“读数”，什么是“里程”，它们的关系是什么？

3. 我们敢不敢在“真问题”的破解上给足孩子时间？

这是我们老师的“真问题”——常规课追求完整，给足时间会破坏正常节奏。那么看一看下一个问题。

4. 解决了“真问题”，其他的还是问题吗？应该如何处理？

如例2中，大家看到，弄明白了“里程的概念”这一核心问题，第一道题还有难度吗？本周各天的行车里程都有了，本周行车总里程还用算吗？全加起来就好了。“35 +33 +36 +42 +39 +56 =241”第二题呢？星期六里程表读数800千米，周一上午行车前的读数，不就是800千米减去本周行车总里程吗？第一题的结果都是现成的。“800 −241 =559”所以核心问题解决了，其他问题也就迎刃而解了。所以在“核心问题”的学习上，一定要给学生留出充足的学习讨论时间，给予其宽松的氛围。

第七节　单元整体设计案例四

——西安育英小学《两小儿辩日》

《两小儿辩日》是部编版小学语文六年级下册第一单元第一课《文言文二则》中的第二篇。主要要求学生对文言文的样式和学习方法有一点认识和了解，为初中学习奠定初步基础。本组课文的主题是“感悟人生”，目的是通过学习，加强学生对自身、对生活、对世界的观察力和感受力，初步学会表达自己的一些感悟。

一、教学目标

1. 学会对照注释，理解文意，并说出课文内容的古诗文学习方法，训练学生的口语表达能力。

2. 在理解的基础上准确朗读课文。背诵课文，完成积累。

3. 联系生活实际，谈谈从这个故事中悟出什么道理。

二、教学重点和难点

教学重点：在理解的基础上准确朗读文言文。

教学难点：学生对照注释自学与文言文朗读。

三、教学准备

对课后注释之外字词做进一步深入准备。准备“车盖”“盘盂”的网上截图（做好教学课件）；

了解学生古诗词自学能力，朗读水平（教师做好诵读准备，细致到每个重点字和相应的表情动作设计）；

对本文中的人生哲理做深入研究梳理，可从孩子们对故事中两小儿和孔子的人物分析入手，尽可能多地做好预设准备。

四、教学策略与教学课件设计

1. 教学策略

2019 版《全日制义务教育语文课程标准》对小学古诗文的教学目标要求主要有：“能联系上下文，理解词句的意思，体会课文中关键词句表达情意的作用。能借助字典、词典和生活积累，理解生词的意义。”“阅读诗歌，大体把握诗意，想象诗歌描述的情境，体会作品的情感。诵读优秀诗文，注意通过诗文的语调、韵律、节奏等体味作品的内容和情感。背诵优秀诗文 60 篇（段）。”“评价学生阅读古代诗词和浅易文言文，重点考察学生的记诵积累，考察他们能否凭借注释和工具书理解诗文大意。词法、句法等方面的概念不作为考试内容。”“语文课程还应通过优秀文化的熏陶感染，促进学生和谐地发展，使他们提高思想道德修养和审美情趣，逐步形成良好的个性和健全的人格。”因此，我把本课分为三个阶段：①对照课后注释自学课文，了解大意；②在理解文意基础上朗读课文和背诵积累；③分析人物品质，品读人生感悟。

这三个阶段，层层递进，相互呼应，分别达成本课三个教学目标。对照课后注释自学课文，疏通大意，是入门（如图 1）。在这个阶段里，学生学会自学方法，在好奇心和挑战意识的驱动下，了解文中的故事大意。在理解文意基础上朗读课文和背诵积累，是核心。小学古诗文没有深入讲解的必要，不必增加难度，了解大意之后，就是学会古诗文诵读方法，通过品读，体味文中意思，体味古文风格，体味古文读法，最后达到当堂背诵，完成积累。分析人物品质，品读人生感悟，这是拓展。让学生在理解文意的基础上，充分谈自己的学习感知、人生感悟。

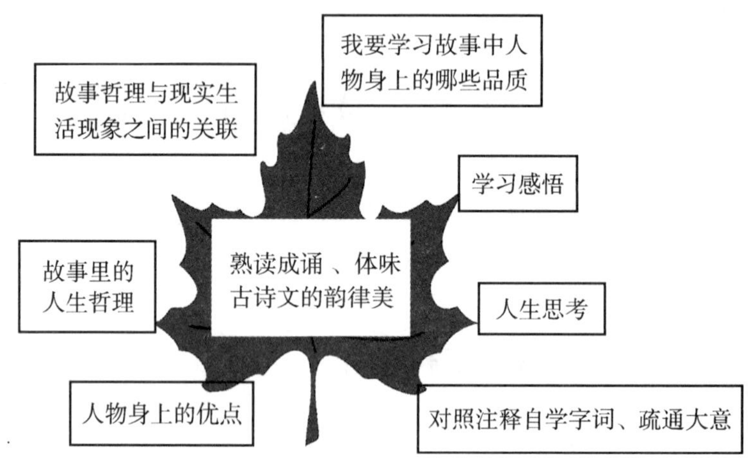

图 1 《两小儿辩日》“主体参与式”教学策略图

2. 教学资源应用设计

“主体学习”教学媒体设计

序号	媒体内容要点	媒体类型	教学作用	使用方式	时间	媒体来源
①	自学提示	简明文字和图片	A	B	10 分钟	下载整合
②	朗读训练	文字	D	H	20 分钟	下 载
③	说出感悟	文字	G	B	7 分钟	自 制
④	课后作业	文字	G	I	3 分钟	自 制

(1)媒体在教学中的作用分为：

A. 提供事实，建立经验；B. 创设情境，引发动机；C. 举例验证，建立概念；D. 提高示范，正确操作；E. 呈现过程，形成表象； F. 演绎原理，启发思维；G. 设难置疑，引起思辨；H. 展示事例，开阔视野；I. 欣赏审美，陶冶情操；J. 归纳总结，复习巩固；K. 其他。

(2)媒体的使用方式包括：

A. 设疑—播放—讲解；B. 设疑—播放—讨论；C. 讲解—播放—概括；

D. 讲解—播放—举例；E. 播放—提问—讲解；F. 播放—讨论—总结；

G. 边播放边讲解； H. 动手操作；I. 其他。

五、教学模式设计

以“三主”为课堂教学基本因素，即以学生为主体，以教师为主导，以训练为主线。整个教学过程中充分体现学生的主体性学习过程，教师主导课堂，教师起组织者、指导者、帮助者和促进者的作用，在学生主要知识和能力建构中，充分体现出有意识训练的作用和效用。

第一环节：对照课后注释自学课文，了解大意。以自主学习、小组探究、讨论交流的方式来进行。

第二环节：在理解文意基础上朗读课文和背诵积累。以诵读训练和“留白”背诵训练为主要方式。

第三环节：分析人物品质，品读人生感悟。以自由发言、自由辩论为主要方式，不限答案。

六、教学过程设计与分析

《两小儿辩日》“主体学习”教学过程设计与分析

教学环节	教学过程	学生活动	设计思路与操作	环节反思与评价
一、开门见山：对照课后注释自学课文，了解大意	1. 今天我们来学习一篇新的文言文，题目叫《两小儿辩日》（板书课题）。谁能说说“两小儿辩日”是什么意思呢？ 2. 根据这个题目，你能提些什么问题呢？ 3. 带着这些问题，请大家对照课后注释自学课文，自己回答这些问题，并说出文章大意 4. 提问“车盖”“盘盂”，并上网查图	1. 一人说出“两小儿辩日”的字面意思 2. 针对“两小儿辩日”，自由提出自己的问题 3. 对照课后注释自学课文，了解大意 4. 小组合作解决问题，并以小组为单位进行汇报	1. 开放式思维，让学生主动参与学习过程，主动提出问题，解决问题 2. 学会古诗文基本自学方法 3. 小组合作学习充分体现学生的合作探究精神，深化自学过程	1. 教师在主导中一定要简明干脆，提问语言准确。注意把控节奏、节约时间 2. 在学生自学和回答问题时，给予足够的时间和耐心，不能急

续表

教学环节	教学过程	学生活动	设计思路与操作	环节反思与评价
二、重视示范朗读：在理解文意基础上朗读课文	1. 大家学过议论文，复习一下议论文的要素：论题、论点、论据、论证。《两小儿辩日》的论题是什么？两小儿各自的观点是什么？（从文中哪句话中可以看出来）论据是什么？论证过程有什么特点？ 2. 第一个小儿的观点是什么？从文中哪句话中可以看出来？试读一下。（范读指导） 3. 第二个小儿的论据是什么？从文中哪句话中可以看出来？试读一下。（范读指导） 4. 指导“孰为汝多知乎”的读法	1. 学生结合议论文要素再次深入读文，讨论找出问题答案 2. 学生试读“我以/日始出时/去人近，而日中时/远也”，“日初出/大如车盖，及日中/则如盘盂，此不为/远者小/而近者大乎？”“孰为/汝多知乎”。学会句读停顿和核心词（近、远，大、小）重读，以及“谓”的读音“（wèi）” 3. 范读之后，学生反复训练直至完全学会，并熟练记诵 4. 自学练习第二小儿的相关语句	1. 指导朗读，六年级学生应有一定理性挑战，结合议论文要素学习课文，可加深理解，在理解基础上的朗读是最有价值的 2. 朗读古诗文的基本方法指导：句读停顿和核心词（近、远，大、小）重读，以及重点字读音校正 3. 体现训练为主线，加强反复训练，达到熟练目的	1. 学生对照课文找议论文要素，不能急着给答案，要相信学生 2. 朗读指导划句读停顿标志“/”，让学生先试，先讨论，不能包办 3. 个别指导，集体训练

续表

教学环节	教学过程	学生活动	设计思路与操作	环节反思与评价
三、留白背诵：在理解和朗读基础上当堂完成背诵积累	1. 展示课文全文，要求朗读，及时纠正错误读法 2. 在"我以/日始出时/去人（ ），而日中时/（ ）也"，"日初出/大如（ ），及日中/则如（ ），此不为/远者（ ）/而近者（ ）乎？"等处留白。告诉学生挑战开始，让其做好思想准备 3. 继续扩大留白范围。"我以/日始出时/（ ），而日中时/（ ）也"，"日初出/（ ），及日中/（ ），此不为/远者（ ）/而近者（ ）乎？"。指导学生注意前句的"而"是意义转折，后句的"及"是时间延展 4. 继续扩大留白范围。孔子（ ），见两小儿（ ），问其故。一儿曰："我以/（ ），而（ ）也"，一儿曰："日初出/（ ），及日中/（ ），此不为/（ ）？"孔子不能（ ）也。两小儿笑曰："（ ）？" 5. 继续扩大留白范围。孔子（ ）。一儿曰："（ ）"，一儿曰："（ ）？"孔子（ ）也。两小儿笑曰："（ ）？" 6. 全文留白，完成背诵	在规范朗读的基础上，迎接挑战，不断强化记忆，不断在老师指导下深化对关键词的理解。如"而""及""谓"。最后完成全文背诵	1. 学生背诵，有一个循序渐进的过程，主要问题在于关键词语理解，在于句式结构的记忆，在于反复训练 2. 逐步留白科学地设计了这个循序渐进的过程。在过程中，有序地解决关键词语的理解、句式结构的记忆，反复而不是重复，每次都有重点，每次都有新的挑战，学生一直处于兴奋状态，学习氛围很浓 3. 在背诵的过程中，一定要加强指导。不能为了背诵而背诵，背诵完成再去解决相关问题，一是时间不允许，二是学生已经脱离相关状态，效果不好	1. 学生背诵应有一个从生到熟、从冷到热的过程。老师要把握节奏，不能开始把劲用过，后面无法跟上 2. 有效指导要与背诵有机结合，背诵和学习两个效果都会最好 3. 在背诵过程中评价和激励有极重要的作用。如"不错嘛！但如果有更大的挑战，你们还行吗？"

续表

教学环节	教学过程	学生活动	设计思路与操作	环节反思与评价
四、自由辩论：分析人物品质，品读人生感悟，讨论文中蕴含的人生哲理	1.“两小儿辩日”反映了两小儿是什么样的人？有哪些值得我们学习的东西？ 2.“孔子不能决也”，反映出他什么样的态度？可取吗？ 3. 这个故事对你有什么启发？	1. 学生谈对两小儿的认知，和对孔子的看法。但必须都有理有据，必要时可在课文中找原文来说明 2. 只要说出两小儿(1)聪颖伶俐，善于观察探究；(2)独立思考，大胆质疑；(3)活泼可爱等就可以。孔子能说出实事求是，“知之为知之，不知为不知”。人再有学问也会有自己不懂的地方。“吾生也有涯，而知无涯”。“人无完人，金无足赤”	1. 自由辩论，释放天性，是最大成功。只要做到这点，没有不成功的 2. 尊重学生的任何观点，不妄加批驳，引导他言之有据，言之成理 3. 时间可长可短，由老师有效把控	1. 这是最容易出彩的地方，也是对教师民主精神的最大考验 2. 教师要把控的有两点，一是对学生的尊重，二是时间
五、拓展创新：作业布置	太阳到底什么时候离人近？包括孔子在内三个人都没有给出答案。课后，请同学们通过上网查询、看书自学、请教师长等办法，弄清楚答案，并找到相关依据。仿照两小儿的表达方法，简要地写出来。完成作业——《三小儿辩日》	1. 对“太阳到底什么时候离人近？”的问题继续深入的兴趣很浓 2. 对《三小儿辩日》这种作业方式很感兴趣	1. 课后综合性作业，激发学习兴趣很重要 2. 续写方式不限，可能会写成文言文，给老师一个惊喜。这对六年级学生来讲，是可以的	1. 思维要完整，“太阳到底什么时候离人近？”是个天文学问题，让学生自学 2. 但作业方式，是语文问题

七、教学流程图

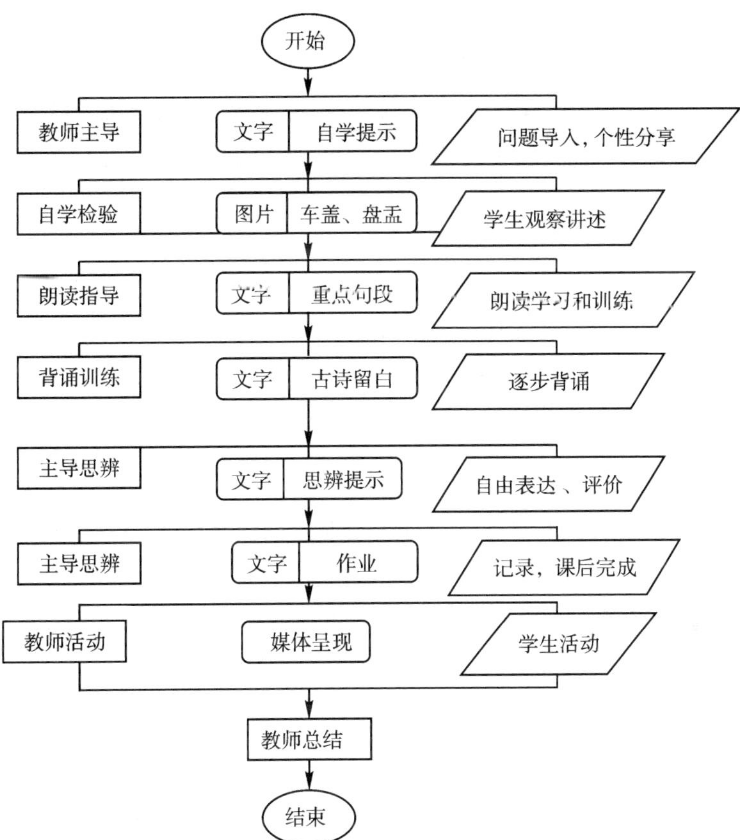

图2 《两小儿辩日》“主体参与”教学流程图

八、课件结构

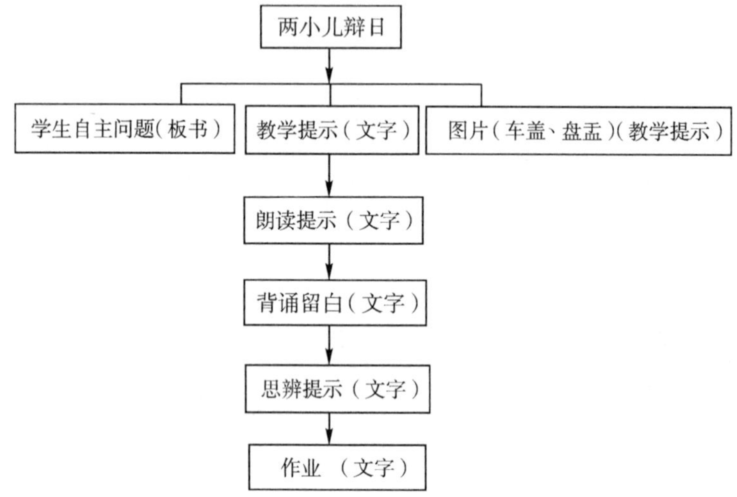

图3 《两小儿辩日》"主体参与"课体结构

九、板书设计

两小儿辩日

始出时近——大——近大远小
日中时近——热——近热远凉

十、课堂小结、布置作业

今天,大家对照注释,自学了课文;朗读课文,实现了当堂背诵;联系生活实际,谈出了自己从这个故事中悟出的道理。

包括孔子在内三个人的这场争辩到底结果如何?同学们知道答案吗?课后,请同学们向两小儿学习,通过上网查询、看书自学、请教师长等办法,弄清楚太阳到底什么时候离人近?并找到相关依据。仿照两小儿的表达方法,简要地写出来。完成作业——《三小儿辩日》:

· 孔子东游,见三小儿辩斗,问其故。
· 一儿曰:“我以日始出时去人近,而日中时远也。”
· 一儿以日初出远,而日中时近也。
· 一儿(　　　　　　　　　　)
· 一儿曰:“日初出大如车盖,及日中则如盘盂,此不为远者小而近者大乎?”
· 一儿曰:“日初出沧沧凉凉,及其日中如探汤,此不为近者热而远者凉乎?”
· 一儿曰:“(　　　　　　　　　　),此不为(　　　　　　　　　　)”
· 孔子不能决也。
· 三小儿笑曰:“孰为汝多知乎?”

十一、教学评价与反思

本节课的教学是一堂典型的古诗文学习课。在教学中,把握住了课程标准的要求,充分体现学生的课堂主体性和在课堂的学习过程充分调动学生课堂学习的积极性,有效完成课前设计的三项学习任务。总体比较成功。本课不足之处:

1. 课堂把控有明显问题,严重超时(约 15 分钟)。这主要是脱离课堂一线时间过长,时间意识不强,把控不准。同时也与“问题导入”时,学生主体性与教师主导性课堂角色矛盾的自我调控经验体系不成熟有关。

2. 该“憋住”时没“憋住”,干预了学生的学习思考过程。在学生回答“他们在什么时候争辩的?”(when),“他们在哪里争辩的?”(where)时,我主动指到了“孔子东游”,并提示说:“时间是‘孔子东游’的时候,地点在‘孔子东游’的路上”。本来让学生想一想,在文中找一找,是完全可以解决的。由于老师的干预,学生的思考过程,被老师替代了,被老师破坏了。

3. 课堂节奏掌控还比较粗,不够细腻。在让学生根据课题自己提问题环节,学生把“5W”(when, where, who, what, why)全说到了,就差一个“how”(怎么辩的),而“怎么辩的?”是本课的一个重点,“在把握主要内容的基础上,体会作者表达感悟的不同方法,并试着在习作中运用”。《两小儿辩日》与议论文的要素紧密相关,怎么辩的?对引出论题、论点、论据十分重要。但在学生没有说出来时,不能及时把课前准备的相关问题补充进来,第四环节时出现了无法“呼应”的问题。

附：

第三届全国分享式教育教学联盟 2019 年学术年会育英共识

（2019 年 11 月 2 日）

2019 年 10 月 30 日—11 月 3 日，我们再次聚首，相会西安。分享我们在教育教学中的探索经验，探讨教育教学今后的发展。我们认识到：

1. 以人为本，需要关注师生的能力和欲望。

好奇、好探究、好秩序、好分享，是人类特有的认知内驱力，无需外人的指令和强迫，思维会顺畅自然地往前发展，四大天性是人类认知活动得以生发和开展的基础。由此，可以达到“生之所能，行之自然；思之所欲，非抑非牵”的理想教学教育境界。

2. 一般人怎样学习就让学生怎么学

一般人的学习生活方式，是人类长期进化和历史发展选择的结果。教育教学要从“一般人”的常规认知中汲取智慧。

人类历史中有生命力的学习方式，特别是随着社会发展而生成的新学习方式，都属于一般人的学习方式范畴，这个范畴也包括某些天才人物的学习方式。

3. 唯真问题才是课堂学习的动力。

问题是基础。课堂实践中教师和学生的思维常常不在一个“点”上，教学中存在着教师用假设的问题取代学生真正困惑和问题的现象。我们要重视学生在学习中真正的困惑和问题，这是学习产生的基础，也是课堂学习的动力。

思考是重点。分享的前提是“思考”。要重视解决问题过程中思维驻留必需的时间，要重视分享前的预演，做好分享前的充分准备。

分享是关键。分享环节直接关系学习的效果，集中体现分享式教学的理念。要重视对思维过程的分享，以及分享的规则和规范。

合作与分享，看到的是形式，满足的是需求，产生的是冲突，引发的是思考，涌动的是思维，解决的是问题，发展的是素养。

分享出真理，分享出善良，分享出臻美；分享出自由，分享出平等，分享出正义；分享出节制，分享出勇敢；分享出规则，分享出民主，分享出文明，分享出和谐，分享出公正，分享出诚信，分享出友善；分享出智慧，分享出素质，分享出自信，……分享出希望。

4. 教育教学中存在“教退学进”的现象

即要重视教师显性的导向作用，也要重视教师退居幕后的隐性力量。

5. 生活共同体是儿童学习活动新境界

学生来到学校，组成新的生活共同体。他们在一起学习，一起玩耍，产生分歧，化解矛盾。学习成其自然生活的一部分。

6. “心中有他人，做事有规则”是我们的口号

人的成长，是视域心胸由“个人”到“家人”，到“伙伴”，到“集体”，……到“身外万物”，由具体可视化到虚拟抽象，不断延展拓宽的过程。教育要让学生心中有他人。

规则是“心中有他人”的具体体现。人的成长，是由任性到感性到理性，由规则到规范到自由的发展过程。一个人素质的体现，能力的形成，是把群体成员的内在需要变为行为规则，并内化为个人行为的习惯的过程。

“心中有他人,做事有规则”可以使立德树人落实到具体的教育教学中。

我们一致认可立德育人的重要价值,也深知当前课堂教学中育人功能的缺失和游离。同时,我们也看到了分享式教育教学与落实立德树人的高度契合,而“立德树人”的落实又可以促进各学科素养的显著提升。

7. 在本届研究主题的基础上,拟在2020年11月份,在浙江省义乌市举办下一届年会,主题初步定为:“唯真问题才是课堂学习的动力——立德树人在分享式教学课堂中的落实与体现。”

我们倡议各校结合本单位在实践中遇到的问题,继续关注深入研究本届主题,同时关注课堂教学中的立德树人的落实与体现,捕捉和利用立德树人的时机和资源。思考研究立德树人与发展综合素养,提升教学成绩的关联。积极探索,总结经验。

8. 我们重申目标:

寻找能解放我们自己的教育教学方式。

寻找能顺应人的天性的教育教学方式。

寻找能完善思维结构的教育教学方式。

寻找能适应社会发展的教育教学方式。

解放教师,让老师教得轻松。

解放孩子,让孩子学得快乐。

解放校长(家长),让孩子们的综合素养显著提升。

在解放我们“自己”的道路上探索永远!

9. 我们重申愿景:

力争将全国分享式教育教学联盟办成高水准联盟,通过各校间的合作分享,让校长、教师享受到职业的幸福,愿意投身并热爱自己所从事的教育教学工作,解放教师、解放孩子、解放校长,推进我国教育教学改革的发展。

10. 为此,我们决定:

通过多种渠道宣传我们的思想,让更多人听到我们的声音,了解我们的思想,希望我们的探索能扩大受益的人群。

通过多种方式吸引同道人加入我们的研究团队,完善分享式教育教学理论体系,让我们前行的方向更加明朗。

感谢提出分享式教育教学理论的任景业老师,感谢为分享式教育教学的实践研究做出贡献的各位同仁,尤其感谢为本次会议的召开付出心血的西安育英小学李继恒校长及其团队!

全国分享式教育教学联盟

2019 年 11 月 2 日于西安育英小学

参考文献

[1] 佐藤学. 静悄悄的革命[M]. 李季湄,译. 长春:长春出版社,2003.

[2] 佐藤学. 课程与教师[M]. 钟启泉,译. 北京:教育科学出版社,2003.

[3] 任景业. 关注思维的细节:读懂孩子的建议[M]. 长春:东北师范大学出版社, 2014.

[4] 任景业. 走进孩子的课堂:研读课标的建议[M]. 长春:东北师范大学出版社, 2014.

[5] 任景业. 分享孩子的智慧:改进教学的建议[M]. 长春:东北师范大学出版社, 2014.

[6] 胡英. 小学课堂评价存在问题及对策建议[D]. 苏州:苏州大学,2018.

[7] 王楠. 小学课堂教育组织方式改革研究[D]. 烟台:鲁东大学,2018

[8] 刘素丽. 新课改背景下小学课堂教学评价标准建构与实施研究[D]. 重庆:重庆师范大学,2012.

[9] 李娟. 小学课堂教学评价指标体系构建研究[D]. 兰州:西北师范大学,2014.

[10] 赵昭. 优化小学教师课堂教学评价的行动研究[D]. 兰州:西北师范大学,2019.

[11] 江焯新. 小学本色课堂管理问题与对策研究[D]. 海口:海南师范大学,2017.

[12] 皮佩云. 信息技术支持小学课堂教学的现状调查研究[D]. 上海:上海师范大学,2020.

后 记

本书是我独立完成的第一本关于小学课堂教学的观察思考成果,是我个人“学生学的课堂”构建的实践经验的阶段性总结,是我职业生涯过程中的一个里程碑。本书在撰写过程中,秉承“一线教师写给一线教师读”的基本思路,尝试以叙述式的方式把我多年来对小学课堂教学的一些思考呈现给读者,以期能够为教师在实施课堂教学过程中提供一种参考和借鉴。由于初次就稿,尽管我尽可能想将所有问题想清楚说明白,然限于个人见识浅陋和文笔粗拙,“初生之物,其形必丑”。书中肯定会有这样那样不完善之处,请阅读者给予无私的批评指正。

本书能够得以完成,与我所在的西安育英小学是分不开的,学校为我参与实践、反思实践、研究实践提供了丰富的机会,同事们为我提供了大量的观摩课堂教学的机会,这些是本书得以完成的基本前提条件,同事邢璐、程亚娥、郑玮还为本书提供了部分插图。本书同样离不开省市区各级教育主管部门的支持和帮助,特别是西安市新城区教育局领导的鼓励与支持,才能够拥有“新城好课堂”等实践创新的机会。本书在出版过程中,西安交通大学出版社的编辑承担大量编辑工作,在此一并表示感谢。

本书在写作过程中,参考和借鉴学界诸多相关研究成果,在书中做了标注,但难免挂一漏万,还请诸位能够海涵!